ANORÉXICA

TRADUÇÃO | Leonardo Pinto Silva

ANORÉXICA

Ingeborg Senneset

O drama de quem viveu a doença num relato honesto, cru e impactante

Prefácio de Finn Skårderud

NORLA
NORWEGIAN LITERATURE ABROAD

Esta tradução foi publicada com o apoio financeiro de NORLA

Publicado pela primeira vez por Cappelen Damm AS, Oslo, Noruega.

A autora contou com o apoio da Fundação Fritt Ord para escrever este livro
Esta tradução foi publicada com o apoio financeiro de NORLA

DIRETOR EDITORIAL | Gustavo Abreu
DIRETOR ADMINISTRATIVO | Júnior Gaudereto
DIRETOR FINANCEIRO | Cláudio Macedo
LOGÍSTICA | Vinícius Santiago
COMUNICAÇÃO E MARKETING | Giulia Staar
EDITORA | Laura Brand
ASSISTENTE EDITORIAL | Carolina Fonseca
DESIGNER EDITORIAL | Gustavo Zeferino e Luís Otávio Ferreira
TRADUÇÃO | Leonardo Pinto Silva
PREPARAÇÃO E REVISÃO | Lorena Camilo

Dados Internacionais de Catalogação na Publicação (CIP) de acordo com ISBD

S478a Senneset, Ingeborg

Anoréxica / Ingeborg Senneset ; traduzido por Leonardo Pinto Silva. - Belo Horizonte : Letramento, 2020.
232 p. ; 15,5cm x 22,5cm.

Tradução de: Anorektisk
ISBN: 978-85-9530-399-7

1. Autobiografia. 2. Diário. 3. Anorexia. I. Silva, Leonardo Pinto. II. Título.

CDD 920
2020-785 CDU 929

Elaborado por Vagner Rodolfo da Silva - CRB-8/9410

Índice para catálogo sistemático:
1. Autobiografia 920
2. Autobiografia 929

Belo Horizonte - MG
Rua Magnólia, 1086
Bairro Caiçara
CEP 30770-020
Fone 31 3327-5771
contato@editoraletramento.com.br
editoraletramento.com.br
casadodireito.com

Grupo Editorial LETRAMENTO

SUMÁRIO

FOME/OBSESSÃO - RELATO DE UM INFERNO CONCRETO

Esta é a narrativa de uma catástrofe.

Anoréxica, de Ingeborg Senneset, são as impressionantes anotações de um diário que se estende por anos. As disciplinas acadêmicas – neste caso, a psiquiatria – costumam descrever os fenômenos a partir de uma perspectiva *exterior*. Além da coragem em se expor e do talento como escritora, o testemunho em primeira mão da autora deste livro nos oferece uma outra perspectiva, *interior*. Ambas são necessárias para ampliar nossa compreensão de fenômenos complexos e nos permitir melhor enfrentá-los no futuro. Seja de familiares, amigos próximos e profissionais como professores, enfermeiros e terapeutas, todos só temos a ganhar com uma abordagem franca e detalhada de um sofrimento que não é pequeno e nem afeta a poucos.

DOLOROSO E PERIGOSO

Para compreender um transtorno alimentar é preciso conhecer também as pessoas por trás dele. Para algumas, os sintomas podem ser discretos e desaparecer sem a necessidade de ajuda profissional. Para outras, é mais complicado. Transtornos alimentares nos impõem desafios de magnitudes diferentes. Há quem diga que poucos fenômenos nos impõem provações tão severas quanto estes, em especial a anorexia. A descrição a seguir está longe de dar conta do quadro real, mas ao mesmo tempo é bastante fidedigna: a anorexia é a condição psiquiátrica de maior letalidade que existe, pois os pacientes costumam abandonar o tratamento com frequência, não veem razão para se manterem saudáveis, o transtorno pode perdurar por décadas e destruir sonhos, vidas e famílias, e os tratamentos não alcançam resultados satisfatórios.

Existem vários mitos sobre transtornos alimentares. Um deles fala de uma espécie de vaidade exagerada que acomete jovens, do sexo feminino em particular, fascinados por blogues de moda, estilo de vida e saúde. Mitos podem ser verdadeiros e falsos. Sim, a ideia de que há normas e padrões para o corpo, a beleza e a saúde têm lá sua influência, mas neste livro ela não é tão relevante. Esta é a história de uma pessoa que se sentia compelida a se castigar e punir, em todas as fases e aspectos da vida. O livro começa quando lhe dão a nota mais alta no exame final do curso de enfermagem, mas o conhecimento teórico adquirido para cuidar dos outros teve pouca serventia quando o que importava era cuidar de si mesma. Sua autoestima já escorrera pelo ralo.

O que a criança Ingeborg tinha em mente quando chegou à conclusão que merecia sofrer? Quando era mais jovem, ela descobriu que privar-se de comida era a maneira menos perceptível de se mutilar. Em determinados trechos, chega a fazer um trocadinho com o próprio nome e se apresenta como *Ingen*,[1] e sente saudades da pessoa que de fato era – ou gostaria de ser.

As dores que algumas pessoas infligem a si mesmas podem ser apenas a parte visível de um sofrimento que os outros não conseguem enxergar.

Este livro não procura explicar transtornos alimentares graves, em vez disso ele os descreve. Pouca coisa é dita sobre o porquê de uma criança – a escritora Ingeborg Senneset – começar a perder-se de si mesma. Somos tentados, é claro, a especular. Tampouco ficamos sabendo do que ocorreu na sequência, mas naturalmente podemos imaginar como foi. Os últimos registros datam de outubro de 2010. Ela teve alta do hospital somente em junho de 2012. O propósito deste texto não é aprofundar-se no que ocorreu antes e depois. O objetivo, a metodologia e o valor intrínseco destas páginas consistem em ser um relato cru, intenso e vívido.

À PROCURA DE UM GÊNERO

Assim que terminei a primeira leitura deste livro me pus a pensar como classificá-lo. Tentamos pôr ordem em tudo na vida, e uma maneira é criando categorias.

Podemos chamá-lo, de certo modo, de *autopatografia*, isto é, este é um livro autobiográfico de uma autora que padeceu de uma doença grave durante três longos anos, de outubro de 2007 a outubro de 2010, boa parte dos quais viveu em hospitais. A partir disso, escreveu um blogue para interagir com o mundo exterior.

---

1 N.T.: "Ninguém", em norueguês

Contudo, este livro também é um *diário*. Registros e anotações destes anos de enfermidade foram editados e resultaram nas páginas a seguir, embora alguns deles tenham sido editados desde sempre. Durante o tratamento, pediram à paciente Ingeborg que escrevesse um diário para ser compartilhado com a equipe multidisciplinar que a atendia. De certo modo, eram textos restritos, nos quais algo era dito e algo era oculto, pois ela sabia muito bem o que aquele público queria ouvir. Com isso, recebia elogios e era reconhecida por um esforço que não era verdadeiro, e a vergonha que sentia não parava de crescer.

A autora é, portanto, muito honesta ao dizer que nem sempre foi honesta. Em suma, o que torna este texto verdadeiro é a confissão de que ele contém inverdades. Não precisamos saber ao certo por que ela precisou mentir dez anos atrás. Foi a fatia de pão escondida sob o travesseiro? Foram os apoios de frente[2] que estavam proibidos e ela insistiu em fazer? Importa mais perceber que ela nos descortina o desespero. Se sentimos algo dessa magnitude abatendo-se sobre a nossa vida, tentamos nos salvar a qualquer preço. A maioria de nós teria agido da mesma maneira. Quem desenvolve uma anorexia grave não faz uma avaliação realista do risco a que se sujeita e, ao mesmo tempo, tem uma espécie de ilusão de que não merece, ou não tolera, se alimentar. Comer é uma luta pela sobrevivência em que cada vitória é uma derrota.

A mentira adquire, portanto, uma dimensão importante. É preciso distinguir entre a pessoa e a situação, como eu costumo dizer aos pais de um paciente anoréxico. Se seu filho mente, sobre uma simples fatia de pão que seja, esta mentira não deve ser vista como um traço de caráter, mas antes como um traço da doença. Não estamos necessariamente lidando com um mentiroso, e sim com uma crise que está em pleno desenvolvimento. No entanto, é claro que mentiras causam problemas, tanto para o tratamento, como para a confiança da família e também para a autoestima.

Não demorou muito para eu começar a pensar neste livro como uma espécie de *relato de guerra*. Não gosto de guerras, e por isso raramente recorro a metáforas bélicas para me expressar. Até porque se usamos uma linguagem bélica, temos em mente um conflito, penso eu. Uma vez que a linguagem ajuda a moldar a realidade, podemos, sim, pre-

---

2 N.T.: Apoio de frente são extensões de braços no solo, realizado em posição de prancha, com os braços esticados e as palmas das mãos afastadas a largura dos ombros e alinhadas com os mesmos. Esse exercício também é conhecido como “marinheiro”, “prancha” e “extensão de braço”.

cipitar uma guerra. Neste caso, fui inexoravelmente arrastado para o centro dela. O que temos aqui é uma guerra. A autora mesma recorre com frequência a termos como *guerra*, *lutar*, *ganhar* e *perder*. O prato é percebido como um ringue de combate e a comida como uma guilhotina sendo posta sobre a mesa.

Aqui estamos nós, prestes a travar uma guerra contra o prato.

Eis aqui o balanço de uma guerra de trincheiras, com vitoriosos e derrotados. O fronte de batalha não é ao norte, ao sul, ao leste ou a oeste; ele é interno. A guerra é travada na mente, em meio a pensamentos conflitantes. Se tudo isto lhe soa dramático, garanto que não é nenhum exagero da minha parte: é altamente dramático. É muito grave, e também desolador, saber que o conflito neste caso é do *eu* contra *si*. A autora Ingeborg Senneset escreve sobre estar em guerra consigo mesma.

É uma guerra travada pela mente, mas o campo de batalha é o corpo. O mais impressionante em transtornos alimentares graves é como o corpo e a mente interagem e, principalmente, como deixam de interagir. Quando a inanição se instala de verdade, o corpo se rende. Enfraquecido, ele adoece e aparecem os sintomas físicos, extremamente semelhantes aos sintomas característicos da doença, como obsessões, ideações e atitudes compulsivas. Costumamos dizer que a anorexia causa mais anorexias. Estamos, pois, diante duma doença insidiosa.

CURIOSIDADE FÉRTIL

A descrição precisa de um quadro patológico é fundamental para que possamos *ampliar nossa compreensão*. Um outro mito envolvendo transtornos alimentares dá conta de que eles são inexplicáveis. Até que ponto é assim?

Isto também pode ser verdade e mentira. Devo dizer que este é um dos aspectos da doença que mais me comove. Enquanto seres humanos devemos aceitar que jamais poderemos compreender inteiramente o outro. É muito arriscado supor que conhecemos tão a fundo outra pessoa, sejamos nós seus pais, parceiros ou profissionais de saúde. Jamais poderemos, pois a mente humana nunca está inteiramente disponível, quer seja para o outro, quer seja para si próprio. Mesmo assim, devemos tentar.

Há razões de sobra para isso. Para poder alargar os horizontes da nossa compreensão, por exemplo, e assim abordar portadores de transtornos alimentares de maneira mais inteligente. Certos aspectos físicos destes transtornos, como o emagrecimento mórbido, são muito difíceis de serem compreendidos pela maioria das pessoas. Outros, por sua vez, são mais assimiláveis. Dependentes de drogas facilmente se veem refletidos em alguém que faz uso abusivo de comida. O termo "vício" – seja ele em comida, álcool, heroína, pôquer ou mídias sociais – é sempre muito abrangente, tudo depende também do esforço que fazemos para compreender também o que se passa na realidade em nossa volta. É preciso sermos curiosos e demonstrar um interesse genuíno nos outros e na vida que levam.

A curiosidade é uma qualidade fértil em si mesma. Não é do nada que nos tornamos quem somos, porque só podemos nos tornar quem somos interagindo com os outros. A criança desenvolve sua identidade gradualmente, primeiro imitando o comportamento dos pais e, mais tarde, agindo e reagindo em conformidade com o que os outros pensam. Adolescentes e adultos também se comportam, em certa medida, a partir das reações de terceiros. O perigo é quando ninguém se importa conosco. É natural que a criança se sinta mal quando ninguém lhe dá atenção. Solidariedade e calor humano são indispensáveis às relações interpessoais.

Tentar compreender melhor a pessoa com transtorno alimentar é uma questão crucial para o seu círculo mais íntimo. Conheci inúmeras dessas pessoas frustradas por não conseguir, por exemplo, chamar a atenção de um pai que lhes virava o rosto. Ser ignorado e não se sentir acolhido só corrobora para aumentar o sofrimento. Uma compreensão precária da função e dos sintomas da doença, agravada pelo distanciamento e pela quebra de confiança, leva os profissionais de saúde a se sentirem impotentes. Impotência não tarda a se transformar em frustração, irritação e desinteresse. Mesmo conhecendo bastante dos transtornos alimentares, ainda não conseguimos saber como cada indivíduo se sente, mesmo tendo a oportunidade de conhecê-lo intimamente. Alguns profissionais de saúde demonstram uma certa má vontade de trabalhar com certos tipos de pacientes. Sabemos então, por meio de pesquisas e da própria experiência, que muitos pacientes são acolhidos sem o necessário interesse, sem o calor humano, sem o devido profissionalismo e sem a mínima boa vontade.

Sabemos que o interesse que despertamos nos outros pode muito bem estimular a curiosidade que temos por nós mesmos. Uma pessoa com anorexia grave certamente já perdeu o interesse em si mesma e encheu-se de certezas inamovíveis. Uma destas pode ser a certeza angustiante de que irá ficar obesa caso se atreva a ingerir um punhado de comida. A curiosidade também precisa ser vivenciada. Isto é, em si, a tarefa da equipe de tratamento e das pessoas mais próximas: trabalhar para estabelecer uma cultura de curiosidade e de interesse pelo próximo – tanto mais quando a situação fica mais desesperadora, e ele já apavorado e exausto.

Posso falar da doença porque a conheço muito bem, mas também preciso conhecer a mim mesma. Para isso, preciso ver meu reflexo no rosto dos outros... Sendo assim, fale comigo.

É mais efetivo mudar uma conduta quando esta mudança repercute em outros comportamentos. Devemos, portanto, desafiar a ideia de que a anorexia é uma doença incompreensível, enigmática e misteriosa, pois isso é parte do problema. Se queremos compreendê-la mais e melhor, precisamos de ajuda. E este livro nos oferece alguma.

O QUE SÃO TRANSTORNOS ALIMENTARES?

No fim eles se resumem a um sentimento: *medo*.

Aqui reside o terceiro mito sobre o assunto. Conceber o portador de anorexia como alguém determinado e perseverante, movido por hábitos positivos e uma irrefreável força de vontade. Nada mais distante disso. Claro que muita gente gostaria que fosse assim. É desta maneira, aliás, que costumam ser descritos e estimulados por membros da célebre subcultura que se intitula "pró-ana",[3] blogues e páginas de internet que enaltecem o sofrimento, estimulam a *thinspiration* (do inglês *thin*, "magreza" e *inspiration*, "inspiração") com conselhos extremos sob perda de peso e artifícios para enganar familiares, médicos, terapeutas, enfermeiros e cuidadores. Uma breve pesquisa no Google e "pró-ana" resultará em milhões de resultados. São as nossas circunstâncias que determinam a extensão do sacrifício que estamos dispostos a fazer, mas chamar um grave distúrbio de saúde de "força de vontade" é romantizar o sofrimento. Minha experiência ensina que, acima de tudo, o medo e o desespero levam as pessoas a jejuar ao longo de anos e a queimar calorias correndo quilômetros a fio. Quando leciono sobre transtornos alimentares, costumo me referir a uma obra de arte bastante conhecida, o quadro *O grito*, do norueguês Edvard Grieg. Para mim, esses transtornos assemelham-se mais ao sentimento expresso naquela pintura, não a algum arroubo de força de vontade. Este livro traz em si um pouco do grito de Munch.

O medo consome a alma é o título de um filme do diretor alemão R.W. Fassbinder. O medo que caracteriza a anorexia consome também

---

3 N.T.: Pró-anorexia, assim como "pró-mia" (pró-bulimia), termos que voltarão a ser mencionados ao longo do livro.

o corpo, nutrindo-se das circunstâncias que nos cercam. Se um dia dissessem a nós, médicos, que os transtornos alimentares foram excluídos dos manuais de diagnóstico e precisaríamos chamá-los por outro nome, seguramente buscaríamos inspiração nos capítulos sobre transtornos de ansiedade. Transtornos alimentares são um drama que envolve muitos sentimentos, mas gradações de ansiedade são uma característica comum a todos eles. Em geral é a ansiedade por não se considerar bom o suficiente, materializada no medo de gordura e carboidratos e também no medo de crescer, amadurecer e se modificar. Conheci muitas pessoas que desejavam deixar para trás a magreza mórbida da anorexia e atingir um peso normal, só não queriam ter de passar pelo processo. "Me deixe sedado, em coma, me entupa de comida e só me acorde quando eu estiver lá." A mudança é associada ao medo de perder o controle. É como se uma ansiedade generalizada assumisse o controle de fenômenos concretos e corporais. O psicanalista francês Joyce McDougall escreveu, ainda no século passado, sobre o "teatro do corpo". O corpo é uma espécie de palco onde dramas interiores são encenados, e a ânsia de perder o controle sobre a vida é concretizada no medo da comida, da balança e do corpo.

Sintomas *obsessivo-compulsivos*, na fria nomenclatura psiquiátrica de hoje, com ideações e atitudes incontroláveis, são considerados transtornos de ansiedade. Muitos portadores de transtornos alimentares, especialmente de anorexia, são assaltados por essas obsessões. Como é, sem sombra de dúvida, o caso da autora de *Anoréxica*.

Ingeborg escreveu um livro marcado inteiramente por pensamentos e atitudes relacionados à limpeza. Sujeira e impurezas são um horror, daí a rotina diária e minudente com sabão antibacteriano. Ela vive o puro inferno da limpeza. E além disso há os números, a contagem, os treinos, as repetições, dia e noite, noite e dia, muito disso feito em segredo. Até apoios de frente e abdominais durante um passeio para tomar um banho de sol!

O corpo está até aqui. Contando. Forçando. Contando.
A cabeça não acompanha. Contando. Forçando. Contando.
O coração parou. Contando. Forçando. Contando.

A compulsão, do ponto de vista psicodinâmico, pode ser compreendida como uma proteção contra a ansiedade, uma espécie de distração que pode se manifestar bem antes dos primeiros sintomas de transtorno alimentar. Ou não. O próprio estado de subnutrição irá desencadear compulsões e rigidez psíquica, caracterizando o que costumamos chamar de *psicologia da fome*. O que já é ruim torna-se ainda pior.

O melhor remédio contra este tipo de compulsão é a comida. Muitos pacientes se sentem mais aliviados quando passam a se alimentar melhor e conseguem normalizar o peso. Precisamos deixá-los cientes de tudo isso, no entanto, sem ceder à tentação de dizer "Tudo vai ficar bem quando seu peso se normalizar". A vida é muito mais do que pesar-se numa balança, um ritual desconfortável o bastante até para quem já está com o peso em dia. Logo, se alguém argumentar desta forma faltará com a verdade e apenas iniciando péssimos termos para uma relação que deve ser de confiança mútua.

INFERNO CONCRETO

Para abordar mais de perto a alimentação e seus transtornos, temos que reconhecer: a maioria das pessoas tende a achar que estamos falando da preocupação exagerada com *corpo*, *peso* e *aparência*. Por um lado, trata-se de um comportamento prejudicial à saúde, que inclui jejuar, comer demais, induzir o vômito, exercitar-se em demasia, abusar de drogas diuréticas e laxantes e muito mais. Por outro lado, e este é o mais significativo, estamos falando justamente desta *preocupação exagerada*. O paciente sente-se como se estivesse possuído por ela. Acha que está controlado por pensamentos e sensações relacionados ao corpo e aos alimentos. Pode sentir remorso por ter comido algo, sentir medo da próxima refeição; ou sentir felicidade por saber que a hora do lanche está próxima, mas passará em branco. Sabe-se que o escritor vegetariano Franz Kafka passou por períodos anoréxicos ao longo da vida, e seu diário está recheado de alegorias sobre a compulsão alimentar. Ele cobiça ávido as salsichas e as carnes expostas na vitrina do açougue. "Eu devoro tudo o que encontro nas gôndolas dos supermercados." "Confeitos açucarados me bombardeiam como se fosse granizo." Suplícios como estes podem ocupar a mente 24h por dia. Sim, eu aprendi a perguntar sobre sonhos, para ouvir de um grande contingente pacientes que, sim, eles sonham com a comida e com a compulsão. Para alguns, são os breves instantes de felicidade do dia. Depois acordam e se dão conta de que tudo não passou de um sonho. Em geral, o maior temor do anoréxico é perder o rígido controle que exerce sobre si mesmo e achar que vai enlouquecer.

Ele ou ela pode se ver preso num inferno obsessivo de contagem de calorias, gramas, quilos, centímetros, quilômetros, repetições e assim por diante. Por isso estamos falando de um sofrimento que também é psíquico. Embora o quadro clínico seja somático, isto é, manifeste-se no corpo, a dor de fundo tem um caráter eminentemente psicológico.

Preocupar-se em demasia dói. O paciente sente-se como se não controlasse a própria vida, mas que é controlado por ela. Peço perdão pelo trocadilho, mas o transtorno alimentar se intromete em vários aspectos da vida e os devora. Pensamentos, emoções, concentração, interesses e linguagem passam a girar em torno da comida e do corpo. Esta monomania o deixa desarmado e prostrado, e é descrita, com maestria e dor, em *Anoréxica*. A autora narra em detalhes como é viver um inferno diário. Um inferno que é, sobretudo, *concreto*.

A psicologia dos transtornos alimentares tem uma *concretude*, significando que sentimentos e condutas são transformados em experiências palpáveis, físicas e mensuráveis. Assim que adentra um ambiente com outras pessoas, desencadeia-se um sucessão de comparações. Quem é a mais magra, quem é a mais gorda? Será que comem menos que eu? Mas o quê? Quando o medo bate à porta, a sensação é de inflar e percebe o próprio corpo muito maior do que de fato é. A pessoa fica convencida de que está inchando e aumentando de tamanho, mas por trás disso há sentimentos mais complexos. Nestas situações, é importante *não se fiar nas sensações transmitidas pelo corpo.*

A LÓGICA OBLÍQUA DOS TRANSTORNOS ALIMENTARES

Agora me vem à mente a lembrança de um outro filme, desta vez *Encontros e desencontros*, de Sofia Coppola. É fácil se desencontrar nas conversas entabuladas entre corpo e mente. Vou tentar elaborar melhor.

O que há de concreto num transtorno alimentar é a emoção tornando-se corpo, e o corpo e a emoção, ambos emaranhados num mesmo novelo. Vamos começar pelo começo.

Nós nos alimentamos. Um dos primeiros contatos que temos com o mundo é através do leite que brota do seio de outra pessoa. Comer é ingerir as primeiras experiências alheias. Comida, maternidade, amor e carinho são camadas sobrepostas da mesma experiência, e continuarão a se sobrepor pelo resto da vida, em maior intensidade para alguns que para outros. Comida e corpo são fenômenos concretos, que também se prestam a figuras de linguagem. Muito do nosso idioma é construído, sem nos darmos conta, a partir de experiências corporais. Somos o *sal* da terra, a verdade é *amarga* e difícil de *digerir*, mas precisamos *trincar os dentes* diante das dificuldades. Podemos ser *doces* ou ter um humor *ácido*. Uma garota de onze anos com anorexia me disse que era um *osso duro* e não se deixava *roer*.

No caso de transtornos alimentares, tudo isso não são apenas metáforas, mas experiências vividas. São figuras de linguagem que se materializam. Pensamentos pesados dão a sensação de peso no corpo. A saudade é percebida como um vácuo. O vazio interno, ou a solidão, podem induzir a uma urgência de preencher esta lacuna com comida. E o medo pode desencadear uma sensação de inchaço corporal. Temos aqui a "lógica oblíqua" dos transtornos alimentares. Sentimentos, como segurança e confiança, são essenciais enquanto experiências físicas. As experiências sensoriais, porém, não têm um padrão corporal nítido, logo não possuem fronteiras bem delimitadas. Tudo se torna mais vago e fluido. Nos transtornos alimentares, assim como nas automutilações, a emoção é associada à uma sensação concreta. O corpo torna-se um veículo para experiências que, em princípio, não são corporais. A experiência física pode tornar tudo isso *palpável*, ao nos permitir tocar coxas e braços esquálidos, e simplesmente *abraçar* a incerteza. O contato físico tem a ver com a proximidade, com uma experiência íntima.

Em segredo, desde os tempos de escola, eu me machucava para lidar com aquilo que achava difícil – de preferência envolvendo a comida. Era a tática menos visível, digamos assim.

Corpo e mente, coisa e signo, tornam-se um. Quem se sente atormentado por pensamentos ou sentimentos pesados pode tentar *se aliviar*. Quem está cheio até a borda pode tentar *se esvaziar*, valendo-se de rituais de depuração, laxantes ou provocando vômitos. Todavia, também é muito fácil se perder na tradução entre o que é encontro e o que é desencontro. No livro de Ingeborg Senneset, a fome é por vezes referida como punição ou demérito.

A vida é complicada, e a ela tentamos sobreviver simplificando-a. Procuramos também abrigo e refúgio no nosso próprio corpo. Ele é precioso. O corpo é uma linguagem muito concreta e direta. Mas nosso corpo também é pobre, justamente por se valer de uma linguagem tão concreta e tão direta. Ela carece de nuanças. Uma esteira elétrica ou um par de halteres são recursos muito pouco adequados para lidar com emoções complexas. No entanto, é fácil nos vermos enredados nesta linguagem. Esquecemos das metáforas corporais. Passamos a considerá-las reais. Quando características corporais deste tipo se tornam nosso idioma principal, desaparece qualquer espaço para a reflexão. Tudo se torna plano, duro e absoluto, e não mais reflexivo e questionável. A curiosidade e o interesse por si podem se perder para sempre quando se habita um universo de tamanha concretude.

Precisamos, portanto, recorrer a uma linguagem melhor que a do corpo. Por isso existem as conversas terapêuticas. Por isso se escrevem livros.

SOLIDÃO

Já na primeira página de *Anoréxica* se percebe um sentimento de diferença e exclusão. Quando alguém está seriamente enfermo não tarda a sentir-se isolado e excluído. A doença cria um vazio social. Muito da nossa vida social se dá em torno da comida, e muita gente procura evitá-la. A boca fala do que está cheio o coração. Raramente nos damos conta de que o assunto corpo e comida é recorrente e provoca sentimentos de irritação e intimidação. Muitos portadores de transtornos alimentares manifestam sintomas assustadores, que afastam as pessoas do seu círculo.

Eu não gostaria de me convidar para um jantar.[4]

O transtorno alimentar me transformou numa sociopata, me desconectou do mundo exterior.

Um espaço importante a ser ocupado hoje em dia são as mídias sociais. Nelas, pessoas com transtornos alimentares passam horas a fio, todos os dias, navegando por páginas e páginas e lidando com variações sobre o mesmo assunto num volume avassalador. Quem vive desta forma nas mídias sociais logo se tornará antissocial. Conviver com o outro exige de nós certos sacrifícios, mas os sacrifícios são ainda maiores quando o outro desaparece.

GRRRRRRRRRRRIIIIIIIIIITO

Você é a pessoa mais carente de atenção deste mundo.
(comentário no blogue de Ingeborg Senneset)

Quando leio *Anoréxica*, relaciono-me com o que está escrito, mas não deixo de pensar naquilo que não está. Há relativamente poucas reflexões sobre outras pessoas. Elas não são visíveis, mas precisamos ser muito cau-

---

4 N.T.: Os hábitos alimentares na Noruega são bem peculiares. O desejejum se consiste de pão com vários acompanhamentos como café, leite e suco. Por volta do meio-dia, come-se o *lunsj*, ou lanche, que equivaleria ao nosso almoço: uma variação reduzida do desjejum que pode incluir uma fruta e, em geral, é envolta num saco de papel ou marmita e levada para o trabaho ou escola. Por volta das 16h, de volta à casa, come-se o *middagsmat*, literalmente "comida do meio-dia", correspondendo ao nosso jantar, a única refeição quente do dia. *Kveldsmat* ou "comida da noite", é uma variação do que se comeu pela manhã. *Senkveld* é a ceia, mais rara, que pode consistir em mais do mesmo, num mingau de aveia ou algo do gênero. Cabe o detalhe porque nem todas as refeições aqui descritas têm um correspondente, ou ainda, um horário exato no Brasil.

telosos para não enxergar aqui um tom moralista. Em vez disso, podemos ler estas páginas como um testemunho muito acurado do que a dor pode fazer conosco. Quando sentimos dor, seja de natureza física ou psíquica, um cisco no olho, uma torção no tornozelo, depressão ou anorexia, voltamos a nossa atenção para esta dor. Ela se torna um buraco negro igual os que há espalhados pelo universo, sugando toda a energia para si. Quando a obsessão assume o controle, falta espaço na mente para sermos empáticos e nos interessarmos pelos outros. O cisco ou a torção distraem nossa atenção das crianças em Aleppo. É simples assim, e tem seu preço.

Um dos objetivos da terapia é nos ajudar a erguer a cabeça novamente. E uma das definições de curar-se de um transtorno alimentar é poder dar importância a outros aspectos da vida. A convivência com o outro torna-se mais importante.

CONFUSÃO, VERGONHA E ÓDIO

Como podemos compreender os transtornos alimentares?

Ingeborg e eu fizemos uma caminhada pelas margens do lago Sogn, nos arredores de Oslo. Conversamos sobre o livro e o prefácio que eu deveria escrever. Conversamos sobre horror e terror. A anorexia é o horror. E se parece com o terror.

Há quem possa considerar uma provocação, e certamente haverá alguém que não irá compreender o que irei dizer aqui, mas há um parentesco direto entre a anorexia a organização terrorista Estado Islâmico. A semelhança é a radicalização, no corpo e na mente. Tudo é a ferro e fogo, e logo se chega aos extremos. Ambos os fenômenos, a psicologia pessoal e a psicologia política, dizem respeito à busca por um denominador comum, radical, em vez da tentativa de lidar com a complexidade da vida. Ambos os fenômenos procuram um "tudo ou nada" em vez de um "isto e aquilo". Ambos são violentos, contra si e contra o outro, respectivamente. Tanto a anorexia como o terror podem, em princípio, abrir espaço para uma utopia, sequestrada logo em seguida pela realidade médica ou militar. O método é dissociado do objetivo.

Não seria a anorexia um suicídio a longo prazo? Correndo o risco de generalizar: na maioria das vezes, não é esse o intuito. É antes uma tentativa de abraçar o sonho de algo melhor nesta vida, embora a falta de conhecimento sobre a gravidade dessa condição contribua para abreviar os seus dias. Quando a recusa em comer é premeditada e tem um componente suicida, a minha experiência ensina que está associada a memórias traumáticas e violentas.

Hoje em dia há um grande consenso acadêmico sobre uma *característica central na patologia dos transtornos alimentares, justamente a dificuldade de interpretar, controlar e expressar sentimentos e emoções, cabendo ao corpo assumir o protagonismo nestes processos.* A paciente em geral sente-se insegura, inacessível, infeliz e incapaz de ditar os rumos da própria vida. *Uma vez que é impossível reconhecer e regular seus sentimentos por dentro, ela tenta fazê-lo externamente.* Os sintomas podem ser vistos como possíveis patologias e como estratégias, mais ou menos bem-sucedidas, de recuperar autoconfiança, vitalidade e autocontrole.

O transtorno alimentar mais grave é como aquele mágico que vai ao centro do palco e gesticula para desviar a atenção do público.

Lá estava eu no chuveiro. Xampu no cabelo e a cabeça espumando.
As pernas tremendo feito vara verde.

O que significa "dificuldade de interpretar, controlar e expressar sentimentos?" Dificuldade de interpretar pode significar uma incerteza em saber o que exatamente está sentindo. Posso perguntar: "Como você está?" e a resposta ser "Bem". "Ótimo", irei dizer. "Mas como você se sente de verdade?" "Não tão bem", é a resposta. Como meu interesse é genuíno, aprendi que devo perguntar pelo menos três vezes. "Então, como você está?" Não raro a resposta é: "Não sei". Não saber exatamente o que se sente, ou não ser capaz de discernir os sentimentos, é uma experiência inquietante, assustadora. Ingeborg Senneset escreve exatamente sobre essa experiência caótica e exasperante, traços centrais de manifestações patológicas como essas.

Não controlar os sentimentos significa sentir-se oprimido. Enfrentar qualquer adversidade pode significar não apenas um estorvo momentâneo, mas um terror paralisante. Na verdade, em muitos casos o sofrimento sobrevém inclusive ao sucesso, como se faltasse um mecanismo que interrompesse o processo em marcha, uma espécie de freio mental. Os sentimentos tornam-se então perigosos, e a saída é afastar-se deles. Jejuar até sentir tontura, dormência e confusão mental, vomitar à exaustão ou entregar-se à ingestão descontrolada de comida podem ser estratégias contra emoções impossíveis de suportar, e estas emoções podem ser de natureza variada. Falta de autoestima está normalmente associada ao sentimento de vergonha. Vergonha e baixa autoestima são sinônimos em inúmeros contextos. A vergonha é um elemento fundamental aos transtornos alimentares. Sentir vergonha revela uma percepção negativa de si mesmo, e pode desencadear uma série de ações. Alterações corporais são uma expressão simbólica e materializada delas. Alguns procuram aperfeiçoar o corpo. Outros podem tentar esquecer a vergonha entregando-se a orgias alimentares. Ou a vergonha pode ser ocultada no próprio corpo através da punição e da mutilação. Neste livro tudo isto é descrito.

Muita gente fala do pecado original. Na minha família o que existe é a vergonha original. Eu também carrego essa vergonha, e tento expulsá-la de mim, mas sei que é o mesmo que tentar apagar o fogo com gasolina. Só que não tenho água.

O que nos pode causar vergonha? Qualquer coisa. Nos transtornos alimentares, ela pode afetar as partes e o todo. O todo é a vergonha de ser o que se é. Sentir-se *indigno de ser amado*. Quanto às partes, sobretudo a insatisfação com o próprio corpo, uma vergonha corporal. A *gordura* é um termo muito usado para descrever essa vergonha. Ou então é a vergonha de não possuir certas habilidades ou qualidades, de assuntos considerados tabus, de ter alguma doença mental, ou simplesmente a vergonha de não conseguir comer. É absolutamente relevante considerar a vergonha que sobrevém à esteira de abusos e maus-tratos.

Vomite. Aprenda comigo. Fique sem comer até sentir apenas um zumbido dentro da cabeça.

Existe uma variedade imensa de emoções, tais como a raiva sobre a qual conversamos passeando pelo lago, Ingeborg e eu. Um colega britânico, o psicólogo John Fox, pesquisou e escreveu bastante sobre os sentimentos mais comuns associados a patologias alimentares. Um deles é a agressividade. Muitos doentes têm problemas justamente para tolerá-la e controlá-la. Certas regras culturais vedam às mulheres expressar agressividade, que é então convertida em outras manifestações emocionais. Em vez de extravasar a raiva, ela é redirecionada para dentro e associada à repulsa por si mesmo ou a alguma insatisfação com o próprio corpo.

Braços de espaguete. Bunda caída. Barriga inchada. Peitos murchos. Pelancas. A única coisa firme são os ossos. Sou só ossos.

Um olhar crítico sobre o mundo e os outros transforma-se numa autocrítica violenta. Muitos portadores de distúrbios alimentares ouvem "vozes internas" criticando a si mesmos. Este livro vai a fundo e revela uma total falta de autoconfiança, mas também uma absoluta ausência de *compaixão*. Todo o processo que resulta em compaixão e satisfação parece obliterado. Em vez disso, é a dissimulação que funciona a pleno vapor. Comprimentos e elogios nunca chegam aonde deveriam chegar.

Não tenho o direito de ficar deitada.
Descansar é pecado.
Quando durmo estou pecando.

Tamanha incapacidade de expressar sentimentos pode significar uma dificuldade de encontrar as palavras certas. Existe um termo científico, *alexitimia*, que significa exatamente "incapacidade de verbalizar emoções". Este fenômeno, bastante investigado, tem alguma importância estatística entre portadores de transtornos alimentares se comparado a grupos de controle. Quando o idioma não mais serve, é o corpo quem se presta a verbalizar a raiva.

O PESO DE SER QUEM SE É

O relato a seguir é autêntico: pergunto a um paciente com anorexia como se sente. Ela responde que ainda não sabe, pois ainda não se pesou hoje.

É uma resposta desconcertante. Ao mesmo tempo, ilustra uma questão essencial dessas patologias. Deixe-me chamá-la aqui de "conhecer a si mesmo". Para aprofundá-la, recorro a uma pioneira nos estudos sobre o tema, Hilde Bruch, para quem os transtornos alimentares graves são o mesmo que *transtornos de personalidade*. Dito de outro modo, têm a ver com dificuldades básicas relacionadas à *identidade*. Ingeborg Senneset escreve exatamente sobre a questão de conhecer a si mesma e ser quem se é.

A psicanalista Hilde Bruch constata que a terapia psicanalítica tradicional não surte os efeitos desejados ou, na pior das hipóteses, pode ainda agravar o quadro de pacientes anoréxicos. Ela afirma que esses pacientes não serão bem compreendidos se considerarmos a definição freudiana clássica de neurose. Precisamos de definições melhores, e por isso ela elaborou algumas que, na terminologia atual, aproximam-se dos transtornos de personalidade. Sua tese central sustenta que transtornos alimentares graves são transtornos de personalidade que afetam o desenvolvimento da identidade e da autopercepção. Hilde Bruch foi a pioneira a descrever em detalhes o transtorno cujo doente, mesmo em estado de magreza extrema, tem uma imagem agigantada de si mesmo.

Para Bruch, era o caso típico de anorexia – e ela escreve isto muitos anos antes do diagnóstico de bulimia ter sido formulado —, ao qual denominou *introceptive confusion*, isto é, "confusão interna". Que pode significar uma falta de contato com os sentimentos, mas também uma percepção sensorial distorcida de fenômenos como fome, saciedade, dor e cansaço. Alguém incapaz de dar a devida atenção a questões íntimas, como emoções e pensamentos, mas também a manifestações somáticas, pode ter a sensação de que não vive a própria vida. Ela cunhou a expressão *paralyzing sense of ineffectivenes*[5] para descrever a sensação de alguém que não tem a sorte, competência ou capacidade de fruir a própria existência, e foi a primeira a definir a anorexia como uma tentativa de compensar tais carências básicas. Bruch definiu a anorexia como "uma guerra pelo controle, por um sentimento de identidade, competência e eficácia". Sobre a doença, escreveu: "Uma tentativa de estabelecer a ordem no próprio universo, e uma tentativa de congelar o tempo e os relacionamentos."

Os pacientes costumam mencionar dificuldades de tomar as rédeas da própria vida, e as tentativas de controlar o apetite são expressões concretas e simbólicas de retomar este controle. Para Bruch, o portador de anorexia é alguém que *não sabe*, pois *não aprendeu a identificar e discernir experiências interiores*. Quando alguém desconhece um sentimento ou uma vontade, seu contato com a realidade fica ameaçado. Há um consenso acadêmico em não considerar a anorexia um transtorno psicótico. Em linhas gerais, é também a minha opinião. Mas algumas das manifestações típicas de portadores de anorexia, como achar que engordarão à simples aproximação dum tablete de manteiga, sugerem, sim, uma ruptura com a realidade.

Outra personalidade influente no campo dessas patologias é a psiquiatra, psicanalista e terapeuta familiar italiana Mara Selvini Palazzoli (1916-1999), mais conhecida como fundadora da intitulada Escola de Milão. Muito do trabalho que desenvolveu dizia respeito justamente à ausência de interação em famílias de pacientes anoréxicos. Ela define o transtorno alimentar como um *desespero do ego*. Palazzoli ressalta também a identidade fragilizada, a ausência de vigor e a insuficiência de reconhecer e diferenciar distintas emoções, impulsos e desejos. Inseguranças interiores levam a uma sensação de "desconfiança em relação ao próprio corpo, seus estímulos e necessidades". Para estas duas "mães" do estudo dos transtornos alimentares, estamos diante de uma *deficiência psicológica*. Há algo faltando, como a segurança e confiança, o senso de controle e a sensação de saber quem se é. Privar-se de comida é expressar a própria fome de segurança e certezas.

---

5 N.T.: "sensação paralisante de ineficácia".

A anorexia é um nome horrível para o quadro aqui descrito, e era melhor que nos livrássemos dele. O termo deriva do grego *an*, "sem", e *orexis*, "apetite". Logo, "sem apetite". Na maioria das vezes, está errado. O portador de anorexia nervosa pode ter um ótimo apetite, apenas não se atreve a comer, paralisado de medo ou ansiedade, ou evita ingerir o alimento necessário motivado por vergonha, culpa ou raiva. "Recusa alimentar" ou mesmo "greve de fome" são termos muito mais adequados. Porém, se avançarmos a fundo na origem do termo, voltamos a trilhar o caminho certo. A palavra grega para apetite (*orexis*) tem raízes no conceito de *saudade* ou de *ausência*.

Sim, é verdade, a autora Ingeborg Senneset deixa estas ausências muito evidentes neste livro. Assim como os pensamentos em torrente, o turbilhão de emoções, a certeza de que há uma luz no fim do túnel e, sobretudo, a estabilidade para poder ser quem é. Permeando tudo isto sempre está a impressão de não conhecer a si mesma. Essas descrições autobiográficas voltam a atenção da minha mente acadêmica para o conceito de *identidade*.

Fale comigo também/ É só a doença/ Eu não sou só a doença/ Preciso descobrir quem eu sou/ Conhecer a mim mesma/ Um outro eu.

Identidade vem do grego *idem*, significando "o mesmo", e sugere uma percepção contínua de si mesmo: sou hoje a mesma pessoa que fui ontem e a mesma que serei amanhã. Uma fratura da identidade permeia toda a narrativa deste livro. O dilema é que a doença oferece também uma identidade à qual é possível se apegar, mas essa troca nunca é vantajosa diante da devastação que traz consigo. Afinal, quem ela poderia ser se não fosse a doença?

TRANSTORNOS DO EGO

A psicóloga norte-americana Kelly Vitousek levou adiante os estudos sobre histórias de transtornos alimentares decorrentes de carências do ego. Os sintomas ajudam a compensar essas carências. Com a ajuda de colegas pesquisadores, ela relaciona três categorias.

O *ego inútil* sugere uma autoestima fragilizada, desesperança, abatimento, identidade instável, tendência à autojustificação, hipersensibilidade a críticas e aponta para conflitos envolvendo autonomia e dependência. O *ego perfeccionista* externiza traços de um esmero extremado, ideações de limpeza, ascetismo e uma cognição marcada pela dualidade do "ou isto ou aquilo". E, por último, o *ego oprimido*, caracterizado pela busca da solidão, da certeza e por ser refratário a emoções fortes e situações sociais complexas. Neste último caso, é como se estivéssemos falando da busca por um *ego mínimo*, pequeno o bastante para se permitir ser tutelado e controlado, na tradução grosseira e simplificadora que fiz destes conceitos. A doença também é um recuo. Não é apenas o corpo que definha, mas também a existência. O doente se retira, se protege, se isola, encolhe, endurece, entorpece e procura o oblívio. Da noite para o dia os sintomas constrangem a vida, as expectativas, os desejos e os outros.

Com referência à primeira destas três categorias, vale à pena esmiuçar o que significa ser subordinado às circunstâncias externas. Ausência de segurança interior e incerteza sobre uma identidade ainda em formação tornam o portador de um transtorno alimentar alguém inteiramente dependente da *resposta do outro*. Ele exagera na conformação a regras e padrões, afetando voluntarismo em atividades escolares, laborais, esportivas ou sociais, assumindo uma espécie de "normalidade doentia". Numa perspectiva externa, o doente é visto como alguém carente de atenção, dependente de elogios e avesso a qualquer forma de crítica. Ele se mostra hipersensível e melindroso inclusive no espaço terapêutico, onde respeito e busca por segurança são premissas fundamentais.

AMBIVALÊNCIA

Eles não querem se curar, afinal?

O desejo de se curar e levar uma vida saudável é oscilante e carece de motivação. Um adolescente de catorze anos recém-diagnosticado com transtorno alimentar dirá que não tem problema algum. Com o passar do tempo, terá a certeza de que há algo de errado, mas ainda hesita e não se sente motivado a se sentir melhor. A *ambivalência* é um sentimento prevalente em portadores de transtornos alimentares. Concretamente, estamos falando da ambivalência em relação à cura, mas também duma ambivalência difusa. Quando não se sabe ao certo quem se é, não se tem certeza de nada.

A maior parte dos pacientes de depressão deseja voltar a ser feliz. Quem é acometido por alguma ansiedade sonha em livrar-se dela. Com os transtornos alimentares não é bem assim. A pesquisadora britânica Lucy Serpell e sua equipe publicaram, em 1999, um artigo que se tornou um clássico: *Anorexia nervosa: Friend of Foe?*[6] Pacientes de anorexia foram convidados a escrever duas cartas à doença: uma como "uma amiga" e outra como "uma inimiga". As cartas à doença inimiga diziam como ela destruía a

---

6 N.T.: "Anorexia nervosa: amiga ou inimiga".

saúde, o futuro e a relação com amigos e família. As cartas à amiga não deixavam dúvidas sobre o teor positivo da doença. Segundo a análise dos pesquisadores, a anorexia era encarada como uma "proteção", uma fonte de "controle", "autoconfiança", "atratividade" e "proteção contra sentimentos". Três anos mais tarde, repetiu-se o estudo, agora com pacientes de bulimia. Em parte, o padrão das cartas amistosas se repetiu, mas os pesquisadores introduziram também a categoria "distração", isto é, o ato de comer para inibir um desânimo ou desconforto interior.

Transtornos alimentares não são vírus e ter isto em conta faz todo o sentido para quem lida com o assunto. Eles suprem uma carência. É importante investigar qual é esta carência e o que a ocasionou.

Muitos doentes podem achar extremamente difícil modificar um comportamento que "lhes dá algo" em troca. Podem achar que descobriram "uma solução", como a sensação de estar no controle, por exemplo. No entanto, então a "solução" torna-se um problema sobre o qual não têm controle algum. Aprendi a perguntar aos meus pacientes se há algo que temem perder quando ficarem curados. Sim, respondem alguns. Outros dizem que sentem a falta de algo tão logo sentem alguma melhora. Tempos atrás decidi realizar uma pesquisa. Meu objetivo era entrevistar um grupo de mulheres sobre como era sentir vergonha por ter anorexia. Achei que poderia intitular o estudo de "Vergonha na anorexia nervosa". Após analisar os dados, precisei mudar o título para "*Vergonha e orgulho na anorexia nervosa*". Por isso é tão fundamental demonstrar um interesse isento de quaisquer preconceitos sobre todos os aspectos da doença, principalmente em relação ao que o paciente teme perder quando tiver alta. Sem essa transparência, nunca iremos compreender o porquê disso.

Esta postura irrita os próprios pacientes, assim como os familiares e a equipe de tratamento – que se sente questionada. Profissionais de saúde também se deixam provocar. Nem sempre têm pela frente o privilégio de atender pacientes altamente motivados. A dor é um fenômeno subjetivo, e ocasionalmente pode assumir o papel de pai, mãe ou irmão que padecem ainda mais que o paciente.

RISCO

A razão por trás dos transtornos alimentares é complexa e multifacetada, não são apenas genes e *jeans*, mas também isto e muito mais. Estamos sempre em busca de explicações simples e esta busca é compreensível, mas em geral é mal compreendida e pouco produtiva. É raríssimo encontrarmos uma única causa que possa explicar uma doença mental. Modelos limitantes, que especulam se a causa é genética, psicológica, neuroquímica ou social, não são capazes de dar conta das doenças mentais numa escala maior. Temos que classificá-los e colocá-los em perspectiva. Existem vários modelos para o desenvolvimento de transtornos alimentares, e um dos mais simples e abrangentes é o chamado *modelo de estresse e vulnerabilidade*. Ele distingue condutas *disponíveis*, *mantenedoras* e *liberadoras*.

As relações *disponíveis* assinalam uma *vulnerabilidade*. Noventa por cento dos pacientes de anorexia e bulimia são meninas e mulheres, o que significa que pertencer ao sexo feminino é um altíssimo fator de risco. Há também sólidas evidências de que a *genética* tem um papel fundamental, mas não está claro *como* este papel é exercido. Por isso, podem estar associados a certos transtornos alimentares traços de personalidade geneticamente definidos, como o controle da fome e do apetite, a disponibilidade para "curtir" a privação de comida, ou, quem sabe, uma propensão maior ou menor de tolerar o fardo físico e psíquico de emagrecer e definhar.

A nossa personalidade é complexa. Algo dela tem raízes genéticas, e chamamos este componente mais inato de temperamento. Outras facetas da personalidade são mais sujeitas a condições ambientais. Sabemos que um caráter mais perfeccionista eleva o risco de anorexia, assim como a impulsividade anda de mãos dadas com a bulimia.

A vida em família é crucial para nós. Uma abordagem acadêmica investiga os transtornos alimentares à luz dos laços familiares, de amizade e pertença. Ela deriva das teorias do psicanalista e evolucionista britânico John Bowlby, para quem os relacionamentos são um imperativo biológico para o crescimento de humanos e mamíferos em geral. Seu trabalho resultou em critérios e métodos para identificar vínculos e relacionamentos seguros e inseguros. Examinando esta pesquisa, conclui-se que a maior parte dos portadores de transtornos alimentares graves relatam a relacionamentos inseguros, que nem sempre têm a ver com a maneira como foram criados pelos pais. Irmãos consanguíneos, por exemplo, podem nascer com temperamentos e sensibilidades diversas, e a mesma relação familiar considerada insegura por um filho pode ser segura na opinião dos demais. Outros fatores de risco são doenças mentais, uso abusivo de drogas e pais portadores de transtornos alimentares.

Além disso, tive o azar de me meter em algumas situações ruins e topar com adultos mal-intencionados.
(Ingeborg Senneset em entrevista ao jornal VG, *em 17 de dezembro de 2016)*

Experiências traumáticas na forma de abusos psíquicos, físicos e/ou sexuais e episódios de abandono ou desprezo também implicam riscos maiores. Pode-se estimar grosseiramente que um quarto das pessoas que desenvolveram transtornos alimentares graves possuem um histórico de traumas deste gênero. Minha experiência clínica mostra que onde há um histórico de trauma, o quadro clínico será mais caracterizado por autopunição e automutilação do que pelo culto excessivo ao corpo e à autoimagem. Os traumas são marcadamente caracterizados por lembranças em forma de *flashbacks*, e o jejum, a compulsão alimentar, os rituais de depuração e a obsessão com os exercícios físicos são maneiras de exaurir-se para inibir os sintomas.

Além disso, o espírito do tempo que vivemos tem lá sua parcela de responsabilidade. Em breve retomarei a discussão sobre os transtornos alimentares como *doenças típicas da cultura contemporânea*.

Os *fatores desencadeantes* se dão quando um indivíduo vulnerável é exposto às turbulências da vida. O conflito entre desejo, atitude, emoção e conduta aos poucos vai assumindo traços de transtorno alimentar. Sem tais turbulências, talvez tudo isso não degenerasse num quadro patológico. Para um atleta de alto rendimento, o fator desencadeante pode ser uma simples contusão. De súbito passa a dispor de um enorme tempo ocioso, continua a ingerir praticamente a mesma quantidade de calorias de antes e começa a engordar. A insatisfação com o corpo, misturada às decepções e frustrações, o faz decidir perder peso em busca da sensação de controle. Há inúmeros exemplos de pessoas que contraíram mononucleose, a "doença do beijo", emagreceram e imediatamente passaram a encarar positivamente tanto a perda de peso como o alerta que a doença fez soar.

Um outro fator desencadeante pode ser o assédio moral. Na minha vida profissional, não canso de me impressionar com a extensão dos danos causados por episódios de assédio, agressões e *bullying*. Ao se perceberem como inúteis aos olhos alheios, as vítimas passam a ver a si mesmas como inúteis. Outro exemplo, tipicamente feminino, pode ser uma puberdade que chega antes da hora. Destacar-se entre os meninos e alcançar a maturidade sexual mais cedo dá a muitas garotas a impressão de "serem grandes demais". Outros fatores podem ser separações ou perdas. É muito comum manifestações da doença após mudanças de residência ou mesmo no retorno de temporadas de intercâmbio estudantil em outro país. Tédio, solidão, estilo de vida diferente e uma dieta estranha, talvez mais calórica, são elementos que põem em marcha um desejo de modificar o corpo através da comida e do exercício, desencadeando o que podemos chamar de *círculo vicioso*. Quando um transtorno alimentar é descoberto, o impacto familiar é tremendo. Pais que se sentem incapazes de nutrir o próprio filho têm um duro golpe na autoestima e podem reagir esboçando impotência, dúvida, medo, tristeza, raiva e repulsa. Podem dizer e fazer coisas das quais rapidamente se arrependerão, e com frequência discordam sobre quais condutas e providências adotarão. O filho percebe isto, sente culpa e vergonha, e o círculo vicioso começa a girar.

O isolamento social já foi mencionado, assim como a psicologia da fome. A referência clássica é *The Minnesota Starvation Study*,[7] de 1944, no qual o fisiólogo Ancel Keys e o psicólogo Josef Brozek lideraram uma pesquisa com 36 voluntários do sexo masculino que jejuaram até perderem 25% da massa corporal. A privação levou-os a sonhar com comida, que passou a monopolizar as conversas do dia a dia. Também resultou em rituais obsessivos, instabilidade emocional, depressão, letargia, perda do desejo sexual e do apetite e, em certos indivíduos, na adoção de um comportamento excêntrico. Alguns desses sintomas persistiram mesmo depois que a massa corporal foi normalizada. Uma quarta categoria é a exatamente a ambiguidade, em que os portadores acreditam que a doença "lhes dá algo" que temem perder.

TRATAMENTO

Este livro foi escrito durante o longo e árduo tratamento da autora, intercalado com períodos de internação hospitalar que se prolongaram por mais de ano. Porém, estritamente falando, não discorre tanto assim sobre o tratamento recebido.

Existe ainda um quarto mito sobre transtornos alimentares. O de que eles jamais podem ser curados. Isto é falso. Muitos pacientes ficam completamente curados. Outros livram-se dos comportamentos sintomáticos, mas seguem insatisfeitos com o próprio corpo. Como profissionais, entretanto, temos que admitir que o resultado dos tratamentos não é animador. Estudos abrangentes, como o de Steinhausen e equipe, dizem que cerca de 50% dos portadores conservam alguns dos sintomas físicos ou psíquicos. Como profissionais, não podemos apenas cruzar os braços e relaxar. Temos um dever ético e uma necessidade prática de desenvolver nossos métodos.

---

7 N.T.: "Estudo sobre a inanição em Minnesota".

Há percalços óbvios pelo caminho. Emoções contaminam, e sempre há o risco das emoções relacionadas aos transtornos alimentares contaminarem a nós, profissionais de saúde. Pacientes graves têm fixação na comida e no corpo. Nós também corremos esse risco, se nos preocuparmos em demasia com alterações no peso, dieta e exames de sangue. Um desafio muito claro na abordagem de pacientes com transtornos alimentares é, portanto, lidar com esta *via de mão dupla*. Significa que é preciso trabalhar tanto com o comportamento e as consequências somáticas e, *ao mesmo tempo*, tentar vislumbrar a pessoa por trás da máscara. Lamentavelmente, parte dos procedimentos adotados resume-se a uma questão de "ou isto ou aquilo". Logo, há por que temer que o padrão cognitivo típico dos transtornos alimentares – isto ou aquilo, tudo ou nada, preto ou branco – acabe influenciando a equipe de tratamento, que passa a dar uma ênfase exagerada ao peso e às manifestações físicas da doença. Com o tempo, os pacientes começam a se queixar que ninguém se interessa por eles, mas pelos números na balança. Ou, por outro lado: os pacientes podem deparar com uma abordagem psicoterápica que, ou não leva devidamente a sério a questão nutricional, ou não consegue sequer tangenciá-la.

A psicoterapia, seja individual, grupal ou familiar, é o método de tratamento mais eficaz para transtornos alimentares. Na maioria das vezes, a prática psicoterapêutica deve integrar ou seguir em paralelo a um acompanhamento somático. A maioria absoluta dos pacientes podem receber atendimento ambulatorial de primeiro ou segundo níveis. Um número mais limitado requer internação hospitalar, ou pelas condições somáticas ou pela gravidade do quadro psiquiátrico. A internação pode ser inevitável em circunstâncias críticas, mas ao mesmo tempo deve-se ter em vista os efeitos colaterais, que são significativos. Quando estamos lidando com pacientes sugestionáveis e inseguros sobre a própria identidade, é fácil supor que eles possam influenciar uns aos outros. Isto vale também para aspectos positivos, mas em geral é o negativo que prevalece. Conceitos como competição e rivalidade também desempenham o seu papel. Os pacientes podem emular sintomas, aprender novos truques e disputar quem é o doente mais grave. Um anoréxico pode se achar infeliz ou incompetente ao lado dum vizinho de quarto mais magro ou mais grave.

Para Hilde Bruch, a tarefa do médico é ajudar o portador de transtorno alimentar na sua busca por autonomia e identidade, estimulando sua atenção para os próprios impulsos, emoções e necessidades. Hilde Bruch defende uma atitude de *ingenuidade* e até mesmo de *desconhecimento* com o objetivo de instilar no paciente interesse e sensibilidade por si próprio. Ela dá ênfase ao *uso construtivo da ignorância*. O terapeuta não é alguém que sabe mais, mas alguém que tenta dar à luz uma curiosidade positiva para fazer brotar no paciente uma atenção para tudo o que diga respeito a emoções, sensações corporais e necessidades.

DOENÇAS CULTURAIS

No panorama das patologias psiquiátricas, os transtornos alimentares ocupam um lugar único, em virtude de fatores socioculturais que influenciam fortemente a concepção, manifestação e as causas dos sintomas.

O médico britânico Sir William Gull empregou o termo anorexia nervosa pela primeira vez em 1872. No fim do século XIX, a doença adquiriu uma certa notoriedade e passou a atrair a atenção da literatura médica europeia, mas esse interesse foi minguando durante a primeira metade do século XX para a doença ser "redescoberta" na década de 1950. Quando finalmente havia comida suficiente após a Segunda Guerra Mundial, algumas pessoas recusavam-se a comer. Os pesquisadores identificam um crescimento deste fenômeno nas duas primeiras décadas do pós-guerra, mas ele logo recrudesceria. Mesmo que este crescimento hoje não seja tão acentuado, a visibilidade midiática dos transtornos alimentares é tremenda.

Na década de 1980, doenças do gênero passaram a despertar maior interesse de profissionais e de leigos. Transtornos alimentares deixaram de ser excentricidades e se converteram em doenças "populares".

Diversos fatores concorreram para isso: maior visibilidade aos pacientes, profissionais de saúde mais gabaritados para realizar diagnósticos e uma sociedade mais participativa no tratamento. Contribuiu em grande parte também o movimento feminista, que lançou luzes sobre padrões de beleza formadores de identidade associados à magreza e a conceitos marcadamente culturais.

Trabalho há tanto tempo na área que pude testemunhar como esses fenômenos vêm se modificando. Trata-se de doenças extremamente *maleáveis*, na medida que os sintomas externados são influenciados pelas condições sociais e por componentes culturais. Uma coisa são fatores de risco que variam, como uma disciplina corporal mais rigorosa ou padrões sociais aleatórios na formação da identidade. Outra coisa é o maior interesse midiático despertado por elas, que induz um maior número de pessoas a "testar" ou "escolher" comportamentos sintomáticos e contribuir para que o universo de portadores da doença seja muito mais heterogêneo. Tudo isto impõe às equipes disciplinares de saúde de hoje dia um desafio bem mais complexo se comparado ao tempo em que os transtornos alimentares eram unicamente associados a uma rara condição chamada anorexia nervosa.

Em 1979, a *bulimia nervosa* foi considerada uma categoria diagnóstica. Episódios reiterados de compulsão alimentar em grande escala combinados a métodos de depuração – como vômitos induzidos, atividade física, preparados laxativos, diuréticos ou emagrecedores – são as principais características deste quadro. O sistema norte-americano de diagnósticos DSM-5 relaciona uma terceira forma da doença comum a jovens e adultos chamada *Binge Eating Discorder* (BED), ou Transtorno da Compulsão Alimentar Periódica (TCAP). O sistema diagnóstico da Organização Mundial de Saúde (OMS), ICD-10, adotado pelas autoridades médicas norueguesas, não possui esta categoria. Trata-se da ingestão de alimentos em excesso sem o *processo de depuração*, na maioria das vezes levando ao sobrepeso. Os episódios de compulsão possuem muito das características da bulimia. Tomando os transtornos de compulsão como uma nova categoria dos transtornos alimentares, estamos em via de compreender a obesidade como uma patologia, antes de tudo, associada à mente. Como tal, deve ser tratada de acordo com princípios psicoterapêuticos, sem admitir aos pacientes um acompanhamento nutricional. Uma vez que as autoridades sanitárias da Noruega não trabalham com esta terceira categoria, é difícil crer que estejamos oferecendo opções de tratamento suficientes.

Nos últimos anos, cresceu o número de pacientes masculinos com transtornos alimentares, o que é muito significativo, pois uma doença marcadamente associada às mulheres pode muito bem contribuir para que homens e garotos não se sintam à vontade para pedirem ajuda. Sobretudo quando a compulsão alimentar está incluída, estes transtornos são associados à vergonha que tanto afasta as pessoas dos tratamentos. Boa parte dos homens experimentam o vexame de estarem acometidos de uma "doença de mulher". Calcula-se que entre 10% e 20% do total de pacientes sejam homens.

É relevante refletirmos também sobre como as noções e os padrões de corpo e dieta vêm se modificando. No Ocidente, os transtornos alimentares estão associados mais recentemente à *gordofobia*. Não era absolutamente o caso quando William Gull primeiro descreveu o problema. Nos últimos anos, graças aos nossos médicos, passaram a incorporar também uma *carbofobia*. Hoje em dia vivemos em meio a um violento bombardeio midiático de dietas que nos jogam entre a cruz e a espada. O que impressiona, em comparação até poucos anos atrás, é como tantos portadores de transtornos alimentares se mostram absolutamente interessados no que é "saudável". O médico norte-americano Seven Bratman chamou essa preocupação doentia com a saúde de *ortorexia* recorrendo ao radical grego *ortho* para "certo" ou "direito". As pessoas ficam tão ansiosas para comer "sem erros" que o certo acaba se tornando errado. São óbvios os novos desafios para as novas condutas terapêuticas, pois quem está convencido de que adotou uma dieta saudável terá dificuldades para perceber o risco à própria saúde em que estará incorrendo. Treinos e exercícios físicos são manifestações mais evidentes de transtornos alimentares do que eram há vinte anos.

CULTURA DE CONSUMO

A disciplina antropologia médica descreve em detalhes *síndromes associadas à cultura*, que nos deixa antever muito precisamente como determinadas doenças possuem um componente cultural muito bem demarcado. O estudo de tais doenças é por vezes deparar com fenômenos exóticos e curiosos, e com algumas condições raríssimas descritas em regiões remotas do planeta. Dada à maior visibilidade da anorexia após a Segunda Guerra, descobrimos uma doença associada à cultura no nosso próprio quintal.

Doenças mentais não surgem do nada, não se mantêm no nada e nem desaparecem do nada.

Podemos explicar isso?

Podemos ao menos investigar algumas hipóteses. A maior incidência e visibilidade de transtornos alimentares nas sociedades ocidentais veio passo a passo com o desenvolvimento da cultura do consumo, o consumismo, que dá ênfase à satisfação individual em detrimento de valores coletivos e também é caracterizado por mudanças nos papeis de gênero e na vida em família. Como os transtornos alimentares, em sua maioria, afligem mulheres e põem em questão temas de identidade e imagem corporal, não surpreende que muitos autores apontem como fator causal os prejuízos causados pela sociedade pós-moderna à ideia de identidade feminina. Nas últimas décadas, mulheres jovens e adultas têm sido expostas a estímulos e forças novas e contraditórias.

A relação entre cultura e doença individual é complexa. Descrições de componentes culturais como fatores de risco, por sua vez, costumam ser superficiais e reducionistas. A cultura é muitas vezes sinônimo de *pressão sobre o corpo* exercida por padrões de beleza magros, por exemplo. Sim, claro que isso tem uma importância decisiva, como se disse logo no início deste prefácio. Mas o relato íntimo de Ingeborg Senneset confirma o que muitos médicos experientes já sabem: da mesma forma como ideais de beleza contemporâneos são fundamentais para alguns pacientes, para muitos outros, segundo seu próprio testemunho, são absolutamente irrelevantes. Uma compreensão estreita do impacto cultural nos transtornos alimentares pode camuflar outros aspectos significativos, porém menos óbvios. É apropriado refletir como transtornos alimentares com frequência expressam problemas relacionados à formação da identidade – dizem respeito a "ser alguém" e "tornar-se quem se é". Como a sociedade contemporânea influencia as noções de identidade?

Uma maneira é exercendo uma indiscutível pressão sobre o corpo. Porém, é relevante também saber quem somos e como nos deixamos pressionar tanto. A sociedade ocidental é turbulenta, vários cientistas sociais a descrevem assim. A vida moderna é *fluida* e não mais estável (Zygmunt Bauman); a *aceleração* conduz à *alienação* (Hartmut Rosa); e quando o tempo passa mais rápido do que antes, a *confiança* e a *autoestima* ficam abaladas, posto que são experiências duradouras em sua essência (Richard Sennett). O que há de mais estável hoje é a *instabilidade*. Em 1950, no livro *A multidão solitária: um estudo da mudança do caráter americano*, o sociólogo norte-americano David Riesman dissertou sobre como a sociedade ocidental rapidamente deixou para trás as tradições e passou a se orientar por fatores externos. Riesman mostrou como a construção tradicional da identidade depende muito mais da tão chamada socialização vertical. Somos moldados sobretudo à imagem dos nossos pais. Num tecido social esgarçado, já não podemos mais contar com eles para nos tornar alguém. Os jovens podem admirar seus pais e professores, mas eles já não têm mais a mesma autoridade e exercem o mesmo papel de outrora.

Na cultura da inquietação, a socialização é mais *horizontal*. Dependemos mais da aceitação e da sanção dos iguais, indivíduos da mesma faixa etária. Desejamos ser vistos porque não estamos mais tão seguros de quem somos. Os jovens socializam-se entre si. Amizades são muito legais, mas existem desafios evidentes na construção da identidade quando alguém da mesma idade demonstra grande destreza mercadológica e pouca competência emocional. Somos socializados por um imenso mercado de produtos e indústrias de toda a sorte: beleza, comida, saúde, moda, medicamentos, desempenho e conquistas. De 2005 a 2015, o número de usuários entre vinte e 29 anos de idade de medicamentos de depressão, insônia e transtorno de déficit de atenção e hiperatividade (TDAH) aumentou em 50%, segundo o registro de receituários médicos da Noruega.

O ambiente psicológico atual também tende a funcionar como uma espécie de indústria reguladora, definindo padrões claros sobre o que é ter um comportamento positivo, como se portar e o que pensar para se realizar e alcançar objetivos de vida. Ela faz sua parte enviando uma mensagem dúbia, especialmente para os jovens. De um lado diz que podemos ser qualquer coisa, basta querer e dar duro o bastante. Dar o *melhor de si* é a regra geral, mas não é bem assim. São muitas os fatores que nos impedem de chegar aonde queremos. Por outro lado, muito da vida dos jovens já foi estabelecido por estas mesmas indústrias. A cultura consumista diz que somos livres para escolher ao passo que, através das suas diferentes marcas, já fez essa escolha por nós.

Nas culturas tradicionais, tínhamos uma espécie de GPS interior para nos orientar, calibrado justamente pela força da herança cultural e dos valores tradicionais. Numa época de turbulência, seria mais pertinente usar o radar como metáfora. Nos orientamos pelos outros, em busca de atenção e reconhecimento, e isto estimula a psicologia de comparação, tão determinante nos dias atuais. Definimos quem somos recorrendo o tempo inteiro a comparações com os demais.

Estes são aspectos gerais de tendências culturais absolutamente relevantes para transtornos alimentares, que são, em larga medida, patologias externas fortemente calcadas em comparações e confirmações. Já em 1947, a antropóloga Margaret Mead escreveu sobre como culturas em rápida transformação passam a dar maior relevância ao corpo concreto como um instrumento de comunicação. O corpo torna-se cada vez mais importante como marcador de identidade e de personalidade. A *concretude* descrita no portador de transtorno alimentar tem na nossa cultura consumista uma enorme quantidade de aspectos *concretamente* corporais. Somos fascinados por superfícies, números, ingredientes, habilidades, conquistas e novos tratamentos. Para bem e para mal, não estamos falando apenas de comida, mas de subprodutos como chefs-celebridades, restaurantes estrelados, livros de culinária, *best-sellers* sobre a flora intestinal, blogues e fotos de comida inundando as redes sociais e novas dietas que surgem a todo o momento. Alguns podem arguir que até a nossa cultura é portadora de um transtorno alimentar. Eu discordo. Transtornos alimentares são condições psiquiátricas graves. Porém, muito do alimento que ingerimos é de fato "transtornado", o que para certas pessoas pode representar um fator de altíssimo risco. A cada dia avançamos um passo na direção de sentir vergonha do próprio corpo. Muitos dirão que a boca é hoje um órgão essencialmente vexatório, dada a quantidade de comida que ingerimos.

O NOVO CORPO

Ideais corporais são sistemas simbólicos e fluidos. Nos últimos vinte anos, assistimos ao surgimento de um fenômeno interessante chamado *fitness*. Não está exatamente claro o que o *fitness* de fato é, embora atraia muitos consumidores e movimente muito dinheiro. É bom ter em mente que *fitness* quer dizer literalmente "aptidão", isto é, a capacidade de se adequar. Tem a ver com entrar em forma, mas também em se deixar conformar por regras e padrões. Tem muito a ver com exibir-se como se fôssemos uma mercadoria. Profissões como a do educador físico particular dão origem a novas formas de relacionamento. Na Noruega, é comum presentear adolescentes com horas-aula com *personal trainers*, profissionais que servem de exemplo e inspiração para seus alunos.

Os padrões do corpo ideal ficaram mais rígidos nas últimas décadas. Quando era criança, "tanquinho" era apenas o lugar onde se lavava roupa. Hoje, designa também o abdômen "sarado" e definido. O corpo está sitiado por regras: barrigas chapadas, músculos firmes, treinos extenuantes, resistência, baixo índice de gordura subcutânea, instrutores severos, alimentos *light* e *diet*, dentes clareados artificialmente e recentes modismos estéticos como *thigh gap* – , o hiato entre as coxas – e o *bikini bridge* – a barriga negativa. As regras não se detêm e avançam sobre novas regiões do corpo. Quando este prefácio estava sendo escrito, a moda era a cirurgia plástica dos lábios vaginais. O diretor canadense David Cronenberg especulou se, no futuro, teríamos concursos para escolher os intestinos mais bonitos.

Deparei com o livro *The Coming of the Body*,[8] do filósofo francês Hervé Juvin. Ele escreve que o século XXI nos dotou de um "novo corpo". Enfim a ciência médica aprendeu a tratar os doentes, e a ex-

8 N.T.: "A chegada do corpo".

pectativa de vida aumentou significativamente, as necessidades básicas foram suprimidas, as dores, aplacadas, o prazer é um conceito fundamental, pode-se gerar filhos sem sexo, jovens travam contato íntimo por meio de telas, as cirurgias têm fins estéticos etc. Tudo isso redefine o que é ser humano, afirma ele. Adquirimos um novo corpo, porém, escreve Juvin, "ele não veio com manual de instruções".

Eu gosto do conceito de "novo corpo", tanto para bem quanto para mal. Estamos falando de liberdades conquistadas a duras penas. A maternidade sendo possível por meio da tecnologia, por exemplo. Na posição preocupante que ocupo, tendo a examinar o lado negativo destas liberdades. "Estamos perdendo nossas referências emocionais e morais neste processo", escreve o filósofo. Esta nova corporalidade é, sobretudo, instrumental. Práticas corporais, como exercícios e dietas, estão sendo usadas para regular sentimentos e relacionamentos, para desenvolver aspectos mentais e sociais. Usamos o corpo principalmente para nos mostrar uns aos outros, ele diz, enquanto ansiamos por uma resposta positiva. Esta ânsia é uma versão da busca desenfreada de conquistas e realizações. O maior custo clínico do novo corpo é, talvez, a insatisfação. Uma insatisfação, aliás, globalizada. Jovens de todo o mundo gastam muito tempo e esforço depreciando-se. Isto, em si, não é uma doença, mas é muito triste.

TÃO EU

O corpo é nossa maior rede social, mas há outras redes sociais que, do mesmo modo, consomem energia. Quando discutimos transtornos alimentares hoje, precisamos levar em conta as novas formas de socialização. Os novos meios são essencialmente visuais. Convivemos numa superfície rasa e escorregadia. Produzimos imagens que vão sendo repassadas de celular em celular. Tornamo-nos projetos de autorrealização. Muitas dessas imagens são *selfies*, autorretratos destinados e impressionar e servir de exemplo e inspiração. Elas são, na sua natureza, superficiais. No Facebook, não mostramos verdadeiramente a *face*, mas uma versão editada do nosso rosto. Quem quer que depare com uma sucessão de imagens edulcoradas pode julgá-las verossímeis, perceber-se inferiorizado e ter a autoestima abalada. Qualquer um sabe que são imagens ilusórias e artificiais, mas no calor do instante tudo isso é relevado. Assim é a *psicologia das "curtidas"*.

Há uma diferença enorme em ser percebido como se é e ser adorado e "curtido" como um objeto. Quem se presta a se expor em busca de reconhecimento, arrisca também a ser ignorado ou criticado. Quando alguém se transforma em objeto ao olhar alheio, pode acabar enxergando a si mesmo como tal. A vergonha está associada à *autopercepção*, a admirar a si mesmo na perspectiva do outro. É desolador, mas muitas pessoas abominam o que veem quando se veem. É natural também que tenhamos que lidar com o risco de novas formas de *dependência*. A propósito da identidade: para existirmos precisamos nos mostrar ao mundo e receber "curtidas" em troca. O controle psicológico externo é assim reforçado por novas formas de comunicação. Precisamos compreender melhor as possíveis inter-relações entre autoestima, imagem corporal, transtornos alimentares e imagens reais nas redes sociais.

A despeito disto tudo, as novas mídias também produzem histórias completamente diferentes. Este livro, por exemplo. Ele é resultado do blogue que Ingeborg Senneset começou a escrever em 2009 para registrar seu histórico psiquiátrico. Ela buscava dividir o que sentia, ter alguém com quem pudesse compartilhar experiências. Um grande número de portadores de transtornos alimentares escreve sobre sua vida e tem bons exemplos a dar. Os blogues renovaram o panorama geral da mídia, promovendo e ampliando a liberdade de expressão sob o princípio de que qualquer pessoa pode ser um blogueiro. Surgiram subgrupos. Para uns, o blogue é um diário, para outros um púlpito para verbalizar assuntos políticos e abordar temas variados, para outros, o ganha-pão que atrai anúncios antes destinados à mídia tradicional. Eu mesmo orientei vários estudantes de mestrado que escrevessem blogues como uma espécie de terapia. Externando publicamente suas aflições, não apenas aliviam o fardo que têm sobre os ombros, mas obtêm apoio e incentivo.

Ingeborg Senneset também é categórica quando diz que os profissionais de saúde precisam abrir-se para as novas mídias – tanto para o bem quanto para o mal. Fingir que não existem é uma postura anacrônica. É absolutamente relevante demonstrar mais interesse na vida digital das pessoas, mais ainda quando a saúde e a própria vida delas estão em jogo. A medicina tradicional permite ao próprio paciente contar a sua história, e beneficia-se desta narrativa, chamada *anamnese*, para propor o tratamento. Na nossa cultura digital, e especialmente quando trabalhamos com a saúde mental de criança e jovens, precisamos mais do que nunca fazer uma *e-anamnese* dos pacientes, "ouvir" sua narrativa no mundo digital. Não que a mídia seja a instância mais adequada para estabelecer um diálogo sobre a saúde mental, mas tampouco pode ser ignorada. É preciso saber quais sites o paciente frequenta, quais blogues segue, quantos *posts* escreve, quantas horas fica *on-line* por dia e em quais períodos e assim por diante.

Na esfera social, ocultar a verdadeira identidade por trás disso significa milhões em dinheiro público desperdiçados em ações ineficazes ou equivocadas, que nos alheia duma perspectiva acurada do panorama da doença.

Gasta-se muita energia em blogues e *posts* anônimos, impossíveis de serem identificados por familiares ou mesmo pela equipe que acompanha o paciente. O problema, escreve Ingeborg Senneset, não é necessariamente o teor da mensagem, mas o espaço equivocado em que ela é transmitida. Não é uma conversa franca.

DIÁLOGOS SOBRE TRANSTORNOS ALIMENTARES

Ingeborg Senneset deixa entrever neste livro uma enorme sensação de impotência ante os sintomas, sobretudo diante da obsessão e da vergonha. A impotência por sua vez é também uma emoção contagiosa. É importante que as conversas sobre a doença não se deixem contaminar pela doença. Precisamos cuidar para que não se limitem a lamentos de frustração e desesperança. Privados ou públicos, boa parte desses diálogos está longe do ideal. Eles devem ser ambiciosos o bastante para trazer à tona o que está imerso na superfície daquele comportamento. Este livro descreve o comportamento, é claro, mas concentra-se nas condições emocionais que subjazem a ele, e naquilo que o move, como a impotência, a perda de controle e a ambivalência.

Um desafio óbvio nas nossas conversas é o papel do que podemos chamar de *fatores desencadeantes*, que se assemelham ao gatilho duma arma. Tendo em vista a psicologia da comparação e da concretude, sabemos que texto e fala são compreendidos e interpretados de forma muito palpável, daí o grande desafio de limitar esta percepção. Em 2016, fizemos parte de um grupo de pessoas que criou uma campanha intitulada *Saúde e Sensatez* voltada a blogueiros que escrevem sobre comida, corpo e atividades físicas. Listamos dez recomendações para uma abordagem ética da questão, exortando os blogueiros (emissores da mensagem) a se colocar no lugar dos leitores (receptores). Os conselhos sublinham justamente a importância de não descer ao nível do concreto, particularmente quantificando tempo de exercício, quilômetros percorridos, abdominais e apoios de frente executado, tamanho e peso de porções de comida e assim por diante. Pessoas mais sensíveis irão se ver refletidas neles, e não vai demorar para surgirem as comparações e imitações. Este é um dos paradoxos culturais contemporâneos, em que o ideal de parecer único só é alcançado reproduzindo-se o ideal de outras pessoas. Para ser eu mesmo, preciso ser exatamente igual a você. Só consigo ser único quando sou uma cópia. Quando essas representações descem a tal nível de concretude, o gatilho dispara.

Por outro lado, não devemos jamais flertar com alguma forma de censura. Quem produz esses conteúdos deve ter a necessária responsabilidade ética para se pôr no lugar do destinatário, e este deve ser responsável e maduro o suficiente para ler e interpretar aquela mensagem. O debate sobre os fatores desencadeantes pode ruir quando sabemos que não existe proteção possível contra os revezes que todos temos pela frente. A vida não é uma zona livre de perigos, e a fragilidade não pode ser usada como desculpa para interditar determinados assuntos. Tampouco estamos falando de limitar a quantidade do que é escrito sobre transtornos alimentares, como alguns têm sugerido, mas certamente é preciso melhorar a qualidade desses conteúdos. Os aspectos mais difíceis precisam vir ao primeiro plano, com toda a sua complexidade. Abordá-los significa afastar-se da idealização e da romantização dos transtornos alimentares, e também descrever fatos crus, vexatórios, entediantes e perigosos numa prosa tão precisa quanto fluida. Este livro, posso garantir, não tem nada de romântico.

Finn Skårderud

Psiquiatra, escritor, professor-adjunto da Escola de Educação Física da Noruega e fundador do Instituto de Transtornos Alimentares/Villa Sult

PREFÁCIO DA AUTORA

Era 2009 e aos 24 anos eu já tinha vivido mais que suficiente.

A porta do corredor do hospital se fechou quando passei. O banheiro recendia um pouco a plástico envelhecido. Sob a janela, um banco de madeira dura chegava a machucar os joelhos. Do lado de fora, a lâmpada do poste jogava uma luz difusa sobre o asfalto nu. Dois andares abaixo da janela havia uma escadaria de cimento. Lembro-me que de ter encolhido as pernas na manhã anterior quando vi um resto de chiclete mascado e tive medo que fosse grudar no meu cabelo ou algo assim. Foi nojento, embora eu nem tenha reparado quando encostei nele. Quando estamos mortos, não damos mais a mínima para a vida, nem mesmo para as coisas mais velhas.

Esta não é a história de quem deu de cara no muro e saiu mais forte em seguida. Isto não é necessariamente uma doença, faz parte da vida. Esta é a história de alguém que se vê presa num enorme corredor de areia movediça e se sente cada vez mais enfraquecida quanto mais tenta escapar. É a doença, que rouba uma grande parte da vontade de viver. Rouba quase a própria vida.

Não é nada romântico, estético ou heroico. É só o necessário.

No calor dos eventos não existe perspectiva.
Barbara Tuchman

Eu queria salvar o mundo, um quilo a cada vez. Era só me punir o suficiente para me tornar uma pessoa melhor. Em vez disso, o mundo e minhas possibilidades de contribuir com ele foram diminuindo.

O livro que você está lendo é tão repleto de vergonha – minha vergonha – que nem sei como pude permitir que chegasse às suas mãos.

Não escrevo para marcar uma posição, compreender a mim mesma, seguir adiante ou bobagens do tipo. Escrevo para dar aos cuidadores, parentes, amigos e testemunhas uma ferramenta.

Ao longo do processo de escrita, adoeci como nunca, como se tivesse me deixado contaminar por pensamentos antigos. Fiquei doente por imergir na própria doença. Serei responsável se arrastar outras pessoas comigo? Devo me preparar para ir contando o número de baixas? Ou seria mais uma relação de custo *versus* benefício, e eu devo apostar que o livro será mais útil do que prejudicial?

Indignai-vos!
Stéphane Hessel

Fiz muitos amigos na psiquiatria. Mas Deus sabe quantas amizades perdi, e quantas pus em risco.

Este não é um livro sobre suicídio, embora possa ser, se levado ao extremo. A doença foi a minha alternativa. Não escolhemos entre estar doentes e saudáveis, escolhemos entre sobreviver ou não. Mas ela é uma boia salva-vidas que afinal irá nos sufocar. Por isso precisamos de alternativas. Não é apenas tirar das pessoas aquilo que têm a dar, ainda que superficialmente pareça sensato, às vezes até compassivo, ajudar alguém eliminando os sintomas ou promovendo a cura. Lembre-se de que essas pessoas também sentem falta duma boia salva-vidas. Dê-lhes uma nova, ou espere que se agarrem à antiga – ou afundem.

Este livro foi escrito na gélida esquina de um dia ardente.

Porém, a menos que tenhamos que pôr uma máscara de oxigênio antes de ajudar o vizinho, nós, os doentes, devemos depor as armas um instante se quisermos fazer nossa parte para salvar o mundo, nem que seja um pouquinho dele.

Não é apenas uma questão de escolha. Com sorte este livro pode fornecer inspiração ou motivação àqueles que dependem de nós. Para que não desistam de nós.

ESTRUTURA

O livro se consiste em três partes principais, somadas a um prefácio acadêmico escrito pelo psiquiatra Finn Skårderud.

Cada parte foi escrita em tempo real, ou baseada em anotações feitas no calor dos acontecimentos. Os textos foram editados a partir de notas de dois prontuários hospitalares, 1500 *posts* de blogue e milhares de páginas de diários amarrotados e mais ou menos compreensíveis. Muitos acontecimentos e pessoas foram omitidos. Alguns para preservar lugares, outros por dever ético.

Muitos personagens ficaram anônimos, pelo menos parcialmente.

A "Parte I" refere-se ao tempo que passei no hospital de Levanger (2007-2008).

A "Parte II" aborda o tempo na clínica psiquiátrica em Stjørdal (2009).

A "Parte III" trata do primeiro ano no hospital de Østmarka (2009- 2012).

Cada uma tem um prefácio, ou capítulos intermediários, escritos no tempo atual.

AGRADECIMENTOS

Obrigada à Fritt Ord pelo apoio financeiro.

Obrigada à Cappelen Damm por acreditar no projeto, e ao editor Anders pelo incentivo e orientação. Sem você, não haveria livro algum.

Obrigada a Ragnhild, cujas mãos de especialista deram os retoques finais.

Obrigada aos autores, cronistas e sobretudo aos colegas, que com seus livros e artigos me inspiraram a dar tudo de mim.

Obrigada aos amigos – tanto aos que conheci nos hospitais e não conseguiram chegar lá, aos que conheci depois disso e àqueles que "conheço" apenas nos comentários de *posts* e mensagens de *e-mail*.

Obrigada à Kadra pelas incontáveis mensagens e horas gastas em telefonemas. Jamais sozinha.

Obrigada à minha família. Especialmente a Iver, Anna, Jesper, Oskar e Lorense.

Obrigada à equipe multidisciplinar que trabalha dia após dia, não importa se os pacientes não cooperam, o orçamento é curto ou o sistema nem sempre os permitem ajudar como desejam.

Obrigada aos colegas pacientes que vão "trabalhar" todos os dias, não importa se esbarrem consigo mesmos na porta de entrada.

E a vocês que estão presos na areia movediça neste instante: o fundo está logo ali, em algum lugar.

Ingeborg Senneset
Oslo, março de 2017

RABISCADO NUM BILHETE EM ALGUM DIA DA DÉCADA DE 2000.

Um de cada mil trevos tem quatro folhas. Não sabemos por quê.

Trevos de quatro folhas são considerados um sinal de sorte e confiança no futuro.

Trevos de quatro folhas se sentem diferentes. Excluídos. Um erro. Um erro da natureza.

Podemos arrancar um punhado de trevos e dizer que ali só há três folhas. Mesmo assim, ali estão trevos de quatro folhas, só que uma parte está faltando.

RABISCADO NUM BILHETE EM ALGUM DIA DA DÉCADA DE 2000.

O transtorno alimentar me diz para nunca compartilhar o que escrevi com alguém. Ele me dá medo. Me ameaça com obsessão e angústia. Me atrai com promessas de esvaziar a cabeça de pensamentos, sentir desejos, satisfação e esquecimento. Me força a sentir obsessão.

RABISCADO NUM BILHETE EM ALGUM DIA DA DÉCADA DE 2000.

Você não pode enganar o transtorno alimentar, pois ele está espiando seus pensamentos.

Você precisa partir para a guerra. Guerra aberta.

PARTE I
LEVANGER

SEGUNDA-FEIRA, 8 DE OUTUBRO DE 2007

Mãos no colo. Cerradas, suadas, inquietas. Prato redondo, branco. Logomarca do serviço de saúde em azul no canto. É um prato grande, de almoço. Bem na extremidade da bandeja colaram um *post-it* amarelo. O meu nome está escrito com uma grafia infantil, feminina. "Ingeborg". Com um sorrisinho desenhado logo embaixo. Quem pensa que eu vou achar graça nessa merda?

Estão rindo de mim? Será de pena ou porque sabem como me sinto? Eles ficariam arrasados se soubessem que eu reparei como são falsos, frios e calculistas, achando que eu sou uma idiota que a qualquer momento irá abrir um sorrisinho amarelo e dizer: "Oi! Que legal! Talvez seja até bom estar aqui, afinal, já que são tão bonzinhos e compreensivos."

É isso que estão pensando? Será que sabem como eu me sinto?

Ainda continuam ali. Ao redor do prato, num círculo. No ringue. Grossos, me fazem lembrar dum muro de pedra. Maciços, pesados, do mesmo tamanho, balançando. Duas metades. Duas com presunto, duas com ovos. Os filhos da puta puseram logo as rodelas dos ovos que tinham mais gema. É só olhar para as rodelas dos outros pacientes. Nenhuma tem apenas claras, todas só têm gemas. Muito esperto. O que eles fazem com as gemas, será?

Não que eu dê a mínima. As quatro metades serão três, depois duas, depois nenhuma. Qualquer outra alternativa está fora de questão.

É apenas uma semana de testes, diz o transtorno alimentar. Não precisa, eles não podem fazer nada se você não quiser comer. Faça o que quiser, faça o que eu quiser. Você já fez assim antes.

As minhas mãos continuam sobre o colo. Os olhos procuram pelos talheres. As costas estão empapadas, os pés irrequietos, a barriga não se mexe. Nada de talheres. O coração dispara, nada de garfo, nada de faca? Pense, pense rápido. As mãos estão limpas? Limpas o suficiente para tocar a comida? Não, nunca. Mas para preparar os sanduíches foi preciso manuseá-los. Portanto a comida já está estregada, imunda, horrível, incomível. As mãos dos funcionários são nojentas. Quando eles lavam as mãos? Eles pegam em tudo, nas próprias roupas, nos outros, nas maçanetas, na comida alheia, na minha comida.

O tempo passa. Se não começar agora, não vou conseguir terminar antes da meia hora estipulada. Treze minutos. Duas metades. Sete minutos e meio para cada meia fatia. Não, eu tenho que beber alguma coisa também. Trezentos mililitros de leite desnatado. Duzentos e cinquenta mililitros de chá verde. Preciso de água para engolir, mas aqui só tem leite desnatado, calórico, doce e horrível, esse leite desnatado. Essa oferta de bebidas me deixa sem opção. Preciso escolher a menos ruim.

Os minutos, acabei esquecendo. Sete e meio, menos a bebida, talvez apenas cinco minutos para cada meia fatia. Mas já passou quase meia hora, os minutos se foram pelo ralo. Os outros pacientes estão comendo. Sinto que mil olhos me observam. Meus olhos, não consigo desgrudar do prato branco. Mal consigo ver direito as quatro fatias. Não quero olhar para as outras pessoas. Nem me atrevo a olhar para os funcionários. A caneca de chá é a salvação. "A água para chá", diz um bilhete colado no meio da caneca. Por que este "a"? Só pode ser coisa de alguém analfabeto.[9] Ha!

A mesa está coberta com uma toalha de linóleo. Bege. Feia. A mão esquerda amassa o guardanapo. A direita fica cerrada como se estivesse prestes a socar um inimigo invisível. A mão esquerda alcança a metade duma fatia. O que é pior? Presunto ou ovo? Faca ou tesoura? Ardor ou queimação? Os olhos estão semicerrados, não querem ver, a cabeça se recusa a acompanhar. A mão esquerda treme, decide, recua, segura.

Dor. Medo. Onde está a comida? Não está no estômago, ali não cabe, não é possível. Não está no prato. Só podia estar no prato de porcelana branca, era o único local possível. Já não ameaça mais, é inexpressiva e vazia como a cor da toalha de linóleo. É um sonho vívido, um pesadelo. A comida está na barriga e em lugar nenhum. Náuseas. Todos se levantam. Eu fico de pé. Nós vamos. Eu não existo. Não aqui, não com quatro meias fatias dentro de mim.

PRIMAVERA DE 2016

O texto que você acaba de ler foi o último que escrevi antes de ser oficialmente internada no Centro Regional Especializado em Transtornos Alimentares (Creta) de Levanger, em 2007. Eu estava doente havia muitos anos. Em segredo, desde os tempos de escola, eu me machucava para lidar com aquilo que achava difícil – de preferência envolvendo a comida. Era a tática menos visível, digamos assim. Cortar a pele chama muito

---

9 N.T.: A autora faz um trocadilho. Água para chá seria: *Te vann*. Escrito com a letra "h", que remete ao artigo definido *The*, e sugere algo como "A água".

a atenção. Úlceras no trato digestivo ninguém pode ver. E eu precisava que tudo fosse às escondidas. A automutilação continuou em intervalos esporádicos. Eu poderia passar certos períodos relativamente saudável. No começo foi uma questão de meses, depois de semanas. Então a bola de neve da doença começou a rolar, lenta, mas incontrolavelmente. Tentei manter o peso normal, fazendo piadas, fazia igual a todo mundo, reparava no peso, mas não era fanática; um comportamento supernormal, nada além do normal. Por fim ficou evidente para quem era mais próximo, sobretudo para a pessoa com quem eu dividia a residência naquela época, que havia algo muito errado. Eu não conseguia manter o peso. Esquecia a comida. Era só ter a chance e eu me punia ainda mais. Não parava de limpar e me lavar. Eu caía e não conseguia mais me levantar. Então foi a hora de procurar ajuda.

Depois de uma tentativa na clínica, onde o psicólogo estava mais preocupado em me dizer quantas fatias de pão eu precisaria comer, mas ainda assim estava gordinha (parabéns!); tentaram achar uma vaga para mim no Creta. Quando finalmente recebi a carta de admissão, a espera não pareceu tão longa. Queria ficar bem, mas não queria ser internada. Queria terminar o curso de enfermagem, não queria ser mais uma que abandona os estudos e não consegue emprego, não queria ser aquela que não consegue nem comer uma fatia de tomate imundo.

Fui internada. Passei primeiro pelos cinco dias da chamada semana de testes, durante a qual o paciente se ambienta antes de assinar a ficha de admissão. É uma espécie "degustação" da motivação.

Os testes que viriam a seguir não foram concebidos apenas para mim. Falo de diários que deveriam ser usados como uma espécie de ferramenta de contato entre o paciente e o ambiente à sua volta. Eu teria que escrever pelo menos meia página a cada dia. No máximo, duas. Durante as conversas na hora das refeições iríamos definir a frequência de entrega desse diário obrigatório. A enfermeira ou algum membro da equipe iria de tempos em tempos escrever comentários sobre o que havia lido. Alguns dos comentários foram incluídos aqui.

Fiz isso motivada pela ideia de que alguém irá ler e refletir sobre o que escrevi. Muitos detalhes foram suprimidos. Nas entrelinhas há uma enorme quantidade de comportamentos destrutivos que ora vêm à tona, ora somem no texto. Cada relato negativo que escrevi neste livro é, na verdade, três vezes pior. O lado positivo, por sua vez, foi bastante exagerado. Na minha ânsia por reconhecimento escrevi coisas como "o desjejum foi muito bom" ou "tiquei todos os itens do menu". Pura mentira. Provavelmente não comi nem um terço do que deveria.

A mentira perpasse todo o meu histórico de internação e recuperação. Menti sobre tudo o que foi possível. Repor a verdade não me trouxe benefício algum, exceto por me dar algum sentimento de controle. Lidar com uma pessoa com anorexia é como tatear num labirinto em que o guia, que não sabe para onde está indo, é o mesmo que irá lhe conduzir pelo caminho. Este livro não irá lhe oferecer um mapa, mas com sorte pode lhe dizer alguma coisa sobre o terreno.

E até isso que estou escrevendo agora é um pouco exagerado. Mesmo assim, transparência e honestidade são qualidades que tenho procurado adotar, tanto nas anotações ao diário que fiz no passado como na minha vida e nas atitudes que adoto hoje em dia.

Tudo o que digo é autêntico, mas não sou autêntica o bastante para dizer tudo.

Os diários obrigatórios que comecei a escrever em outubro de 2007 me ajudaram a quebrar o silêncio sobre a doença. Eu podia usar a caneta quando a língua estava presa. O comecinho foi muito pouco. Os pensamentos, as condutas mais assustadoras, portanto, ficaram de fora. Mesmo assim, começar a verbalizar a doença foi também um começo de a diferenciar de mim mesma. E assim eu me vi em condições de lutar contra ela, num duelo franco e aberto em vez de em conflitos, ocasiões travadas na escuridão, embora as derrotas nos primeiros anos tenham sido muito maiores e mais frequentes que as vitórias.

Após os registros feitos em Levanger, em fevereiro de 2008, não havia mais por que continuar. Eu consegui construir uma fachada, mas ela começou a rachar. Através das rachaduras escorreram as obsessões, atrás do sorriso ocultava-se um pensamento doentio após o outro. Não adianta mais expulsar aquilo do corpo, eu estava prestes a explodir. Um método de confronto que estava latente havia anos voltava a ser vital. Como ela pode acreditar que está viva, se não está vivendo de verdade?

Quando esses diários vão chegando ao fim, a caligrafia vai se tornando mais confusa e o texto mais autorreferente. A falta de reflexão dá a impressão de que a autora não dá mais a mínima. Será que não? Nem ela sabe ao certo. Mesmo assim ela observa em volta e tenta enxergar a si mesma em perspectiva. Pois mesmo se não conseguir impedir o que está acontecendo, ela sabe que pode documentar os fatos, descrever as ações, e, sobretudo, questionar as soluções que encontrou, mas nunca conseguiu responder a contento.

A pessoa que está escrevendo estas linhas não é coerente. A língua e a ortografia dependem do humor, do tempo e do horário do dia. Às vezes ela é breve, rápida, virulenta. Outras vezes é devagar, lenta demais. Ela consegue ater-se ao idioma, embora as anotações sejam corrigidas, superpostas e resumidas sempre que possível. Todos os personagens citados consentiram que seus nomes figurassem no texto. Esforcei-me para deixar os outros no anonimato.

Se pudesse, gostaria de esquecer essas anotações. Jogar fora os documentos, queimar os livros. Hoje, amanhã e sempre. É tão vergonhoso ver a si mesma tão impotente. Um ser de joelhos que a cada dia se vê emaranhada numa teia de autocomiseração e paranoia.

Mas não sou a primeira a vergar a cabeça, e nem serei a última. Logo, se estas palavras puderem funcionar como uma espécie de mapa para quem quiser ajudar o próximo, seja bem-vindo ao Creta de Levanger, a primeira das minhas três internações.

SEGUNDA-FEIRA, 15 DE OUTUBRO DE 2007

Primeiro dia como paciente internada. Os dias de testes da semana passada terminaram, agora para valer. Assinei a ficha do hospital hoje, coisa que desejei e temi por muito tempo. Tento lembrar que é importante, é a coisa certa a se fazer.

O fim de semana em casa não deixou dúvidas do porquê. Cada refeição aqui é um lembrete. Quando você come, não tem que haver tanta confusão no corpo e na mente. Nem tampouco deve haver uma guerra a cada segundo antes, durante e depois da refeição.

A náusea, às vezes incapacitante, me impede de esquecer "o que eu fiz", mas talvez seja até melhor assim. Não posso continuar a reprimir aquilo que como.

TERÇA-FEIRA, 16 DE OUTUBRO DE 2007

Comecei o dia às 5h. Deitada na cama, olhando fixo para o teto. A história verdadeira é quase isso. Se fosse ao menos 7h, eu finalmente ficaria de pé e nós cantaríamos parabéns e daríamos os presentes à Tone, que está completando dezoito anos. O café da manhã foi ótimo, só o leite foi difícil de engolir. O gosto não é bom, para dizer de um jeito mais educado. Fiquei nauseada durante uma meia hora.

Me diverti bastante escovando o pelo e preparando os cavalos para dar uma volta. Sim, uma cavalgada! Este lugar deixa os pacientes lidar com cavalos. Faísca é um *fjording*, uma raça típica dos fiordes, belíssimo. Mas a porra da comida ainda está entalada na garganta, até por causa disso. Antes da cavalgada tivemos o almoço. *Num estábulo*. Eu preferia comer uma comida numa marmita intocada, numa bandeja limpa e com talheres escaldados. No meio da refeição o mal-estar já tinha tomado conta de mim. Tentei continuar, mas estava forte demais. Pedi à enfermeira para me retirar, não quis forçar a barra ali dentro. Não vomito porque eu queira.

Fiquei um bom tempo do lado de fora do estábulo, junto com a enfermeira, engolindo e cuspindo. Queria tentar cavalgar, mas o passeio tornou-se um verdadeiro estorvo. O cavalo tinha uma amazona que sentia nojo e raiva. Cavalos sentem essas coisas. *Sorry*, Faísca.

QUARTA-FEIRA, 17 DE OUTUBRO DE 2007

Desejo três coisas: lidar com a bebida, com a comida e com eventos sociais. É uma enorme decepção cada vez que uma ou duas dessas coisas dá certo.

Não aguento mais sentir náuseas depois da comida, mas respirar fundo e inclinar a cabeça para trás ajuda um pouco. Infelizmente é impossível quando temos encontros de pacientes ou coisa assim depois das refeições, como foi o caso de hoje, logo após o desjejum. O mal-estar permaneceu por um bom tempo. E eu não consegui participar do jeito que queria. Fico pensando o que os outros pensam. Que eu não dou a mínima para os assuntos que nos dizem respeito?

As outras refeições foram do mesmo jeito. Tentei participar das conversas na mesa. Antes de chegar aqui não gostava de falar durante a comida, e queria muito poder mostrar que sei fazer parte da comunidade.

Não deu muito certo. Acabou que o tempo passou e ainda faltava quase um terço da última fatia de pão. Senti vergonha, vergonha de não ter terminado o prato, de ter desperdiçado o tempo, de ter dado a impressão de que não sei fazer o meu trabalho, e as lágrimas correram. Que coisa idiota. Me sinto fraca e humilhada. E a cabeça girando de tanta náusea me faz querer desmaiar.

Entretanto, nem tudo é só essa merda. Deixei o meu quarto um pouco mais aconchegante. Só uns pôsteres, umas almofadas de decoração, a cômoda de treliça, bijus e bonés pendurados na parede. Não é muito, mas me faz lembrar quem sou, e no que sou quando não me reduzo a um resto de ser humano diante de um prato de porcelana com uma fatia de pão.

SÁBADO, 20 DE OUTUBRO DE 2007

Eu bato no teto e no fundo do poço o tempo inteiro, várias vezes ao dia. Cansativo.

O jantar de ontem, aliás, foi melhor que o esperado. Apesar de ter sido lasanha, o tipo da comida que me dá calafrios. Nada é limpo, é tudo uma maçaroca embebida num molho gorduroso. Como a enfermeira pediu, fiquei pensando por que as coisas deram tão certo, e me saí com uma espécie de explicação: assistimos a uma partida de futebol enquanto comíamos. Ninguém olhava para mim, então eu fiquei à vontade para torcer o nariz para aquele monte de borracha retorcida sobre o prato. Usamos talheres. Éramos um bom número de pessoas. Ninguém se sentou na minha frente.

Mas mesmo assim. Nenhum paciente precisa comer acompanhado apenas de um empregado! Meu Deus, que situação horrível.

Tudo bem ser o único paciente no meio de dois empregados, eles pelo menos fazem companhia um ao outro. Mas à tarde e à noite fiquei sentada diante de uma só pessoa. Me senti rude e mal-educada, e fiquei constrangida só de ficar ali olhando em volta. Não aguento falar nem comer. O que devo escolher? Não fazer o que devo ou não me comportar feito gente?

E sim: sei muito bem de que às vezes só há um empregado por turno. Otimização de recursos e senso comum. Compreendo muito bem e concordo inteiramente, mas não torna as coisas menos difíceis.

DOMINGO, 21 DE OUTUBRO DE 2007

O dia começou horrível. Cheguei na cozinha, abanquei-me na mesa e descobri que os empregados tinham servido o pão errado. Comi com as lágrimas molhando a cobertura da fatia.[10] Ridículo. Mesmo assim consegui comer. Quando vou parar de achar que o corpo está estendido numa bancada e a cabeça está presa na porra de um torno mecânico? Desculpe o palavrão.

As outras meninas são tão competentes, comem e conversam sem apoiar as mãos na mesa. Me sinto uma incapaz.

---

10 N.T.: As refeições escandinavas consistem, tipicamente, de fatias individuais de pão cobertas com *pålegg*, ou seja, "cobertura", que varia do doce ao salgado: manteiga, queijo, presunto, rodelas de ovos, peixe, geleia, conservas etc. Em busca de uma exatidão na tradução, opto por utilizar este termo, e não algo mais familiar como "recheio", que caracterizaria um sanduíche com duas fatias de pão.

SEGUNDA-FEIRA, 22 DE OUTUBRO DE 2007

Recebi um retorno por escrito da enfermeira. Elas leem os nossos diários e escrevem comentários aqui e ali. É como se fosse a seção dos leitores do jornal menos lido do mundo.

Ler seu diário me deixa muito bem informada para seguir no caminho certo. Aprecio muito a sua sinceridade. Quando leio não tenho como não achar que você é uma pessoa muito rigorosa consigo mesma. Todos os três "desejos" você será capaz de conseguir, eu leio.

Sim, mas Ingeborg... Por que não basta um dos três, ou dois dos três desejos?

Para mim (e creio que posso falar em nome de várias pessoas que concordariam comigo), você está fazendo um ótimo trabalho.

Você está fazendo um trabalho muito mais do que bom! Continue assim! :-)

TERÇA-FEIRA, 23 DE OUTUBRO DE 2007

Quando estou tão cansada que o corpo cede e os olhos reviram, e finalmente tenho a sensação de afundar no sono, meu corpo inteiro treme. Como uma chicotada. Várias e várias vezes, a noite inteira.

Chego a acordar várias vezes. Por fim desperto e me arrasto para fora da cama. Uma parte de mim se opõe a tudo que é novo, desconhecido e assustador, tanto que chega no limite da sabotagem. Me tiraram do controle em diversas áreas. Eu não decido o que comer, não posso fazer exercícios, nem escolher com quem ando ou o que faço. Não controlo nem a porta do meu quarto. Será que posso compensar assumindo o controle sobre algo?

Não seria a primeira vez. Vai acabar afetando os sintomas, de um jeito absurdamente ridículo. Se não me deixarem exercitar, não vou comer. Se não conseguir comer, vou fazer faxina. Se não fizer faxina, vou contar. Os sintomas são como um armário cheio de bebidas. É só escolher a garrafa e ir tomando dose após dose. Não vai demorar para que eu fique bêbada.

QUINTA-FEIRA, 25 DE OUTUBRO DE 2007

Desjejum difícil, depois duma conversinha mais estressante do que tranquila com a minha enfermeira. Deveríamos falar sobre o café da manhã e terminamos batendo papo sobre remédios.

A conversa, se é que podemos chamá-la assim, terminou com a notícia de que o médico seria consultado para, *se fosse o caso*, me receitar comprimidos para dormir. Sou contra remédios, e estou começando a me cansar de ficar repetindo isso. Me sinto desrespeitada e estressada. Sério: Eu. Não. Quero. Tomar. Remédios. É tão difícil assim?

O almoço foi pior ainda. Ainda era o lance dos remédios escondidos. E os empregados não encheram meus copos até a borda. De novo. Então tive que pedir. Pedir a um adulto para parar de comer, levantar-se da mesa, ir até onde estou feito uma verdadeira idiota, olhando para as caixinhas de leite, de braços cruzados, e encher o copo para eu beber. Uma criança de três anos sabe se servir de leite. Pacientes têm que esperar.

Se o remédio for sentir vergonha, este deve ser um tratamento muito eficaz.

SEXTA-FEIRA, 26 DE OUTUBRO DE 2007

Que jantar! Batatas – perigo, perigo! – molho, tão desnecessário que me dá ganas de gritar, e *bacon*, em cubos crocantes. A visão um pouco turva, com tanta coisa desnecessária, tantas proibições e sabe-se lá mais o quê, eu preferia mandar tudo isso à m****. Mas alguma coisa aconteceu.

Por um instante consegui erguer o rosto e cruzar com o olhar de outra paciente. Ela tinha no semblante a mesma expressão que eu. Ao mesmo tempo nós duas rimos, uma da outra. Aqui estamos nós, prestes a travar uma guerra contra o prato. O título do filme bem poderia ser "Você nunca está vazia?" Subtítulo: "Trinta minutos de drama e suspense. Baseados em fatos reais!" Mas quando nos entreolhamos, talvez tenhamos nos percebido a partir do exterior. Então trocamos um sorriso, apanhamos os talheres, comemos e até conseguimos elogiar um pouco o molho. Achei que estava gostoso, de verdade, embora tenha tido a sensação de morrer um pouquinho ao misturá-lo à salada. Não consigo pensar em nada mais desnecessário do que molho de salada.

Amanhã é dia de panqueca. Deus me ajude.

SÁBADO, 27 DE OUTUBRO DE 2007

Pan-que-cas.

Três unidades. Mais *bacon*. E sopa, com salsichas. Metade da minha cabeça começou a maquinar como escapar dessa. A outra metade tenta dizer que está tudo bem, mas não chega a se atrever.

Estava com os olhos mareados quando ouvi o carrinho com os pratos se aproximando. Achei que era uma guilhotina aquilo que o enfermeiro vinha empurrando, de tão sobressaltado que batia meu coração. Ficou muito claro em seguida, pois ele veio até mim e me serviu um prato antes da troca de turnos. Seria muito rude da minha parte dizer a ele que três rodinhas chatas de farinha, ovo e leite me faziam chorar de tanto medo.

Quase nem lembro que comi. Sei que comecei com as panquecas antes da sopa e todo o resto, pois sabia que seria mais difícil engolir aquilo lá depois que ficasse mais tempo no prato esfriando. Cortei pedaços bem grandes, meti-os atrás da língua sem mastigar, sorvi um gole da bebida e engoli. Nem senti o gosto. Não me atrevi. Depois fiquei deitada no sofá, choramingando, durante quase uma hora. Não só pelo que estava no meu estômago, mas porque me sentia exausta. A sensação era de ter passado três dias fazendo exercícios militares.

DOMINGO, 28 DE OUTUBRO DE 2007

Manhãzinha filha da puta. Já estava cansada depois do dia de ontem e ainda passei uma noite miserável. A enfermeira esqueceu de conversar comigo e vieram me avisar da comida meia hora antes de o desjejum ser servido. Eu disse: "Não, quero um pouco mais de tempo para mim", mas quando cheguei na cozinha vi que a mesa não estava nem posta ainda. Alguns comentários idiotas, depois uma pausa para chorar, *ergo*, pior ainda. A cerejinha do bolo foi o noticiário da rádio que começou antes do relógio na parede marcar 9h – claro que estava adiantado. Apenas 25 minutos para comer, menos a hora do choro, significando que uma fatia inteira (uma metade inteira) ficou sobrando no prato, e a náusea e a vergonha ficaram sobrando em mim.

O almoço foi quase uma reprise do café da manhã, com a pausa para chorar devido a um comentário infeliz. Se pelo menos nos dessem mais tempo desta vez eu teria terminado a refeição. Sorte a minha que as lágrimas são salgadas. Um pouco de tempero a mais nos ovos vem a calhar quando as fatias de pão têm gosto de plástico.

O jantar foi até bom. Tomei a iniciativa de me servir e até relaxar em certa medida, embora a comida fosse logo um ragu. Nacos de carne num molho anódino marrom-acinzentado. Onde mais servem essa coisa a não ser num hospital? Na verdade, estamos longe de qualquer "comida normal", e nos servem coisas que ninguém, a menos que esteja internado numa instituição, consegue comer. Em todo caso, ninguém com menos de 65 anos.

Quando vou me servir do jantar, depois das decepções com os pães do dia anterior, acho que é tudo que preciso para voltar a montar a cavalo no dia seguinte.

SEGUNDA-FEIRA, 29 DE OUTUBRO DE 2007

O dia começa com uma pseudocrise. Me deram o pão errado para o desjejum.

O do jantar também foi um desafio surpresa. O peixe (insípido, por assim dizer) tinha uma camada externa que interpretei como sendo uma pele, que felizmente consegui afastar para poder fisgar um pouco da comida. Só que ninguém mais fez o mesmo. Quando reparei direito, aquela coisa nem parecia pele de peixe. Será que era só impressão minha? Será que eu desejava que fosse assim? Perguntei ao pessoal da cozinha, que fazia as refeições conosco, e uma moça falou que "pele" era na verdade uma mistura de farinha, sal e pimenta, frita na manteiga. Em outras palavras, uma simples crosta empanada. Depois de rondar as bandejas com a cabeça mais aliviada, consegui me decidir e cobrir o peixe com a tal crosta e comer sem muita frescura. Quer dizer, mais ou menos. De repente me dei conta de como é difícil devolver ao prato algo que fora "rejeitado". Se alguma coisa é posta de lado, cruza-se uma fronteira e rompe-se um princípio: não há mais possibilidade de retorno. Eu poderia, eu deveria, eu tinha que ter evitado. Evitado manteiga e farinha, pelo amor de Deus!

Amanhã pela primeira vez irei me servir de todas as bebidas sozinha, e sei que dará tudo certo. Sei o que quero beber e também o quanto me servir. É só encher o copo até a segunda linha. Também vou escolher o que pôr sobre as fatias do pão, e sei que também não haverá problemas quanto a isso. Se precisar, tenho a quem pedir ajuda. Mas sinto a cabeça remoendo para encontrar as menores fatias, disfarçar os complementos debaixo do pão, essas coisas.

A última vez que passei manteiga num pão sozinha deve ter sido na escola infantil. É triste, mas faz mais de dez anos.

TERÇA-FEIRA, 30 DE OUTUBRO DE 2007

Achava que eu não faria confusão nem me estressaria durante a refeição se me servisse sozinha as fatias de pão. Não foi nada disso, de jeito nenhum. Ao contrário, fiquei tão estressada e paralisada como sempre, até porquê nem consegui relaxar antes. Morri de vergonha do lugar que escolhi para sentar. Decepcionada por achar que era mais fácil deixar os outros me servirem. Agora estou nauseada, e tudo o que quero e sair e cavalgar um pouco. Belo começo de dia. Estou pedindo às forças superiores um passeio a cavalo melhor que o anterior, mas meu estômago está fazendo de tudo para me contradizer... ou será que é a minha cabeça?

O almoço será servido no centro de equitação. Estava ansiosa e com medo desta vez. Fiquei enjoada, como era de esperar. Ou talvez porque eu já esperasse que fosse acontecer.

Nova mensagem do meu contato de segundo grau:

Meu Deus, como fica está evidente que as refeições são um enorme desafio. Pelo que li, tudo depende muito do apoio que você recebe para conseguir ou não fazer as refeições. Parece que certas pessoas lhe dão esse apoio, enquanto outras a deixam irritada. Talvez velha a pena "investigar" melhor isso de agora em diante. Todos aqui lhe desejam sorte no trabalho contra o transtorno alimentar – você tem uma série de desafios pela frente.

QUARTA-FEIRA, 31 DE OUTUBRO DE 2007

Logo depois do almoço não estava me sentindo bem e me sentia empanzinada, então saí para fumar um cigarro. Levei comigo o cartão do banco no bolso da jaqueta não sei por quê. Quando estava no fumódromo, decidi ir até a lojinha do hospital e comprar um do jornal *Dagbladet*. Sem avisar.

Me precipitei, como num transe, na direção da lojinha. Me vi no centro da banca, cercada de gôndolas, prestes a comprar tudo que estivesse ao meu alcance. Sentindo ânsias de vômito. Comecei a suar frio e minhas pernas bambearam. Sem chão, um fera rondando numa jaula, um abutre espreitando um cadáver. Então agarrei um *Dagbladet*, enfiei uma cédula de vinte coroas pela fresta, para a surpresa da senhora atrás do caixa, deixei a lojinha a passos rápidos. Tive medo de dar meia-volta se parasse ou diminuísse a velocidade. Batalha vencida. Uma vitória de sabor amargo. Não são essas lutas que precisamos vencer neste mundo.

Uma nova luta teria lugar durante o animado jantar desta noite. O jantar mensal em que os pacientes planejam e ajudam a preparar a comida. Teríamos que usar roupas típicas, comer fajitas e – a contragosto – tomar refrigerante. Os pacientes escolheram fajitas porque são saudáveis. Os funcionários escolheram refrigerante porque era noite de festa.

Nenhum paciente serviu-se da bebida. Eu achei ótimo, sem dúvida, e tomei o partido anti-refrigerante. Ficamos todos juntos, ninguém poderia dizer nada já que todos os copos estavam vazios. Fomos interrompidos pela enfermeira, que numa voz alterada disse que achava estranho apenas os funcionários estarem com sede. Logo diante de uma comida tão apimentada?

Senti as bochechas corarem. Deus do céu, aqui estávamos nós, *aqui estava eu*, todos se recusando a encher o copo com um pouquinho de bebida. Como se fôssemos moleques. Provocantes e mimados.

Aquilo me tocou fundo, mas sussurrei que precisávamos nos emendar, que o acordo teria de ser cumprido. Então fiz um brinde e enchi o copo com a bebida. Aparentemente outras pessoas pensaram o mesmo, e fizeram como eu. Ergui o copo com a mão trêmula, e a gengibirra (peguei logo a bebida que estava mais próxima) não combina em nada com comida apimentada, mas bebi tudinho. A cada gota que ingeria, minha autoestima subia um pouco.

Não me sentia mais mal-educada e provocante. Ao mesmo tempo, muita coisa surgia no horizonte. "Por que você fez isso se não era preciso?" "O que pensa que vai fazer agora, você não pode pôr refrigerante no seu estômago!" "Quando você me aciona, eu preciso de um pouco mais para podermos nos livrar disso." Desta vez estes pensamentos não levaram a melhor. Mais uma "vitória".

Não são lutas de todo inúteis no contexto geral.

DOMINGO, 4 DE NOVEMBRO DE 2007

Estava agitada e estressada antes do jantar. Um pouco por causa da comida, mas sobretudo porque uma garota novata iria sentar-se à mesa. Fiquei muito atenta a isso e senti vergonha de comer. Reparei bem como fico insegura quando sinto que estou sendo observada durante as refeições. Minha falta de finesse, a maneira como mexo com as mãos, as pernas inquietas, a rotina fixa.

Será que ela estava reparando em tudo?

SEGUNDA-FEIRA, 5 DE NOVEMBRO DE 2007

Poderia usar as duas próximas páginas para escrever "dois quilos" em letras maiúsculas. A pesagem desta manhã mostrou que meu peso acompanhou a previsão do tempo da semana passada. Não é o melhor clima para se concentrar em manteiga, comida ou conversas em geral... Passei o dia inteiro com a cabeça atordoada, para dizer o mínimo.

QUINTA-FEIRA, 8 DE NOVEMBRO DE 2007

Smurfs azuis, isto é, pílulas para dormir, desde hoje até o dia da viagem. Derrota.

DOMINGO, 11 DE NOVEMBRO DE 2007

É só aqui em Levanger que vou me sentir segura agora? Aqui há regras dentro de um contexto ao qual eu posso me aferrar. E consigo dormir. Este foi um dia marcado pelo sono. Dormi a noite inteira. Dormi depois do desjejum. Mal estava desperta para tomar a bebida das 10h. Dormir até a hora de sairmos para passear.

Dormi no carro até Malvik e no caminho de volta. Dormi como uma boneca o resto do dia, mas acordei depois do jantar... e fiquei triste. Morrendo de vergonha de me sentir assim, cansada e pesada. Tentei sorrir, mas o resultado foi o oposto. Termino num círculo vicioso. Triste, fingida, mais triste, mais fingida.

Queria sair e dar uma volta. Sozinha. Péssima ideia. Não queria apenas sair, queria sair correndo, correndo para nunca mais voltar. Não queria pedir que me seguissem, acho que não mereço tanto sacrifício. Mas topei com o enfermeiro em quem mais confio, e aproveitei para desabafar. Ele veio comigo. Deveria ficar contente, mas me sentia decepcionada e irritada. Sou velha o suficiente para dar uma volta sozinha. Mas de que adianta a idade quando não se tem a capacidade?

Passei a escrever a palavra "sentir" com mais frequência agora? Significa que eu sinto mais do que antes? Sinto falta de não sentir.

SEGUNDA-FEIRA, 12 DE NOVEMBRO DE 2007

Cansada, cansada, cansada. Não digo coisa com coisa e não acompanho as conversas. Não consigo acompanhar nada. De verdade. Termino uma frase e já não sei o que disse no começo. Qualquer coisa é um esforço. Só quero dormir, mas sou impedida a cada vez. Ou são as refeições, ou as conversas, ou os compromissos, ou os passeios, ou sou apenas eu mesma achando que tenho tanta coisa para fazer. Da minha parte, chega de pílulas para dormir.

Da próxima vez que escrever, todos nós, os pacientes, estaremos viajando para à Suécia.

TERÇA-FEIRA, 13 DE NOVEMBRO DE 2007

Chegamos numa casinha vermelha perto de Östersund. Divido o sofá-cama com uma paciente, e duas outras irão dormir na cama de casal do mesmo quarto. Espero conseguir dormir, é uma merda ficar acordada num quarto lotado de gente.

Um longo dia se avizinha. Muita agitação durante o café da manhã, mas boa parte do estresse tem a ver com a viagem, acredito. A inquietação me fez exagerar na manteiga e na cobertura dos pães. A viagem de ônibus até Åre foi incrível. Eu e a menina que dividiu o sofá passamos horas sentadas lado a lado, brincando, contando piadas e cantando nossas próprias versões de canções favoritas. Rimos tanto que chegamos a sentir dores na barriga.

Essa sensação de liberdade foi um quê surpreendente, especialmente porque não havia ninguém nos tutelando. Disse à enfermeira que queria acompanhamento durante toda a viagem, a cabeça estava cheia de planos para dizer "vou só ali fazer isso" e em seguida estragar tudo. "Vou só ali fumar um cigarro" é o passaporte para jogar a comida fora e diminuir um pouco da ingestão de calorias. Estressante. Qualquer lanche envolvendo pão era muito difícil. Tudo bem preparar o lanche, tudo bem manter o compromisso que nós, os pacientes, temos de seguir rigorosamente a dieta e vale também durante os passeios. Eu trapaceei um pouco preparando o meu, e comentei com algumas meninas, que me deram o maior apoio e umas dicas para trapacear da próxima vez. O meu maior problema eram todas aquelas as mãos. Mãos remexendo na comida exposta na mesa preparando os lanches. Especialmente o lanche da tarde, cortar as fatias de pão, os vegetais não eram lavados direito, nada era suficientemente limpo. Nunca deveria nem ter visto aquilo.

Passei mal durante e depois da refeição. Quando não estava sendo acompanhada, as coisas pioravam ainda mais. Não queria companhia de ninguém, mas não suportava ficar sozinha. Tudo era náusea e irritação e um zumbindo ensurdecedor nos ouvidos. Parecia que estava ao lado de uma turbina de avião, não conseguia discernir as palavras nem dentro da cabeça nem ao meu redor. Todo o meu corpo ficou paralisado. Encostei o rosto na janela, mas não conseguia enxergar lá fora. Nevoeiro em dia claro.

QUINTA-FEIRA, 15 DE NOVEMBRO DE 2007

Estamos de volta em Levanger. A viagem pela Suécia foi ótima, cantamos e rimos até chegar em Åre, fiz compras com uma colega paciente, o almoço foi muito bom, não precisei de ajuda, fui elogiada pelo enfermeiro pelo tamanho das porções (algo que me fez dar a volta e devolver um pouco, não confio nada no que ele diz achar normal, ele é um esportista e tem o corpo sarado), conversei e me diverti. Cochilei no assento do ônibus pelo restante da viagem.

Depois do jantar comi uma sobremesa, ou seja, cometi um crime da pior espécie. Senti uma necessidade extrema de expulsá-la dali, e ter que ir ao quarto trocar de roupa foi uma sensação terrível. Consegui segurar, a muito custo, mas deu. Em seguida era hora do exercício. O pessoal lá em casa se surpreende quando eu digo, aliás, que nós aqui fazemos exercícios duas vezes por semana. Alguns reagem naturalmente e perguntam como conseguimos engordar desta forma.

Enfim, o aquecimento é uma brincadeira, e me cansa um pouco se meu condicionamento não está lá muito bom. Exercícios com aparelhos é pura queima de calorias. Nem penso em parar, só correr, correr e correr. Me odiei por estar me sentindo tão fraca. Me senti fraca e preguiçosa, e ao mesmo tempo estava a mil, queria treinar como se não houvesse amanhã. Como antes. Mas quando o relógio bateu, o treino acabou. Sim, sei que foi legal. Apenas não consigo sentir essa certeza.

SEXTA-FEIRA, 16 DE NOVEMBRO DE 2007

Um estranha saudade ou ânsia de fazer a coisa que eu mais detesto da vida sempre me espreita cada vez. Eu me odeio.

DOMINGO, 18 DE NOVEMBRO DE 2007

Visitei uma colega paciente que foi internada na ala médica. Pobre menina! Todos os quartos estão ocupados, então precisaram colocar a maca dela num banheiro. Com toalete. E ela pode comer tudo que quiser. O prontuário psiquiátrico dela não está acessível a todos da ala somática, então não sabem exatamente o que fazer. Alguns estão felizes pôr vê-la comendo e oferecem tudo que ela quiser. Uma combinação de sonho e pesadelo para alguém com bulimia. Falamos muito sobre isso, sobre como às vezes as coisas podem ser tragicômicas. Exatamente agora ela está recebendo veneno e antídoto no mesmo local, ao mesmo tempo, porque ninguém conversa entre si.

Não falei com ninguém quando voltei à enfermaria. Não queria piorar o clima. Pesagem amanhã. Como vai ser? Não faço ideia.

DOMINGO, 19 DE NOVEMBRO DE 2007

Ridículo, ridículo, ridículo! Que idiota. Nunca senti tanta vergonha na minha vida. Parabéns, você desceu ao nível de uma pilantra.

O pânico por não alcançar o peso devido superou a moral e as normas. Bebi todo o líquido que pude. Menti para mim mesma. O peso estava correto, mas devido a uma mentira.

Pior desjejum em meses. Senti náuseas de tanto líquido e por ter trapaceado. Não conseguia olhar ninguém nos olhos. Nem merecia sentar ali. Deviam ter me mandado embora no primeiro trem. A minha consciência me salvou: senti os pés e as mãos dormentes. Sentindo vertigens e suando frio. Tive que pôr as cartas na mesa, agarrei uma enfermeira, contei a verdade: "Ei, meu nome é Ingeborg, eu sou uma mentirosa deslavada". Fiz o mesmo na terapia de grupo na presença das outras meninas. "Ei, olhem aqui o que eu fiz, esta aqui é na verdade quem eu sou agora. Anoréxica e obsessiva, além de tudo mentirosa e trapaceira."

Será que ainda serei capaz de olhá-las nos olhos de cabeça erguida? Não faço a menor ideia. E os empregados entenderam tudo errado. Chegaram até a me elogiar pelo que fiz. "Muito maduro da sua parte." "Honestidade é uma qualidade admirável." "Legal admitir isso."

Eles que disseram. Para mim são só palavras e nada mais. Palavras vazias e sem sentido. "Madura" eu seria se conseguisse aumentar de peso. "Admirável" seria dar duro para tentar me curar. E "legal" seria não tentar fazer ninguém de bobo.

Não achava que poderia me envergonhar ainda mais de coisas que eu fiz. Errei.

TERÇA-FEIRA, 20 DE NOVEMBRO DE 2007

O almoço está pronto. Preciso esquecer que existo. Me sinto péssima por dentro. Fui a última a fazer meu lanche porque chegamos atrasadas do passeio. Tudo, absolutamente tudo, havia sido tocado por inúmeras mãos, mãos que estiveram lá fora, tocaram na comida, a comida que eu vou comer.

Vou ter que comer. Engolir tudo. Fazer o que tenho que fazer, mas a vontade é de vomitar até a bile. Tirar isso de mim, não deixar apodrecer na minha barriga. Estou farta dessas mãos, mãos, mãos por toda parte, em tudo, na comida, na bebida, o tempo inteiro.

Pior de tudo: só eu me sinto assim.

QUARTA-FEIRA, 21 DE NOVEMBRO DE 2007

Quase cheguei a um ponto de ruptura hoje. Foi na hora da ceia (que na verdade é a melhor refeição de todas, pois é apenas iogurte que comemos com colher e não com as mãos), e eu tinha ido dar uma volta de carro.

Nenhum copinho estava limpo o suficiente, eu fui trocando um depois do outro, mas desisti depois do terceiro. Me sentia oprimida, irritada, dormente e alerta ao mesmo tempo. Comi tudo de um só gole e saí a passos trôpegos pela cozinha. Só queria vomitar, me livrar da sujeira, do estresse, de tudo isso que simplesmente não parava de crescer dentro de mim. Queria correr até deixar para trás tudo que havia de repugnante e nojento no meu corpo. Me sentia perseguida, talvez por mim mesma. Peguei a jaqueta, precisava ir lá fora. Consegui pelo menos avisar antes. Me disseram para retornar em dez minutos. Obrigado, enfermeira, que me salvou de um passeio de uma hora cujo desfecho sabe Deus como seria. Estava ofegante quando voltei. Mal sentia o meu corpo. A cabeça parecia a de outra pessoa. Era como estar fora de si, eu me vi deitada na cama, com o olhar vazio, a pele pálida, as vísceras acinzentadas.

SEXTA-FEIRA, 23 DE NOVEMBRO DE 2007

Folga. A palavra comum para designar catástrofe. Agora posso escrever que estou deitada no chão, e não, não caí da própria altura, mas estou descansando num colchão inflável que a Marthe comprou na Jysk hoje à tarde. No pé do colchão o gato da Marthe se aboletou e está ronronando.

A noite foi tão boa. A Marthe veio me apanhar na cidade quando cheguei de trem de Levanger. Ela recebeu por escrito o cardápio das refeições, bebidas e a receita dos remédios que preciso tomar. Chega a ser degradante ocupar uma amiga com esses detalhes. No entanto, a Marthe disse que podia contar com ela e estava feliz em poder me ajudar. E nós nos divertimos! Primeiros saímos para comprar comida, não acho divertido ir ao supermercado, mas tudo correu bem. Nada de pés frios. Depois voltamos para casa e comemos. Em seguida fomos comprar o colchão e as roupas de cama. A Marthe achou bom comprar um colchão de hóspede, eu fiquei feliz por fazer alguma atividade.

A janta de hoje foi tortilha de carne de alce. O alce foi o próprio pai da Marthe quem matou, e o namorado dela tratou de desossar o bicho enquanto estávamos fazendo compras. Depois disso assistimos a um filme. Fiquei o tempo inteiro relaxada. Fizemos um lanchinho leve para terminar a noite, acompanhado de um chá e muita conversa jogada fora.

Agora estou aqui, e o primeiro dia desta semana de folga chegou ao fim. A Marthe e o namorado deixaram a porta do quarto entreaberta. Ela que preferiu assim, caso eu tivesse dificuldade em pegar no sono. Que amiga!

SÁBADO, 24 DE NOVEMBRO DE 2007

De volta à poltrona do trem, a caminho de casa depois da melhor folga de todos os tempos. Melhor dizendo, da única folga de todos os tempos.

DOMINGO, 25 DE NOVEMBRO DE 2007

Duas citações da minha pessoa de contato ontem à noite: "Ela tinha trinta quilos, ela estava muito doente." "Se isso for verdade…." Minha cabeça traduziu assim: "Você não está magra o bastante. Não está doente o bastante." "Você é uma mentirosa."

Acordei pela manhã com essas frases piscando diante dos meus olhos como se fossem letreiros de néon. Os olhos estavam inchados e doloridos de lágrimas que me irritam porque escorrem com cada vez mais frequência. Sinto-me tão pesada, tão cansada, tão apavorada por achar que isso não é relevante nem me diz mais respeito. Mas fico de pé, faço o que tenho que fazer, tento sorrir, brincar e parecer bem. Algumas vezes chego a sentir prazer. Outras vezes é só uma tentativa de fazer o que é melhor: esquecer. Funciona, só que pela metade. Cada vez mais aprendo que a dor interna é como qualquer outra forma de energia e não pode desaparecer. Mas pode muito bem ser transferida de uma fonte para outra.

SEGUNDA-FEIRA, 26 DE NOVEMBRO DE 2007

Estou pensando se posso me tornar uma maníaca-depressiva qualquer dia desses. Neste caso, acho que no dia de hoje estive perto disso. Foram a pesagem, a advertência sobre a semana de reflexão, os novos pacientes, não ter progredido para segunda fase, os passeios a pé, as refeições, os cochilos… Tudo isso me deixou tão para baixo que quase perdi a vontade de me erguer novamente, para no instante seguinte ser tomada por uma vontade de rir e falar bobagens que beirou a histeria, e tudo de ruim foi varrido para baixo do tapete. O problema é que já há coisas demais acumuladas debaixo do tapete, e de vez em quando algo acaba escapando. É aí quando eu sinto mais vergonha, ou choro, grito, sou grosseira com os outros ou fico com raiva. Se puder, varro também esses sentimentos para baixo do tapete, como já faço na minha mente tentando nem pensar neles. Mas o que acontece se eles escaparem?

TERÇA-FEIRA, 27 DE NOVEMBRO DE 2007

Tive uma longa conversa com a enfermeira antes de ir dormir. Demorei muito a pegar no sono. Agora que divido o quarto com alguém, não posso ficar acordada lendo ou escutando música quando não consigo dormir. Tenho também que cumprir uma terrível meta de pesagem na segunda, o que só me atormenta e me faz querer cair no sono o mais rápido possível. Deus do céu, como é assustador, como é ameaçador, como é debilitante abrir mão do autocontrole de pouquinho em pouquinho. Apesar disso eu disse sim. Tomei a pílula. O Smurf branco. Comprimido para dormir. Não lembro de nada. Apenas acordei. Não sonhei coisa alguma. Não quero perder meus sonhos.

Falei com uma amiga até tarde da noite. Frequentamos a mesma escola. Sempre tentando ser invisíveis. Contei a ela que preciso ganhar um quilo em alguns dias ou então vou ser mandada para casa passar uma semana refletindo por que estou aqui. A reação dela: "Oh, que legal! Porque aí você poderá comer o que quiser! Fiquei foi com inveja!" Será que é simples assim?

QUARTA-FEIRA, 28 DE NOVEMBRO DE 2007

Tarde da noite, depois da última refeição, quis dar uma volta para se ver se me livrava de mim. Em vez disso pedi para conversar com alguém da equipe. Só consegui um dedinho de prosa, mas é assim que as coisas são. Agora eu me sinto a mais horrível das pessoas, doente, com vontade de fazer um monte de coisas e sem ânimo para fazer nada, tomada de pensamentos e sentimentos contraditórios.

Eu me odeio. Queria me torcer inteira como um farrapo de pano imprestável.

QUINTA-FEIRA, 29 DE NOVEMBRO - SEXTA-FEIRA, 30 DE NOVEMBRO DE 2007

Vazio. Acordei lá pelas 4h e fiquei com os olhos vidrados no teto. Por que estava me sentindo tão péssima ontem? Para quê? Nada mudou até hoje. "Você chorou tudo o que tinha de chorar", é o que eles dizem. Ontem foi a dor, hoje é o vazio. Ontem o que era preto hoje é cinza.

Dá no mesmo. Foi um dia que quase tudo deu errado, em vários aspectos, e por várias razões. Deveria ter viajado para Trondheim tomar uma vacina. Os incompetentes "esqueceram" que não se pode vacinar quem está internada num hospital, uma das primeiras coisas que me disseram no consultório, depois de longos preparativos e uma viagem de duas horas que, aliás, foi horrível. (O comissário esbarrou na minha comida, derrubando metade no chão e a outra metade indo parar na privada. Fiquei com tanto nojo de ver a manga do uniforme dele roçando a minha comida que até o que eu já tinha engolido não consegui segurar. Até agora me dá náuseas só de pensar. Aquelas patas imundas que ficam recebendo dinheiro e emitindo bilhetes, chegando perto da minha comida...) Depois me puseram num táxi e me despacharam para o prédio do Instituto de Pesquisas de Trondheim.

Pensar, sentir vergonha, desejar, sentir vergonha, querer, sentir vergonha, fazer, sentir vergonha, deixar de fazer, sentir vergonha. Uma coisa ou outra, eu ou outra pessoa, é o mesmo que me envergonhar e ter raiva, não importa o quê.

Fiquei parada diante do espelho do banheiro, aos prantos, durante um bom tempo. Como fico horrível quando choro.

SÁBADO, 1 DE DEZEMBRO DE 2007

Abancada no sofá. Sendo acompanhada depois do jantar. Puta merda, como estou zangada. Acabei de comer panquecas, a comida que mais odeio. Somos três pacientes aqui hoje, o restante está de folga. Todas detestam panquecas, e todas combinamos antes que "estamos juntas", "vamos comer tudo", "o banco inclusive" e por aí vai. Pois então vamos em frente com esse inferno. Não fiquem aí tamborilando os dedos depois que eu terminei meu prato!

Me senti desprezada por meu prato estar limpo enquanto os dois outros estavam ainda cobertos de *bacon*. Sim, sei muito bem que estou aqui por mim mesmo e não pelos outros, essas coisas, e é por isso que estou tão puta da vida: porque eu me deixo afetar por essas coisas. Tenha o transtorno alimentar que você tiver, só não venha mentir na minha cara. Minta para as enfermeiras, para as cuidadoras, para os seus pais ou para quem quiser, mas não venha perturbar ainda mais a minha cabeça com coisas que eu não posso suportar.

Meu Deus, essa sessão de acompanhamento precisa terminar logo, porque preciso dar uma volta lá fora! E: lamento o que eu acabei de escrever agora, minha colega paciente. Deus sabe que não foi a minha intenção.

DOMINGO, 2 DE DEZEMBRO DE 2007

Ok. Agora estou toda dolorida. Coxas, bunda, braços, cotovelos, pescoço e cabeça. Estivemos em Torsbustaden visitando a estação de esqui, o melhor passeio desde o que fizemos à Suécia. Deslizei e trenó junto com a enfermeira até cansar. Braços abertos, cabeça levantada, desabando na neve macia e me acabando de rir! Desci a colina tentando equilibrar sentada no trenó e terminei esbarrando numa bétula no meio do caminho. Ah, mas como foi divertido. O resultado foi uma garota de bochechas bem vermelhas e alguns machucados pelo corpo que voltou para casa exultando de felicidade. Em meia hora deixei tudo para trás e só conseguia pensar em neve, natureza, brincadeira e diversão. Obrigada, enfermeira.

SEGUNDA-FEIRA, 3 DE DEZEMBRO DE 2007

Passei pela balança. E estou com um peso bom.

Essa equação...

Peso adequado = Ingeborg saudável

Ingeborg com peso adequado = saúde

... não se altera.

Mesmo assim agora estou na "Fase 2". Aonde os pacientes chegam quando alcançam um determinado peso e precisam se concentrar na vida após o hospital, ou algo do gênero.

Eu ansiava tanto por chegar a este peso que mal posso escrever.

Mensagem da acompanhante terapêutica:

— Parabéns por chegar à fase 2, Ingeborg

Sorry, não é nada fácil de agora em diante, começando pelo fim: ter um peso saudável não é a mesma coisa que ter saúde. Você continua penando com estrutura, comida, emoções e assim por diante. E, sim, você deseja muito levar a vida adiante também. A esperança que temos é aprender estratégias eficazes a partir de experiências que nos custaram muito esforço.

— Você escreve muito bem e é sincera – por que não se expressar verbalmente para que nós possamos estar juntos no combate à doença? Mande lembranças à enfermeira! :)

(que também recomenda sedativos e remédios para induzir o sono... durante um período...)

QUINTA-FEIRA, 6 DE DEZEMBRO DE 2007

Os pensamentos são horríveis e oscilantes para serem descritos. Altos e baixos tem sido tão apavorante que só de passar por eles já é o bastante, e não quero voltar a sentir a mesma coisa registrando tudo no papel.

Já passei por isto várias vezes só nesta semana. Não apenas aqui, mas também na ala que ocupo em Levanger e até na face deste planeta. Não vi vantagem alguma. A certeza de me recuperar e ocupar um lugar ao sol, pouco a pouco, vai ficando mais clara quando percebo o que ficou escondido debaixo do tapete. Senti pânico e sentimentos obsessivos mais intensos do que jamais imaginei. Fui fazer *cooper*, corri feito uma louca, me pegaram em flagrante, para depois me exercitar até no chuveiro, porque meu desempenho não foi igual ao de antes. Não significou nada o fato de eu sair correndo da enfermaria, deixando a porta aberta, sem avisar a ninguém, nem olhar para trás.

Em pouco segundos calcei os tênis, vesti uma segunda pele, pus uma camiseta por cima e sai correndo pelo chão congelado e liso. Livre, sem sentir dor alguma. Mais rápido, mais rápido, mas não, o corpo não conseguia acompanhar o ritmo. Parei. Vergonha. Raiva. Merda, como foi que eu me deixei ficar tão preguiçosa? Mais vergonha. É justamente o que não poderia acontecer. Droga, falta dez minutos para o jantar e estou aqui com roupas de ginástica do outro lado do hospital. Se não fosse pelas outras meninas, acho que nem voltaria para lá. Romperia o contrato que tenho com o hospital e pronto. E comigo mesma também. Mas não quebraria o acordo com os outros pacientes agindo assim.

Obriguei o meu corpo me acompanhar. Ele estava exausto. "Exausto." Que horror!

Que palavra terrível. Vim trotando até a enfermaria. Topei com o enfermeiro na porta, ele ficou parado me observando correr com o traje que até pouco tempo atrás eu estava usando para malhar. Parecia desapontado. Falou alguma coisa. Não tinha espaço na minha cabeça para ouvir o que ele disse, a única coisa que conseguir responder para qualquer pergunta que ele tenha feito foi: "Não consegui."

Ele me acompanhou até o quarto. Os pensamentos obsessivos também, mas ao contrário do enfermeiro eles não ficaram do outro lado da porta. Continuei o treinamento enquanto a água do chuveiro escorreu pelo corpo, puta da vida comigo mesma. Quase nem consegui me secar porque estava atrasada para o jantar. Difícil comer, difícil me acomodar na mesa. Vergonha máxima. Queria esquecer tudo.

SEXTA-FEIRA, 7 DE DEZEMBRO DE 2007

Por que quase não senti vergonha por não brigarem comigo quando faço algo errado? Sinto-me melhor quando são os outros que levam bronca?

Espero um castigo duro quando não faço o que deveria, ou quando faço algo errado. Quando ele não vem de fora, fico aliviada ou feliz por "escapar", mas trato de me castigar por dentro. Foi assim hoje com os exercícios que me deixaram machucada ontem. Ninguém chegou para me dar um esporro ou puxar minhas orelhas. Ninguém, exceto eu mesma. Não é uma coisa boa, mas tanto faz. Agora preciso me concentrar para passar um fim de semana legal com mamãe e papai. Eles estão vindo da Dinamarca, e nós três vamos ficar numa casinha que o hospital oferece. Tenho medo de como vai ser. Já os enganei tantas vezes e me senti péssima a cada vez. Hoje me ajudaram a planejar como agir. Todo o poder à enfermeira, que me desarma de pensamentos perigosos chamando as coisas pelo que realmente são. É embaraçoso, assustador e vexatório, mas desta forma eu pelo menos obtenho ajuda para coisas que seriam ainda mais embaraçosas, assustadoras e vexatórias: mentiras e decepções.

SÁBADO, 8 DE DEZEMBRO DE 2007

Tomar o café da manhã com mamãe e papai foi superdifícil. Eles costumam comer pouco, apenas iogurte na primeira refeição do dia. Me fez sentir, com a minha dieta personalizada, que os estava forçando a se empanturrar de coisas. No almoço fiquei com a consciência pesada achando que eles iriam "sofrer" por minha causa comendo o mesmo que eu.

Na clínica conversamos com a enfermeira, estava cansada e de saco cheio, fiquei com os nervos à flor da pele e caí no choro logo em seguida. Mas nós conversamos. Não muito mais do que antes. Sempre fomos de conversar entre nós, mas desta vez foi diferente. Eu me obriguei a não desistir, nem a ignorar ou a interromper as frases, nem me limitar o que achava "suficiente" ou "aceitável". E não cedi. Embora as lágrimas rolassem e eu batesse firme os pés no chão para dizer o que pensava, a conversa foi adiante. E eles escutaram, de um jeito totalmente diferente do que eu estava acostumada. Talvez por eu ter-lhes dado a oportunidade? É muito fácil mostrar que prestamos atenção a alguém que se sente preso.

A noite foi até legal. Dirigimos até Trondheim para encontrar com meus irmãos num restaurante. Comi mexilhões com molho de vinho branco, alho e creme. Usava o garfo e deixava escorrer a maior parte do molho e só então fisgar um pedacinho dos moluscos. Foi constrangedor quando percebi que o meu irmão mais velho percebeu. Não consegui mais encará-lo nos olhos depois disso. Fico pensando como deve ser ter uma irmã maluca.

DOMINGO, 9 DE DEZEMBRO DE 2007

Consegui atravessar o final de semana. Inteirinho.

Para mim foi muito marcante. Antes de dormir, me deitei como costumava fazer e fiquei fritando a cabeça, maquinando como fazer para enganar a todos eles. Talvez levantando mais cedo para me exercitar enquanto ainda estivessem dormindo? Talvez ligar para a enfermaria, depois dizer à mamãe que teria que ir a uma reunião, e com isso ganhar pelo menos uma meia hora para ficar a sós comigo mesma. Fazer o mesmo quando eles fossem embora, enganar a todos e ficar com a casa só para mim? Todos esses planos e "soluções" fervilhavam na minha cabeça, ainda que eu estivesse morta de cansaço depois de um sábado interminável. Não conseguia nem fazer os pensamentos calarem a boca, mas os soníferos trataram de me desejar boa noite.

Fiquei deitada até quando pude na manhã seguinte, para não ter tempo de fazer exercícios. Difícil. Doído. Me sentia fraca e fingi que estava dormindo. Mesmo assim o desjejum foi até legal, a mesa iluminada apenas por velas anunciando a proximidade do Natal, e todo mundo comeu sem parecer forçado. Depois disso dei uma corridinha até a enfermaria para me antecipar e planejar as atividades do dia antes de me entregar à preguiça. A enfermeira foi ótima e me incentivou com algumas dicas que funcionaram de verdade. Como fazer intervalos curtos, por exemplo. Pensar numa coisa por vez, não o dia inteiro. Esperar um pouco cada vez que os impulsos de dar no pé ou de se exercitar surgirem na cabeça. Só uns minutinhos. Até que conseguir me distrair com outra coisa. Fizemos uma agenda bem cheia com vários compromissos. Nada de espaço para pensar bobagens. Desta forma consegui evitar muitos conflitos internos e o fim de semana transcorreu quase sem problemas.

SEGUNDA-FEIRA, 10 DE DEZEMBRO DE 2007

Dia de sobremesa na enfermaria. Sorvete. Sabia que chegaria o dia. Estava muito bem preparada. Bem treinada sobre como agir, já prevendo tudo o que iria acontecer. O sorvete estava no freezer, era só servir a medida exata, me sentar, comer, relaxar e depois ir ao *shopping* com duas colegas pacientes. Daria tudo certo, eu sabia. Então fui até a cozinha de punhos cerrados e peito aberto. Pronta para a guerra, mas então o mundo veio abaixo.

Lá estavam os cozinheiros servindo o sorvete para nós! A ansiedade tomou conta de mim como uma avalanche. A parte de baixo da tampa do sorvete estava sobre aquela mesa asquerosa. A mocinha tinha sujado quase todos os objetos à minha volta. A colher que usava parecia mais uma espada imunda depois de uma batalha, eu senti engulhos só de olhar. Pânico. Como é que ela pode fazer uma coisa assim? Os pacientes é que têm que se servir do sorvete! O pote de sorvete parecia um pote cheio de lama. E isso teria que passar pela minha boca, entrar no meu estômago e por lá ficar! Pânico, pânico! Saí correndo para o quarto. Não sabia o que fazer nem onde me esconder. Tentei correr enquanto as lágrimas escorriam, mas a taquicardia era tão intensa que quase desmaiei. Larguei tudo, desabei no chão e fiquei urrando no carpete. Não queria saber de mais nada, era melhor morrer sufocada do que continuar assim.

Quando isso vai terminar? Quando a cobrança vai deixar de ser tão alta?

QUINTA-FEIRA, 13 DE DEZEMBRO DE 2007

Hoje o treino de força substituído por resistência. Uma paciente que está de alta preferiu assim. De vez em quando eu sinto vergonha das coisas que penso, e fico estressada e com raiva só de pensar que não vamos malhar com pesos. Fiquei quieta e na minha, mas tentando parecer positiva. Queria mesmo era gritar.

SEXTA-FEIRA, 14 DE DEZEMBRO DE 2007

A noite passou muito bem, até. Tomei um trem e fui à casa do meu irmão mais velho, que passou o dia sem atender meus telefonemas, mas descobriu de outro jeito que iria ter visita. Pulei na cama dele e acordei um cara que ficou um pouco assustado, mas feliz. Comemos alguma coisa juntos e saí para encontrar um amigo. Já era bem tarde quando voltei para a casa do meu irmão. Ele já tinha se deitado, mas levantou-se da cama para conversarmos um pouco. Ficamos enrolados, cada um no seu cobertor, batendo papo durante horas, assim como fazíamos quando éramos pequenos. Obrigada, mano.

SÁBADO, 15 DE DEZEMBRO DE 2007

É noite. Não posso escrever muito, estou ocupada. Sinto dores. Na boca. Arde e sangra. No estômago. Meu Deus, como dói, cãibras, a sensação que vou explodir de tanto vomitar. Dentro do peito arde, mal consigo ter fôlego, a respiração não chega nem ao diafragma. Na cabeça. sinto as têmporas pulsando e os olhos ardendo. Os dentes, as costas e os cotovelos não param de enviar sinais de dor. Mas acima de tudo o que dói é o coração. Falei com tudo e com todos, mais uma vez. Troquei dignidade, saúde, autoconfiança por dor e vergonha. Não posso escrever mais, preciso me aprontar. Merda, me deixe morrer agora, aí paro de reclamar de uma vez por todas, porque isto aqui não é vida.

DOMINGO, 16 DE DEZEMBRO DE 2007

Nem me atrevi a ler o que escrevi ontem. Nunca interrompi a escrita no meio do caos desse jeito. Quis rasgar a página do diário, mas vou ver numa outra hora se aguento ler o que está escrito. Achei que seria bom escrever um pouco sobre o dia de ontem, pois antes da confusão tinha sido um dia até legal.

Consegui tomar o café da manhã sozinha na casa do meu irmão mais velho. Em vez de pão, comi iogurte, e logo em seguida tive que sair de casa, mas deu tudo certo. Fui para a minha casa com o meu irmão do meio, conforme tínhamos combinado, levando presentes de Natal e ceando com as meninas do clube de tricô. (Nós nem tricotamos mais, mas mantemos a amizade faz muitos anos.) Várias deram as caras. Algumas ligações telefônicas e cerca de 70% do clube estava ali reunido. Nós nos divertimos bastante, mas ali mesmo eu percebi que não estava totalmente presente.

A cabeça não parava de girar. Não conseguia se controlar, queria pensar em outras coisas, era uma imposição. Os pensamentos eram como enxame de mosquitos zumbindo ao redor do ouvido no escuro, impossíveis de enxotar. Algumas vezes estavam lá longas, outras eram intensos e tomavam conta de todo o resto. Não consegui ficar em paz. Fiquei cada vez mais inquieta, perdia concentração, quase fiquei feliz quando o meu irmão fez um gesto com o rosto na direção da porta. Ele me pôs no carro e me levou de volta. Fiquei dando voltas em casa por um tempo até conseguir bloquear todos os pensamentos e desligar os sentidos. Deixei a resistência para trás, corri até o supermercado, joguei tudo dentro do carrinho, não importava o que fosse. Até biscoitos de amêndoa passei no caixa. Não tinha a menor condição, eu sou alérgica a amêndoas, mas, ironicamente, tive vontade de comprar. Imagine só, jogar fora um pacote de comida lacrado. Só comida mastigada é que a gente deve jogar fora. Meu Deus!

Quando voltei do supermercado, me sentia como se tivesse sido atropelada por um caminhão. Caí morta. Deixei as compras no corredor e fui me deitar. Debaixo das cobertas, queria ficar ali até o dia seguinte, de preferência para sempre. Gente instável como eu não tem porra nenhuma que interagir com outras pessoas. E eu queria dormir, de verdade. Estava esgotada, mas não podia. O acordo com a comida era para ser cumprido. Precisava de drogas para reduzir a ansiedade. Precisava pôr as coisas em ordem, toda a merda que deixei acumular em mim nas últimas semanas. Precisava pôr para fora toda a comida que tivesse ingerido, tirar das entranhas todos aqueles vermes que me ameaçavam sufocar, rastejando, beliscando, entupindo os intestinos e quebrando as costelas, as criaturas barulhentas gritando dentro da minha cabeça, monstros que outras pessoas chamam de sentimentos – fora daqui, já, fora! Sua chance é agora, ninguém vai descobrir, vamos lá. Funcionou tão bem antes, pense, nem precisa refletir muito.

E eu me deixei levar. Horas de vômitos forçados. Comida entrando e saindo, entrando e saindo. Fiquei exausta, depois de chorar durante três horas, mas não conseguia parar. Por fim estava quase desmaiando. Aí consegui me recompor e parar. Dormi algumas horas até que o enfermeiro veio me avisar do desjejum. Tentei comer, mas a boca estava cheia de aftas. Consegui beber. Voltei a dormir em seguida.

QUARTA-FEIRA, 19 DE DEZEMBRO DE 2007

Dormir certamente me deixaria mais aliviada. Relaxar, dar um tempo ao corpo, fazer uma pausa do estresse e da tensão constantes. Contudo, até no sono a cabeça comanda o corpo. Não deixa ele ter um pouco de paz.

Tentei dormir depois de uma noite que terminou mal. Após a visita de amigos e de abrirmos o Calendário do Advento, foi a hora da ceia e de nos recolhermos. No entanto, a mesma coisa que aconteceu ontem tornou a acontecer hoje.

O comprimido para dormir não estava mais dentro no frasco. Não consegui encontrá-lo. Fiquei apavorada. Lá estava eu, havia acabado de comer, fui direto para o banheiro, agitada e muito cansada, implorando para achar o comprimido que tinha se perdido. Só de pensar fiquei enjoada e comecei e suar frio, passei a sentir o gosto do iogurte subindo pela laringe. A enfermeira bem que podia me pedir para vomitar. Ela iria querer que eu explicasse, mas como é possível explicar esse tipo de coisa? Sair chorando da sala de remédios acusando alguém de ter tirado meu comprimido dali não parece coisa de gente sã. Então aqui estou eu, tamborilando os dedos tentando desestressar. Burra.

QUINTA-FEIRA, 20 DE DEZEMBRO DE 2007

Ontem tive uma conversa um pouco diferente com a psicóloga. Falamos de um sonho que eu tive na noite anterior.

Tinha sido raptada por uma mulher horrível, que tinha um rosto indistinto, mas assustador. Tinha que ficar na casa dela ou ela ameaçava matar a minha mãe, todos os meus amigos e a mim. Algumas amigas sabiam que eu havia sido raptada e quiseram me salvar. Porém não podiam, porque eu fui obrigada a dizer que estava tudo bem e não queria ajuda. Enquanto eu mentia para as minhas amigas, a mulher horrorosa passava o tempo inteiro ao meu lado, observando tudo o que eu fazia. Ela me observava com um olhar oblíquo, de desprezo. Eu tinha que fingir que estava tudo bem, mas por dentro queria gritar por ajuda.

TERÇA-FEIRA, 25 DE DEZEMBRO DE 2007

Faz duas horas que meu nariz sangra, o sangue escorre pela boca, e fico aqui pensando se estou sangrando em outro lugar qualquer. Não tenho paz.

O feriado de Natal começou com a tradicional reunião de família. Segurei a onda com a comida. Na verdade, segurei a onda o feriado inteiro. Comi bem. Quase. Um pouquinho a cada refeição. Mal no café da manhã. Separando tudo com garfo e faca e deixando na borda do prato. Depois lavei tudo bem lavado com detergente. Esqueça, não fiquei bem durante o dia, pelo jeito, mas em compensação a noite fui foda. Comportamento exemplar. À noite eu me entreguei à doença. Sem resmungar. Sem lutar. Lutar por quê, quero dizer? Me achando inútil, e a doença me dava o que eu queria. Tome aqui, por favor. Eu sou sua. Só queria esquecer. Vomitar de mim tudo que era ruim. Queria embrulhar tudo numa tonelada de comida para depois pôr para fora, talvez para me livrar de uma vez desse sentimento. De noite eu ficava imaginando se meu coração não iria parar de bater. Doía tanto. Só de pensar já me sentia mal. Eu não iria sentir saudade dessa vida. Que vida? Não iria sentir saudade nem de mim, pois afinal quem sou eu?

QUINTA-FEIRA, 27 DE DEZEMBRO DE 2007

Estou no ônibus, saindo da casa da Kari a caminho de Levanger. Foi muito legal visitá-la numa terça. Assim que eu desci do ônibus ela percebeu que nada estava no lugar. Os olhos não tinham vida, apesar do sorriso no rosto, ela disse. No final contei porque estava tão atrasada. Ela percebeu de cara e tentou ajudar, sem que eu ao menos tivesse lhe pedido. Agora estava feliz por eu ter conseguido me soltar das minhas amarras e pedido ajuda a ela. Naquela noite dormimos cedo, cansadas de tanto falar e chorar. Eu estava mais exausta do que propriamente cansada. Dormimos até 9h30. Fazia muito tempo que não acordava tão tarde. O desjejum e as demais refeições acompanhadas de pão correram muito bem, mas eu usei garfo e faca o tempo inteiro. Quando tinha a oportunidade, esfregava os talheres com o guardanapo antes de usá-los. Queria mesmo era despejar água fervente sobre os talheres. A quantidade de comida sempre vinha um pouco a mais que a recomendada na dieta. Senti ganas de esconder as sobras em algum lugar, o medo de engordar com aquelas comidas natalinas era muito grande. Ao mesmo tempo tenho medo de ter emagrecido, e da dor que é ter que ganhar alguns quilos novamente.

Que péssimo. Tenho medo de uma coisa e de outra, o tempo inteiro. Mais ainda na véspera de Natal. Fiz exercícios porque estava com medo de engordar. Almocei para não perder peso. Mais estresse ao ter que ficar em pé depois de jantar, e nada de ceia depois disso. A mente, acelerada, não para de fazer contas. Preciso de uma pausa.

Mesmo assim, de volta para passar o resto do feriado de Natal na casa da Kari. Entre o café da manhã e o almoço fomos até a casa do irmão dela andar a cavalo. Os cavalos dele são bonitos, mas um pouco ariscos. A cavalgada foi tranquila até a última colina no caminho de volta. O meu *fjording* estava cansado e pelo visto não aceitava mais montaria nenhuma. Depois de saltitar de um lado para o outro, não tive como me segurar e fui jogada para frente. Tentei me agarrar ao seu pescoço e firmar os pés no chão, mas o cavalo começou a galopar e se sacudir até me jogar para longe. Caí bem na frente dele. Daí só me lembro do barulho dos cascos. Kari estava na nossa frente e viu tudo, disse que o cavalo quase me pisoteou. Eu mal consegui me pôr de pé depois disso. A cabeça zunia, o cavalo me golpeou com os cascos. Ainda bem que eu estava de capacete. Depois da queda foi que percebi a marca da ferradura no rosto e a mancha roxa no queixo. A mesma coisa na parte de trás. Os três pinos da ferradura carimbados na escápula e no meio das costas. Pior foi no ombro, que além de tudo foi pisoteado. Tínhamos quase certeza de que estava quebrado, minha constituição óssea não é lá essas coisas. Anos e anos de subpeso deixaram meus ossos fragilizados. O cotovelo parece muito estranho agora, inchado e dolorido, mal posso esticar o braço. O mais trágico de tudo: depois do que aconteceu, só consigo pensar numa coisa. *Deus do céu, como vou conseguir fazer meus exercícios agora?*

DOMINGO, 30 DE DEZEMBRO DE 2007

Será possível querer deixar de viver sem ter ideias suicidas? Eu pertenço a uma dessa categorias. Não pertenço a nenhum lugar. Tenho transtorno alimentar, mas não sou magra. Sou obsessiva, mas nem todo mundo sabe. Sou depressiva, mas estou sempre sorrindo. Ingeborg, você não vale nada.

SEXTA-FEIRA, 4 DE JANEIRO DE 2008

O dia começou e terminou bem. De lá até aqui, nada demais. Fui até a casa da mamãe e do papai. Tinha reservado passagem, mas o avião estava tão atrasado que fiz o desjejum na enfermaria, não queria ser a primeira a chegar. Depois do *check-in* no aeroporto de Værnes era hora do almoço. Trouxe minha marmitinha. Bem precavida. Tudo correu bem, até soar o alarme de incêndio (!) bem na hora que eu estava comendo. O prédio precisou ser evacuado, e, embora fôssemos autorizados a retornar cinco minutos depois, o clima já era outro. Vomitei.

Chegando no aeroporto, em Oslo, tentei comer um pouquinho mais. Também não consegui, embora desta vez não tenha soado alarme ou qualquer outra emergência. Vomitei. De novo. Fiquei sentada no chão até finalmente me levantar e embarcar no avião, a última da fila. Fiquei imaginando se alguém reparou em mim, ou sentiu o cheiro. Me senti uma merdinha, morrendo de vergonha, devem ter achado que eu estava bêbada tropicando pelo corredor entre as cadeiras.

DOMINGO, 6 DE JANEIRO DE 2008

Mais um dia de transtorno alimentar. Desjejum mínimo, vômitos após todas as demais refeições. Ou melhor: tentativas de refeições. Viajar é coisa para quem tem nervos de aço. Meus voos sempre atrasam, ou a bagagem é extraviada ou é algum outro contratempo que acontece. Não importa, a questão é que são algumas horas que tumultuam as refeições. O resultado é que acabo subindo as escadas com as pernas bambas. Morrendo de medo de me pesar amanhã. Queria que o corpo fosse deixado no avião, lá no alto, em algum lugar. Ele não pertence a mim, afinal.

SEGUNDA-FEIRA, 7 DE JANEIRO DE 2008

Continuo a me entupir de comprimidos. Aumentei a dose hoje. Um alívio por saber que os enfermeiros não mais partem os comprimidos em dois. Faz bem saber que a dose agora é dobrada e irá continuar assim.

TERÇA-FEIRA, 8 DE JANEIRO DE 2008

O transtorno alimentar é uma água-viva. Linda, translúcida, sedutora. Parece uma água-viva inofensiva, só que ainda mais bela. Você mergulha no mar, sabendo muito bem que ela está ali, e você, logo você, acha que irá evitá-la. Quando aqueles tentáculos longos e terríveis grudarem na sua pele, o ardor será tão terrível que todo o resto desaparecerá. Como algo tão belo e inocente pode queimar nessa intensidade e ser tão letal? Eles envolvem os seus pensamentos. Se agarram a eles. Dói até arrancá-los de lá. Pânico. Para obter ajudar e livrar-se deles, é preciso ficar nua e indefesa. Sentir vergonha de saltar nua na água. Não reparou nas águas-vivas? Outras pessoas se queimaram antes de você! Você precisava mesmo fazer isso? De verdade? Agora vamos ter que arrancar esses tentáculos, um a um. Vai continuar ardendo por um bom tempo. E quando parar de arder, as cicatrizes ficarão pelo resto da vida.

QUARTA-FEIRA, 9 DE JANEIRO DE 2008

Quase impossível tomar o comprimido para dormir, embora melhore o sono. Estou tomando remédios demais, não posso aceitar tanta coisa dentro de mim. O cansaço que sinto em pleno dia me assusta. Tenho medo de ficar imprestável. Imprestável e gorda. Além disso, fico agitada, contamino o clima no hospital e tenho vontade de fugir. Covarde.

SEGUNDA-FEIRA, 14 DE JANEIRO DE 2008

Arranquei o invólucro plástico e comecei a escrever um diário novinho, com páginas todas brancas. Novo diário, novas possibilidades, tipo assim. Folhas em branco, canetas coloridas e assim por diante. Acho que está mais do que na hora de começar algo positivo. Tenho medo de que as pessoas se cansem de mim. Eu mesmo estou de saco cheio de mim mesma, por que outras pessoas não ficariam?

Sofro muito quando desaponto os outros, mas não dou a mínima quando quem se magoa com a minha conduta sou eu mesma.

QUARTA-FEIRA, 6 DE FEVEREIRO DE 2008

Olá. Estou pronta para voltar a escrever. Desta vez para mim mesma. Este texto não é para ser entregue e avaliado, agora que tive alta do hospital. Preciso enxergar as coisas em perspectiva novamente. Preciso escrever, pôr os pensamentos em ordem, ou nem que seja apenas rascunhar algumas ideias para poder conversar, arrumar um emprego, fazer um trabalho com portadores de transtornos alimentares ou pessoas que queiram melhorar a saúde. É, isso mesmo. *Transtornos alimentares*. Estou chamando a coisa pelo nome. Pus a doença do lado de fora.

Esta noite eu escrevi. Num recibo do supermercado, azulado com letras pretas, eu escrevi, chamei a coisa pelo *nome*, rabisquei várias vezes "transtorno alimentar". Até aqui dei permissão de que ela se protegesse usando a armadura mais poderosa de todas: a vergonha. E me descobri amando e honrando o transtorno alimentar até que a morte nos separasse. Desse jeito eu nem tenho como tentar ficar completamente sã.

Eu fui fiel a ela. Pois o transtorno alimentar me ama e me protege, me convida a sair de mim e esquecer de tudo. Me agride, física e mentalmente. Certa vez, muito tempo atrás, vomitei sangue. Muito sangue. E minha respiração trabalhava contra mim. Morri de medo, mas não pude ligar para ninguém. A vergonha e a lealdade à doença me fizeram guardar os sintomas para mim. É assim que o transtorno alimentar vai construindo a sua armadura.

QUINTA-FEIRA, 7 DE FEVEREIRO DE 2008

Estive na fisioterapeuta e tentei ser o mais honesta possível com ela. O problema é a mentira surge automaticamente quando o transtorno alimentar se sente ameaçado. Ele não quer ser descoberto. Quer ter a mim, inteira, apenas para si mesmo. Está constantemente maquinando e de olho em todas as possibilidades. Gostaria que a doença não estivesse morando dentro de mim. Neste caso eu a mataria. Agora, primeiro tenho que expulsá-la daqui.

SEXTA-FEIRA, 8 DE FEVEREIRO DE 2008

Estou no ônibus voltando para casa. Vou para o aniversário da Kari, junto com todas as meninas do clube de tricô. Vou até conhecer a filha da minha antiga vizinha. Estava me sentindo muito feliz e animada por essa noite, mas quase nem consegui vir. Estou com nojo da comida, do encontro, de me mostrar às pessoas. Daria tudo por uma boa desculpa para ficar em casa. Além do quê, estou sozinha em casa neste fim de semana. O transtorno alimentar e eu tínhamos o apartamento inteiro só para nós dois. Um sonho e um pesadelo, e o melhor de tudo, longe da realidade. No entanto, cá estou. No ônibus. *Esta noite você não me pega, seu demônio.*

SÁBADO, 9 DE FEVEREIRO DE 2008

Estou morrendo de medo de destruir minhas chances, mas ao mesmo tempo é tentador. Tenho saudades de ser magra e feia, de pessoas achando o máximo minhas costelas à mostra, cabelos desgrenhados e pele estragada. Ser feia para mim é estar ótima.

A ansiedade roubou o meu tempo. Eu desmarquei todos os compromissos. Me escondi numa toca. Pus toda a culpa no transtorno alimentar. O preço a pagar foi o seguinte: menti e enganei meu irmão mais velho.

Enchi a boca, a língua e a garganta com aftas e úlceras que se espalhavam até o diafragma.

Machuquei os cotovelos e as costas.

Minhas melhores amigas ficaram magoadas porque não fui ao aniversário delas. Vergonha. Tanta vergonha.

DOMINGO, 10 DE FEVEREIRO DE 2008

Dormi três horas. Queria dormir mais quando acordei, mas não dava. *Levanta, levanta, levanta e vá correr sua vaca gorda.* Deixei cair as minhas chaves no chão num determinado ponto. Tive que parar e apanhá-las. O problema é que eu preciso correr durante trinta minutos e é "proibido" andar ou parar, não importa o motivo. Mesmo assim, fui obrigada, e agora a punição era subir uma ladeira íngreme. Comi e depois tomei uma ducha. Burrice, porque é tão fácil vomitar assim – e foi o que eu fiz. As coisas rapidamente voltam a entrar nos eixos, como antes. O que vou dizer ao psicólogo amanhã?

SEXTA-FEIRA, 15 DE FEVEREIRO DE 2008

Estou muito puta. Puta da vida. Pensamentos constantes. *Comida. Peso. Refeições. Treinar. Comida. Corpo. Balança.* Comandos repetitivos. *Vamos lá, garota! Sua preguiçosa. Já esqueceu? Fracassada.* Somos apenas nós duas. Repetindo, repetindo, repetindo. Quero fugir.

DOMINGO, 17 DE FEVEREIRO DE 2008

Me pesei num lugar qualquer. Aumentei quase dois quilos desde a manhã. Sei que é só água, mas mesmo assim, caralho! Em cinco anos nunca pesei tão pouco. O único lado positivo é que vou precisar beber menos para a pesagem de amanhã. Estou apavorada. Mentira, trapaça, mas o que posso fazer? Eu sei que estou abaixo do peso, mas é impossível engordar mais e já estou vendo o contorno dos ossos de tanta gordura que perdi.

QUARTA-FEIRA, 20 DE FEVEREIRO DE 2008

Me sinto letárgica, inchada, obesa e horrível. Nem ouso me pesar. Fiz uma série de saltos e apoios de frente. Ajudou.

QUINTA-FEIRA, 21 DE FEVEREIRO DE 2008

Acho que o meu transtorno alimentar tem um medo de separar-se de mim.

Eu nunca o tinha chamado pelo nome exato, e pude assim separá-lo do meu verdadeiro "eu". Eu *não* sou mais o meu transtorno alimentar. O transtorno alimentar não sou eu. Eu *tenho* um transtorno alimentar.

Ter. O verbo é semelhante a possuir, ou a manter? No meu caso, não sei quem possui quem, ou quem mantém quem. Mas sei que daí a ser alguém com um transtorno alimentar vai uma grande distância. Neste caso seríamos inseparáveis, um todo. Nem fodendo somos uma coisa só. Nós somos dois guerreiros, inimigos, cada um lutando do seu lado, dois. E um de nós não deveria estar aqui.

Na ânsia de não se separar, o transtorno alimentar pelo visto mobilizou todas as forças para manter o seu hospedeiro. Então eu me peso. Faço exercícios até meus lábios ficarem roxos. Me olho no espelho e não faço ideia de quem é aquele reflexo. Falo palavrões para esse reflexo e contra-ataco. Como e me resguardo. Saio para caminhar ou correr na companhia de alguém. Evito me isolar. A oposição está enfraquecida, avariada e presa num atoleiro, mas ela existe.

DOMINGO, 2 DE MARÇO DE 2008

De ressaca. Puta merda. Acho que inibidores de recaptação de serotonina e álcool não combinam bem. Antes de começar a tomá-los, morria de medo de perder o controle. Agora simplesmente ponho o comprimido na boca, bebo algo e vou em frente.

QUINTA-FEIRA, 13 DE MARÇO DE 2008

Acabei de acordar e são 22h. Estou vestindo roupas de ginástica, a ideia era relaxar um pouco antes de malhar. Agora é tarde demais. Ou, o transtorno alimentar diz que eu ainda posso treinar. Quero fazer o que ele diz, mas meu corpo está morto. A comida é o caos. Os limites são móveis. Não preciso mais ficar sozinha. Trancar a porta do banheiro e recorrer ao bom e velho truque de deixar o chuveiro aberto com a água escorrendo, ligar a máquina de lavar e a secadora ao mesmo tempo, bater as portas dos armários para disfarçar o fato de que estou vomitando ou me exercitando ou cedendo a outra compulsão. Domino todos os truques. Trapaceio sempre que posso para ganhar um tempinho extra. Faço faxina. Borrifo perfume. Sei o que estou fazendo. Sou um fantoche que obedece direitinho o que o transtorno alimentar me dita, meus pensamentos é ele quem comanda. Estendo a pata, rolo no chão, pulo quando ele me manda pular.

SÁBADO, 15 DE MARÇO DE 2008

Que merda, puxa! Estou tão doente agora. Compulsões justamente quando estou sozinha. Até aqui de pensamentos compulsivos na companhia de outras pessoas.

Não paro de pensar que deveria estar internada ou sedada. Acho que bom mesmo seria a sedação.

SEGUNDA-FEIRA, 17 DE MARÇO DE 2008

Aniversário de 23 anos e ainda doente. Comecei a imaginar algo no banheiro. Pensei no transtorno alimentar como o vento. Ele sopra com muita e pouca intensidade. É preciso se segurar firme e, lentamente, ir botando as asinhas de fora. Se soltamos aquilo que nos prende, somos carregados pela ventania e arrastados para trás. Aí é ainda mais difícil agarrar-se em algo, talvez seja preciso encontrar um ponto de apoio mais próximo, mais frágil – ou pedir ajuda. Só não podemos nos deixar levar.

QUINTA-FEIRA, 20 DE MARÇO DE 2008

Vou passar o feriado de Páscoa na cabana de campo da Kari. Ela não quer sair de perto de mim, nem durante a noite. Vamos dormir no mesmo quarto, para ela acompanhar meus pesadelos. Como esta noite. Eu chorei e falei durante o sono. A Kari, que dormia no beliche acima, ouviu tudo. Ela disse que eu gritei que precisava pintar tudo que era branco de preto, e tudo que era preto de branco. Tinha a ver com as pessoas. Elas tinham que ser modificadas.

São os tais antidepressivos de nome estranho que estão me fazendo ficar assim. Preciso parar de tomar essas merdas. Ninguém dá a mínima se eu estou tomando ou não esses comprimidos. A única razão para eu ter começado a tomá-los foi porque me senti encurralada na clínica de Levanger.

Agora, estamos aqui para curtir e esquiar. Isto é tão errado. Comer, mas não se exercitar. Energia entrando, mas não saindo. Socorro. Apesar disso tanto a tarde quanto a noite foram muito agradáveis. Jogamos *General*, baralho e contamos piadas horríveis, e eu fiz sopa de tomate com ovo e brócolis para nós. Primeiramente lavei direitinho tudo que iriai usar, e tirei a gema do meu ovo, mas fora isso foi tudo bem.

QUARTA-FEIRA, 16 DE ABRIL DE 2008

Duas semanas sem escrever. Todo dia me vêm à mente citações, histórias, ideias, soluções ou questões que quero registrar no papel, mas não faço nada disso. As pálpebras pesam nos meus olhos. Fico deitada sob o edredom, com a janela escancarada. Não quero dormir. Sinto uma overdose de pensamentos. Ou então é tomar o remédio e dormir, dormir, dormir... Estou tão cansada, ou então os antidepressivos. Uma tábua de salvação. Ver o que vai acontecer. Vai dar na mesma coisa. Fico me exaurindo provocando vômitos, dia após dia. *Sofrendo*. Me sinto melhor assim que vomito, mas então eu durmo.

DOMINGO, 20 DE ABRIL DE 2008

"Achei que você não estava mais nesses lances."

Foi o que me disse meu irmão mais velho assim que me viu sair do banheiro após vomitar. Não sei o que fiz para me denunciar. Talvez os grunhidos horríveis, ou o tempão que passei trancada lá dentro. Ou as duas coisas.

A questão é que ele *sabe*. Eu não me senti pega no flagra. Tampouco me senti encorajada a parar. Pouco me importa. Isso é a coisa mais assustadora do mundo: a indiferença.

QUINTA-FEIRA, 24 DE ABRIL DE 2008

Deveria comer a ceia. Vomitei. Era a última refeição sobre a qual eu tinha algum controle. Agora não resta mais nenhuma. A doença se apoderou de todas as refeições. Estou sitiada.

QUARTA-FEIRA, 21 DE MAIO DE 2008

O psicólogo pediu para eu "me identificar com a Ingeborg que é forte". Que porra é essa, e onde está ela quando eu mais preciso? Talvez ela esteja aqui, mas eu não serei uma outra pessoa agora? Não é possível que eu seja forte comigo mesma, logo eu que não consigo resolver isso.

SÁBADO, 31 DE MAIO DE 2008

Esta é para você.

Você, que acha que uma doença mental é só uma questão de "determinação". Você, que acha que a cabeça tem vida própria, isolando-se, ou melhor dizendo, controlando os demais órgãos do corpo. Você, que acha que somos capazes de fazer o que quisermos tendo apenas a força de vontade.

Ao mesmo tempo escrevo para você, que com empatia compreende quando alguém chora a perda de um amigo próximo. Você, que sabe a dor de alguém que lhe golpeia. Você, que sabe que o assédio deixa feridas profundas.

Você, que jamais pisaria num calo do meu pé para piorar o que já está ruim. Esta é para você. Você pode dar um passo à frente? Se você está dentro de mim, consegue ver um muro separando a cabeça e o corpo? Uma parede de vidro onde está gravado: "Nós somos independentes um do outro?"

Escute, tente entender. É no meu calo que você está pisando. Escute, tente entender. Sou eu que estou sofrendo. Sou eu que estou sendo humilhada. As feridas profundas são minhas.

Estou escrevendo tudo isso para mim?

DOMINGO, 8 DE JUNHO DE 2008

O transtorno alimentar me transformou numa sociopata, me desconectou do mundo exterior.

As fronteiras que cruzei foram lentamente desaparecendo. As pontes agora são invisíveis.

Sinto que algumas pessoas tentam me domesticar. Meu peso está errado, não há dúvida alguma. Eu me peso na presença do médico. O transtorno alimentar enfia pensamentos paranoicos na minha cabeça.

Mapa mental:

- paranoia
- exercício -> comida -> obsessão (girando em círculos)
- sociopatia
- agitação, nunca uma tranquilidade verdadeira
- espasmos e rigidez, nos músculos, na pele
- isolamento, vergonha
- péssimo condicionamento físico
- famílias e relações familiares destruídas
- o transtorno alimentar distorce tudo em seu favor

O que mais irá fazer?

Rabisco uma cruz e deixo cair a caneta.

QUINTA-FEIRA, 19 DE JULHO DE 2008

A minha doença está até ok hoje. Uma doença pode ser inteligente, ou é um parasita que suga a inteligência do hospedeiro? A doença nunca dorme. *Penso, logo existo.* A doença controla os meus pensamentos, logo também existe – e tem um poder absoluto.

A distração é minha amiga. Eu amo as pessoas, desde que elas não impeçam a doença. Eu adoro animais. Adoro música, literatura, TV, esportes e tantas coisas mais. Mas dou as costas a tudo isso e sempre me aferro à segurança que a doença me dá, toda vez. Não amo a doença, e sei muito bem disso. Queria que fosse diferente, mas querer não significa nada. Como a vovó costuma dizer: "Cuspa numa mão. Faça um pedido com a outra. Estenda as duas na sua frente. Qual você vai preferir?"

O médico me ligou hoje. Quer me internar de novo. Eu disse que não. Estou bem o bastante para dizer sim, e ao mesmo tempo doente o bastante para dizer sim. Quem é que respondeu, afinal?

SEXTA-FEIRA, 20 DE JULHO DE 2008

Não deveria escrever sobre isso, falar sobre isso, nem mesmo me lembrar de nada disso.

O irmão mais velho da vovó se matou com um tiro. Vovó, a bisavó e o bisavô estavam na sala ao lado e ouviram o estampido. Por causa da Eline. A alemãzinha mãe de um bastardo, a garota por quem meu tio-avô se apaixonou. Ela o rejeitou e ele disse adeus a esta vida.

A vergonha persegue a família. Disseram que foi um acidente, mas todo mundo sabia da verdade. Todo mundo.

Muita gente fala do pecado original. Na minha família o que existe é a vergonha original. Eu carrego essa vergonha também, e tento me livrar dela, mas sei que é que tentar apagar o fogo com gasolina. Só que não tenho água.

SEGUNDA-FEIRA, 23 DE FEVEREIRO DE 2009

Ei, obrigado pela última vez que nos vimos. Um ano atrás eu tive alta do hospital de Levanger. Um ano inteiro com uma doença séria. Mais ou menos assim?

- Fevereiro: mudei para a rua da Igreja. Dividi apartamento com os garotos, em relação à comida, talvez 10% ok. O resto vai pelo ralo. É assustador ficar solta no mundo.
- Março: muito parecido com fevereiro. Meu aniversário foi sossegado.
- Tinha medo de que as pessoas não fossem aparecer, então fingi que nada estava acontecendo.
- Abril: primavera. Vou começar o estágio. Estou achando o máximo a ala principal, é fantástico me sentir útil novamente. Estão pegando mais leve com o tratamento.
- Maio: mais estágio na prática, as provas não foram tão bem assim. Começando a participar mais das festinhas. Muito doente.
- Junho: mais festas, mais doença.
- Julho: viagem para duas semanas na casa da vovó. Muito doente.
- Agosto: me mudo para a rua Rosenborg e começo a trabalhar como enfermeira. O grande festival do ano. Arrumo um namorado.
- Setembro: mais estágio probatório. Em Brøset. Nunca estive tão bem no trabalho.

- Outubro: estressada com o relacionamento.
- Novembro: terminei o estágio na enfermagem. Terminei com o namorado.
- Dezembro: provas. Me saí muito bem. Natal na Dinamarca. Começo a trabalhar na véspera do Ano Novo.
- Janeiro: muito trabalho. Estou me sentindo muito bem, menos vômitos, mas meu peso diminuiu. Não estou indo ao psicólogo.
- Fevereiro: aqui estou eu. Estive bem doente. Quase enlouqueci. Literalmente.

Grandes questões:

- vou conseguir terminar os estudos?
- Vou ser internada?
- Onde?
- Não seria melhor morrer de uma vez?

PARTE II
STJØRDAL

INTRODUÇÃO

Não morri, afinal. Corri risco de vida várias vezes, ora era o corpo, ora era a cabeça quem queria tomar a decisão. Felizmente, o tempo inteiro o coração se manteve firme.

Concluí os estudos. Tirei um 10 na graduação e um 0 no gosto pela vida. Cinco dias depois da prova oral, fui internada no centro regional para tratamento de transtornos alimentares, em Stjørdal. O centro era subordinado ao hospital de Levanger, mas só acolhia pacientes mais velhos. De repente eu passei a ser uma das mais novas. A cultura era muito diferente: em Levanger, o clima era mais inclusivo e marcado pela cooperação e pela solidariedade entre os pacientes. Stjørdal me deu uma impressão de uma espécie de disputa, como se fosse uma competição para saber quais pacientes passavam mais fome. Não me senti à vontade para contar com ninguém além de mim mesma. Era como estar nadando numa piscina de água aquecida e ser atirada no mar congelado.

Antes de ser internada, aconteceu muito mais do que a minha graduação na escola de enfermagem. Comecei algo que não fazia ideia como iria mudar completamente a minha vida: comecei a escrever em um blogue.

Já estava decidida a me curar. O objetivo em tornar o processo público era encontrar algum sentido onde não há sentido algum, por mais clichê que possa parecer. Senti que a sociedade havia me dado muitas coisas – tratamento médico, psicológico, internação hospitalar. Trabalho desde os dezesseis anos de idade e estou acostumada a fazer a minha parte. O blogue podia ser o meu "local de trabalho" durante a doença. Não ganhava dinheiro algum, tampouco recolhia impostos, mas prover informação e derrubar tabus em relação à saúde era a maneira que encontrei de fazer a minha parte.

Claro que não era esta a única razão. Uma pergunta foi crescendo na minha mente: um blogue pode de alguma forma servir como meio ativo e interativo num processo de cura, não apenas contando as coisas como elas são, mas em vez disso chamando atenção para como elas deveriam ser? Será possível compartilhar a sua própria história de vida para que ela ganhe um novo rumo?

Sim, era possível. Foi desconfortável, e escrever cada palavra era um martírio. A recompensa veio na forma de alcançar objetivos que eram definidos por escrito, publicamente, junto com mensagens de apoio de especialistas, familiares, pacientes, curiosos e demais leitores interessados.

Ao mesmo tempo, cada *post*, cada publicação, continha um elemento de raiva e remorso. Tinha medo do que as pessoas iriam pensar, tinha medo de estragar as minhas perspectivas e o meu futuro, medo de ter tomado o caminho errado. E estava literalmente apavorada de que fossem sentir ódio ou pena de mim. Para alguém assumidamente avessa ao contato com o público, ser franca em relação a uma doença era um comportamento tão contraditório que tinha tudo para dar errado.

Eu tinha limites muito claros sobre o que estava disposta a revelar. Para mim, a doença era algo muito mais íntimo do que, por exemplo, um romance fugaz. Aquela era minha área de expertise, esta era uma questão privada.

Importante para mim era evitar blogar com os nervos à flor da pele, postar coisas anonimamente ou comentários negativos e destrutivos. Muita coisa diz respeito apenas a diários privados ou conversas com profissionais. Estas serão as últimas partes do livro. Há um motivo para o formato ser um pouco diferente – um livro pode ser lido como um todo, enquanto *posts* de blogues podem ser lidos e compartilhados, além de servirem de mote para buscas no Google.

Em respeito às pessoas envolvidas adotei determinadas precauções em nome da confidencialidade. Neste ínterim fiquei boa parte do tempo internada, já como enfermeira graduada, então conhecia bem as regras. Ao mesmo tempo, rompi os limites de uma maneira que jamais teria feito caso estivesse trabalhando. Como paciente, mantive a mesma rotina dos demais, e obtive permissão para escrever sobre eles, postando ou não fotos. Muitos dos pacientes ficaram felizes por ler ou comentar *posts* que tratavam de seus casos. Todos, é claro, permitiram ser nominalmente citados.

Para mim, era fundamental deixar muito claro essa diretriz. A mínima quebra de confiança seria o suficiente para pôr abaixo todo o esforço. Essas pessoas não poderiam ter a menor dúvida de que iriam topar com a própria foto ilustrando o meu blogue no dia seguinte. Para mim, essa cláusula de confidencialidade tinha o mesmo valor de um contrato legal. Não se tratava apenas de uma questão entre certo e errado, mas sim de amizade e solidariedade. O blogue não era só meu, nem dos meus colegas pacientes.

No que dizia respeito às minhas relações particulares, quase sempre mantive tudo longe dos olhares do público. Todas as pessoas citadas foram exceções – e foram informadas antes.

Parece até que eu tinha um controle total sobre um blogue que poderia servir de exemplo, mas, para dizer o mínimo, trata-se de um enorme exagero. Do ponto de vista ético, muitos *posts* não tinham razão de ser. Até hoje me dizem de coisas que não precisavam ser expostas à luz do dia. Algumas delas eu redigi, outras apaguei, outras tantas apenas dei uma explicação mais detalhada. Para dizer que tudo pode ser dito – mas nem tudo pode ser dito de um só jeito.

Na noite de 21 de junho de 2009, dois dias antes da internação, travei um combate corporal contra o transtorno alimentar. Quando vomitava, percebia que conseguia constranger o coração até ele parar de bater. Enfurnada em casa, foram mais de 150 episódios de vômito induzido. Queria ver que sobreviveria: a doença ou eu. Fui eu a sobrevivente, e assim enfiei o dedo na garganta pela última vez na minha vida. Estava, portanto, pronta para ser internada. Não era de admirar que ninguém acreditou em mim quando cheguei no hospital de Stjørdal e disse que havia parado de vomitar.

Devo dizer que do ponto de vista pessoal isso significava muito, mas em termos de alcançar a cura não tinha muita importância. Fiz exercícios e treinei feito uma louca, o que pode ter um efeito tão pernicioso quando uma sucessão de vômitos.

Assim como os diários de Levanger, os *posts* do blogue foram escritos para os outros, não apenas para mim. Nos registros privados eu anotava a quantidade de exercícios, o peso real, meus pensamentos e sobretudo as experiências que não poderia compartilhar. Estas últimas eram assuntos demasiado privados, mas tinham a ver com o medo de perder minha vaga enquanto paciente. Não me atrevi a ser dura demais contra o hospital ou o sistema, afinal a minha vida estava nas mãos deles. Muitas vezes até nem achei o tratamento que recebi digno de críticas.

Hoje penso diferente. Por exemplo, deveria ter deixado bem claro que deveria ser tratada contra transtorno obsessivo-compulsivo. O texto de 7 de julho mostra muito bem a clareza que eu tinha, e a minha estranheza por terem transcorrido dois inacreditáveis anos até eu começar a ser tratada contra transtorno obsessivo-compulsivo. A falta de um ambiente próprio para isso no hospital também vem à tona. Quando releio tudo isto, oito anos depois, custo a acreditar. Como a equipe multidisciplinar pôde permitir que um grupo de pacientes excluísse e voltasse sua raiva contra alguém recém-internado?

A partir de 8 de julho, a equipe começou a impor limites para o que considerava saudável. Deparei várias vezes com esta tática, de enfatizar a conduta problemática e tentar corrigi-la, perdendo o foco da conduta padrão e dos objetivos futuros, mas aqui ela era um comportamento quase sistemático. Relendo o registro de 16 de agosto, quase caí na risada. Não é estranho que um paciente de transtorno alimentar se sinta mais grave quando é percebido desta forma?

Eu me senti, infelizmente. Ao mesmo tempo que não quero depreciar os benefícios e o alcance do trabalho feito pelo hospital, referendado pelo testemunho de inúmeros pacientes, para mim ele mais atrapalhou do que ajudou a enfrentar a doença. E ainda mais grave: minha confiança em outras pessoas em geral, e na equipe médica em particular, foi tão abalada que, para reconquistá-la na internação seguinte, me senti como tendo que atravessar uma parede de concreto. Não apenas eu estava mais magra – a parede também era mais grossa.

Mas, antes, bem-vindo ao hospital número dois, Centro Regional Especializado em Transtornos Alimentares de Stjørdal. Começamos na primavera antes da internação.

PRIMAVERA DE 2008

Para o transtorno alimentar.

Acho que vou preferir que você escreva. Para organizar melhor as coisas. Eu e você. Ingeborg e o transtorno alimentar. Amigos ou inimigos, companheiros, *partners in crime*, meu terceiro irmão. Que termos horríveis. Mas o que somos, afinal? O que é você?

Você é um diagnóstico, eu sei. *Sorry*, eu sei que você pode não gostar, mas aceita de bom grado ser reduzido a isso. É necessário se quiser manter a sua existência. Pois se você assumisse completamente o controle, eu estaria morta. E, já que está em mim, morreria junto comigo, você sabe muito bem. Por isso, de vez em quando você afrouxa as rédeas. Me dá um pouco de liberdade, só um pouquinho, para eu me lembrar de quem sou. Renovar a energia. Pois você precisa dessa energia, e faz bom uso dela.

Merda, como isso tudo está errado. Eu sinto você me segurando enquanto escrevo. Você sabe quem irá ler isso, e quer controlar até o teor da mensagem. Estou aqui lutando com a mão que segura a caneta. Você está na minha cabeça. Os neurônios do meu cérebro são como as cordas que suspendem o Pinóquio, você os manipula como bem entender. Eu estou me sentindo paranoica pelo que penso, digo e faço. Quando é você? Quando sou eu? Somos sempre nós dois?

Carta para um portador de transtorno alimentar, é isso? Quem se importa de escrever para alguém que não irá responder? Preferia ter uma secretária aboletada no meu ombro, uma dessas que trabalham nos tribunais, taquigrafando na velocidade da luz tudo que é dito. No nosso caso, cada palavra que eu peso. As conversas são elegantes. Como num casamento em ruínas. Um passatempo de conversas torturantes. Conforto e companhia na sala de convivência. Provocações e críticas. Elogios e tapinhas nas costas, reprovações e estímulos.

Está satisfeito agora, ou o quê? A carta obedeceu às suas premissas, ou às nossas. Talvez às minhas, se pelo menos eu soubesse onde estou.

QUINTA-FEIRA, 16 DE ABRIL DE 2009

Ok. Já tomei a decisão – vou começar a postar no blogue. O primeiro *post* é uma mistura de pura estupidez, mal-estar e sentimento de obrigação. O que conta mesmo é este último.

O que faz alguém postar em um blogue algo tão particular? Divulgar a vergonha que eu sinto intimamente? Expor uma maníaca que habita no meu interior e não se conforma às pressões externas? É assustador. Muitas pessoas irão reagir mal às minhas ideias, às minhas experiências, ao meu cotidiano. Não porque sejam tão incomuns, afinal qualquer um pode ser um blogueiro hoje em dia =). O que eu quero compartilhar é a loucura da minha vida. Meus pensamentos compulsivos e as minhas experiências loucas. Clinicamente louca, sim, não apenas a "louca" da piada ;).

A razão é que eu quero sair disso. Quero sair, escapar, fugir. Fumantes que querem largar o cigarro, eu sei muito bem, recebem um enorme apoio nos blogues que mantêm. É impróprio comparar uma coisa à outra, você acha? Não concordo. No fim tudo se resume ao desejo de modificar uma parte do corpo, ou um pensamento, ou um padrão de comportamento e ou até mesmo uma faceta da identidade. Quer vir comigo? Será uma jornada aos trancos e barrancos.

SEGUNDA-FEIRA, 27 DE ABRIL DE 2009

Há muitos detalhes associados ao meu diagnóstico, mas a primeira coisa que me vem à mente é o transtorno alimentar. Ele pode ter a ver com o que comemos para emagrecer, como fazemos para expulsar essa comida do corpo ou o que fazemos para burlar as pessoas e as circunstâncias. E isso são apenas três gotinhas num oceano. Eu sei fazer milhares de outras. Quase tudo que faço é por conta própria, mas já li tudo que tem a ver com corpo e comida, visitei páginas na internet que celebram os transtornos alimentares e conversei com um grande número de doentes sobre o que fazem e como se sentem. Tudo isso, além de dez anos de contato direto com a doença, me deu uma certa experiência no assunto. Posso talvez até me considerar uma especialista.

O problema é que eu uso essa minha competência de uma maneira totalmente errada. Eu a uso contra mim, não em meu favor. Quanto mais eu sei, mais obcecada fico. Aprendo algo novo que decido pôr à prova e então fico repetindo esse comportamento que, de repente, se transforma numa pulsão, que não consigo abandonar até conseguir substituí-la por outro comportamento obsessivo-compulsivo. Tudo é uma questão de detalhes.

Por isso mesmo vou tentar não descer ao nível dos detalhes. Isto porque uma simples advertência pode funcionar como inspiração para quem está doente. *Thinspiration*. Só de ouvir essa palavra tenho calafrios.

QUINTA-FEIRA, 30 DE ABRIL DE 2009

Hoje falta uma semana para entregar o trabalho de conclusão de curso, e ainda não consegui terminá-lo. Há meses o médico vem dizendo que eu não iria conseguir, que meu corpo não suporta mais. Ele tem razão. Eu preciso fazer uma pausa nos estudos e me internar. Cada vez que ele fala que quer me internar eu dou um jeito de sumir do mapa. Como fiz agora antes do feriado de Páscoa. Por pouco, por muito pouco, ele não me internou à força. Ele queria me mandar para uma avaliação psiquiátrica porque não se sentia em condições de decidir sozinho. Oh, sim, eu conheço os critérios. Felizmente ou infelizmente.

QUARTA-FEIRA, 6 DE MAIO DE 2009

Recebi um *e-mail* ontem à noite. Remetente desconhecido, mas o endereço me fez suspeitar que fosse alguém jovem, provavelmente uma garota. Claro que podia ser um menino com uma "inclinação" – vamos dizer assim – para usar apelidos delicados, mas não é essa a questão.

O texto da mensagem era assim:

"Oi! Li o seu blogue e vi suas fotos. Acho que você é muito bonita, de corpo e tudo!" Ok, legal, pensei comigo. Mais adiante estava escrito: "Pensei comigo qual seria a sua altura e o seu peso. Seria muito legal se você pudesse responder! Não vou escrever nada nos comentários ou coisa parecida, apenas fiquei com vontade de saber :) Agradeço muuuuuuito :)

Kozi"

Fiquei parada um bom tempo só piscando os olhos. Pesei bem os prós e os contras (belo trocadilho aqui!) do que responder. Meu primeiro impulso foi deletar o *e-mail*.

Mas se não fosse apenas uma curiosidade inocente de uma menina de catorze anos que não tivesse a quem mais fazer esse tipo de pergunta? Impossível saber. Uma outra hipótese é que ele, ou ela, estivesse doente. Me veio logo à mente aquele pensamento obsessivo, como se estivéssemos disputando quem pesa menos. Uma terceira, e definitivamente a pior opção de todas, era que a pergunta fosse franca e sincera, mas de alguém interessado em perder peso para parecer mais bela e atraente. Um garoto ou garota que, em outras palavras, estava começando a trilhar um caminho que eu não desejaria ao meu pior inimigo.

Nenhuma dessas três opções teve mais ou menos importância para me fazer responder. Eu teria escrito o mesmo de qualquer maneira.

"Oi! Li o seu *e-mail* e preciso dizer que fiquei um pouco triste com a sua dúvida. Não vou perguntar por que você quis saber isto, é uma questão que você deve refletir sozinha. Procure conversar com alguém! Vou responder da melhor maneira possível. Primeiro: o meu peso diz respeito apenas aos profissionais que cuidam da minha saúde e não absolutamente nenhuma importância para você. Eu sou eu e você é você. Mais: achei legal que você me achou bonita, mas não fiquei feliz. Estou doente e meu peso é um risco à saúde. Estar doente não é ser bonita, não importa o quanto eu, você ou qualquer pessoa possa achar diferente.
Te desejo tudo de bom.
Ingeborg"

Fiquei sentada diante da tela com um gosto amargo na boca. Será que fiz bem em responder, afinal? Terei bancado a psicóloga agora? A minha resposta não teria piorado as coisas para a pessoa que me fez a pergunta? Além disso eu não estava tão convencida quanto a resposta deixava transparecer. A parte doente do meu ser me arrastava para uma direção contrária. Primeiramente, ela não queria revelar meu peso porque isso era assunto nosso, e diz respeito só a nós duas, a mim e à doença. Em segundo lugar, a cabeça ficou borbulhando de ideias: como seria essa pessoa? Alta? Obesa? Qual o IMC dela? Pesava menos do que eu? Eu deveria pesar menos que ela? Eu deveria comer um pouquinho a mais? Nem que fosse estritamente necessário? Ela tinha preocupações com comida? Quais? Como? Em que nível? A tempestade na cabeça não cessava.

SÁBADO, 16 DE MAIO DE 2009

Todos os feriados têm uma coisa em comum: comida. É claro. Nós, humanos, sempre nos unimos para celebrar em torno da comida. Peru de Natal, ovos de Páscoa cheio de guloseimas, cachorro-quente com refrigerante durante a parada do 17 de Maio.[11] E bolos. Jantares. *Brunches.* Comida, comida, comida. Na TV, em anúncios na rua, no rádio. "Como deixar o pernil crocante?"

O olhar de tristeza da minha mãe quando eu não quis provar o bolo de aniversário que ela fez para mim. Com farinha integral e ricota, ainda por cima. E estou falando dos familiares mais próximos.

---

11 N.T.: Dia Nacional da Noruega.

Não me sinto parte da sociedade. Eu magoo as pessoas que amo. Eu não gostaria de me convidar para um jantar, para dizer o mínimo. Será que ela vem? Será que vai querer comer alguma coisa? Será que vai vomitar? Ou fez exercícios para queimar todas as calorias que vai comer aqui? Depois da refeição será que não vai ficar se sentindo tomada por culpa e remorso?

TERÇA-FEIRA, 19 DE MAIO DE 2009

Eu que estava me animando para o feriado do 17 de Maio... Finalmente visita da mamãe. Feriado nacional. Fomos a um restaurante, e foi até legal, surpreendentemente. Finalmente alguns dias de alívio pela frente.

Só estava conseguindo dormir umas três ou quatro horas por dia. Nem mesmo a fadiga consegue dominar a doença quando ela exibe toda a sua força. Exaustão não combina com os trajes típicos que usamos no 17 de Maio. A doença me deixa tão pior quando estou cansada. Eu chego a desaparecer.

Quero muito voltar no tempo e ser aquela menina que adorava esse feriado. Isso é que é o pior: o tempo que escorre pelas nossas mãos. A doença é um ladrão que rouba o tempo, meu e de outras pessoas. Um tempo que deveria ser de alegria. Ela se nutre disso. Ela se alimenta de mim. Parasita filha da puta.

Querida doença. Um dia eu vou ser mais forte. E aí vou te dar o troco.

QUINTA-FEIRA, 21 DE MAIO DE 2009

Eu passei pela triagem do hospital. O Fride concordou com a Marthe em ficar comigo em Stjørdal.

O cara tem um nome estranho, mas parecia um sujeito legal. Depois de um começo arrastado, respondendo as mesmas perguntas que já tinha respondido umas mil vezes antes, ele fez uma ou duas piadinhas.

Agora eu já sei um pouco mais o que é uma triagem. Parece uma entrevista de emprego. Ambas as partes se apresentam, o candidato é entrevistado, faz-se um descritivo da função e repassa-se o contrato, depois uma visita guiada pelo local e uma breve apresentação dos futuros colegas. As partes, o senhor-de-nome-engraçado e eu, nos demos muito bem, parece um bom sinal.

O ambiente era um outro mundo se comparado a Levanger: amplo, iluminado, tudo novo, quartos individuais com banheiros azulejados. Quase tão legal quando minha própria casa, exceto pelo quarto um tanto impessoal. Os potenciais colegas pareciam legais. Não parecia que iriam querer me empurrar fatias de pão e leite, mas era só uma questão de tempo.

A cooperação é o mais importante de tudo, e é precisamente isso que reza o contrato. Ele determina o ganho de peso semanal que preciso atingir e de quais atividades tenho que participar. Se não conseguir cumprir esses objetivos, me enviam para a semana de reflexão em casa. Se não conseguir cumprir o prometido depois dessa semana, me expulsam definitivamente. Não é legal.

Se quiser, também posso pedir para sair. Esta cláusula do contrato é demissão. Quem no mundo não gostaria de abandonar um trabalho em tempo integral, de três turnos não-remunerados, fazendo tudo aquilo que não gosta de fazer?

QUINTA-FEIRA, 28 DE MAIO DE 2009

"They tried to make me go to rehab, and I said yes". Claro que de início eu disse "*no, no, no*", mas agora, no frigir dos ovos, tive que dizer sim. *Rehab*, aqui vou eu.[12]

As datas já estão definidas: entro dia 22 de junho e saio dia 25 de setembro. Eis aqui um pouco do que me espera:

Vou ser recebida pela enfermeira-chefe. Vão me mostrar o meu quarto e vou deixar a bagagem lá mesmo. Depois vão me dar algumas instruções práticas, fazer anamnese e alguns exames, assinar a papelada e cumprir vários procedimentos padrão para a internação. Aí o relógio se aproxima das 12h e começa o inferno. Meio-dia é hora do almoço. Se o Stjørdal for igual ao Levanger neste ponto, será a minha primeira refeição. Na cozinha, junto com os pacientes e os empregados.

Quando o almoço terminar, se eu sobreviver para contar, certamente vão querer me apresentar aos empregados e voluntários. Depois vai ser a janta. Depois a ceia. E aí cai a noite.

SÁBADO, 30 DE MAIO DE 2009

Parei de tremer agora. Já não dói tanto mais. Não me sinto cansada, apenas vazia.

O sol brilha discretamente pela janela externa. Pássaros trinando. Quase não sopra o vento. Bela maneira de começar um dia. Ou de pôr fim a uma péssima noite.

---

12 N.T.: A autora aqui faz uma alusão à canção *Rehab*, de Amy Winehouse. Entretanto, no original, a cantora se nega ir para à reabilitação, enquanto Ingeborg faz o contrário, dizendo: "Quiseram me internar na reabilitação, e eu disse sim".

DOMINGO, 31 DE MAIO DE 2009

Esta manhã não foi igual à que passou. Os mesmos pássaros trinando. Sol.

Exausta. A noite foi idêntica à anterior. A mesma merda. Demorou a passar e passou rápido demais.

A sensação é a mesma de antes.

Repeat.

A doença é assim. As doenças, para falar a verdade. Caminhando em círculos, para um lado e para o outro, para cima e para baixo, em ondas, numa espiral, sei lá o quê mais. Chame do que quiser. A questão é que a história se repete. E se repete. De novo e de novo.

Fica eternamente no *Repeat*. Uma tecla que é só pressionar e aciona a irritação. Posso escolher outra coisa?

O botão de *Play* é outra coisa. O de *Rewind* não funciona. Não posso rebobinar de volta para o começo, por mais que eu queira. O mesmo vale para o *Fast Forward*. Seria bom simplesmente pular para o capítulo em que eu estou curada. Mas isso não vai acontecer. *Pause*. Difícil de dizer. Pausa de quê? *Stop*. A tecla mais perigosa de todas. Ela só pode ser pressionada uma vez.

QUARTA-FEIRA, 10 DE JUNHO DE 2009

Não gosto do meu corpo. Chocada. Não preciso me aprofundar nisso, a não ser parar dar um pouco mais de contexto, não para explicar como as coisas aparentam ser. Eu não gosto do meu corpo quando ele não faz o que eu quero. Coisas que eu sei que ele pode. Quando ele está "cansado". E aí ele dá as cartas. O corpo se ressente do descanso que não obtém, da comida que lhe é negada.

Não quero ter um corpo melindroso.

Tome-se o dia de hoje. A noite foi improvavelmente curta. Estarei sendo generosa se disser que conseguir conciliar três horas de sono. Tomei dez minutinhos de sol quando abriram o pátio externo, às 6h, apenas para passar o tempo. Tentei ler, mas os olhos estavam inchados. Não conseguiam encontrar o foco, ardiam e estavam avermelhados nas bordas. Deixei de fazer um montão de coisas práticas, como imprimir uma papelada para dar entrada no seguro de saúde.

Depois fui treinar. Grande mancada. Cheguei toda empolgada, animada para começar com pilates, meu exercício favorito. Tentei um tempo com a bola suíça, mas ainda é muito difícil (a coordenação ainda não está calibrada, muito menos se tenho que fazer os rolamentos ao mesmo tempo), porém, no geral eu fui até bem, e consegui fazer variações dos exercícios. Hoje, no entanto, o corpo negou fogo. Fiquei enrolando quase o treino inteiro, não completava as rotinas e só fazia os exercícios mais fáceis. Enquanto o corpo fraquejava. "Falta muito?" Choraminguei como uma criança sentada na cadeirinha do banco de trás do carro, louca para chegar em casa. Legal. Fui para casa assim que acabou o treino. Cabisbaixa. Mal levantando os pés do chão.

SÁBADO, 13 DE JUNHO DE 2009

Deveria ter pegado no sono. Quero dormir já. Mesmo assim já me levantei da cama umas quatro vezes. Fechei a janela. Pus algumas roupas para lavar na máquina. Conferi se a panela elétrica estava desligada. Abri a janela de novo. Não consigo afastar os pensamentos da cabeça. Pensamentos doentios. Pensamentos que não quero pensar.

A janela ficou aberta e a única coisa que ouço é a chuva e os pássaros cantando.

Os pensamentos são os mesmos de sempre. Peso. Peso. Logo, logo vou ganhar peso. Muito E rápido. Meio quilo por semana, para ser exato. Talvez mais, mas não menos. É tão apavorante. Insano.

Às vezes. Outras vezes eu fico feliz por parecer mais forte, talvez mais bonita, e evitar atrair aqueles olhares preocupados de pessoas conhecidas e desconhecidas. Mas a questão mesmo é o peso. Por que ele precisa mudar? Sei que vai parecer absurdo, mas não tenho tanto medo de engordar. Só não quero aumentar de peso.

Me sinto cada vez mais nervosa ficando aqui. Estou escrevendo cada vez mais errado, trocando as letras, ponto vírgulas onde não existem. É a concentração que está falhando. Quando se está doente, não é comum se sentar e escrever. Especialmente sobre a doença.

TERÇA-FEIRA, 16 DE JUNHO DE 2009

Hoje sou oficialmente uma enfermeira. Terminei meu curso e me graduei com nota máxima. Disseram que eu não conseguiria. "Você não vai conseguir se formar em Enfermagem se ficar aí desmaiando. Não vai conseguir escrever prontuários de pacientes na ala psiquiátrica ou com sintomas somáticos. Se as suas habilidades cognitivas não funcionam direito, como vai ser aprovada no exame oral?"

AQUI. NA. SUA. CARA.

QUINTA-FEIRA, 18 DE JUNHO DE 2009

Depois das horas assustadoras que passei ontem, tive medo até de sorrir. Ter conseguido trabalhar tanto, com competência e alegria, não significava nada. Não quero nem mais respirar. Essa merda desse meu coração bem que poderia parar logo de bater. Tudo que me diz respeito é nojento e feio, eu não quero existir, muito menos sorrir.

É insuportável. Quando me sinto bem, tudo desmorona. Fico feliz e tudo vem abaixo. Basta sorrir para a tristeza bater à porta.

Será que já não devia ter aprendido. A solução seria parar de sorrir? Talvez até me ajudasse. Devia tentar melhorar, experimentando uma sensação de felicidade ou me divertindo com as pessoas de quem gosto. Simplesmente eu elimino tudo o que é bom. Neste caso a descida não vai ser tão íngreme, e talvez o sentimento de derrota não seja tão intenso.

SEXTA-FEIRA, 19 DE JUNHO DE 2009

O que *você* vê nem sempre é o mesmo que *eu* vejo. Como a minha magreza. É uma imagem objetiva *versus* uma impressão subjetiva. Talvez você me enxergue, como disse muito bem uma amiga minha, como uma prisioneira de Auschwitz, mas eu me vejo num corpo comum, gordinho e bem nutrido. Você se assusta com o número que marca a balança, mas eu dou de ombros. O número não combina com o jeito que eu me sinto, então qual é o problema?

Objetivamente falando, quando faltam uns quilinhos aqui e ali, e você não quer ser considerada abaixo do peso, significa que há algo de errado com a sua gordura subcutânea. É uma pena. A gordura subcutânea é importante, entre outras coisas para proteger e isolar o corpo. Se houver algo de errado com ela, sua proteção ficará prejudicada e a sua pele, fragilizada. Quando desaparece a gordura subcutânea, que mantém o calor corporal, é óbvio que o corpo esfria. Um frio permanente, entorpecedor.

Ossos salientes e pele esticada não são uma boa combinação. Você já tentou caminhar com sapatos apertados durante algumas horas? A pele se solta, surgem calos, eles estouram e em seguida a coisa só piora. A pele descama. Pústulas. Inflamação. Feridas. Cicatrizes. Para mim é como se fosse um sapato novo. As pelancas roçam nos ombros e nas espáduas. Os ísquios machucam a bunda. As costelas ficam cheias de escaras se eu me esqueço de forrar o chão com uma pilha de edredons grossos. A cama acaba sendo dura demais para os ossos do quadril. E o sutiã... produz pústulas sob os seios. O único lugar que não tenho pústulas, ironicamente, é nos calcanhares.

O frio nórdico não é exatamente um problema, eu sei me vestir muito bem. Malhas de lã nos braços e nas pernas, um ou dois suéteres e uma calça sobre a outra. Não sinto frio. Não acho que estou congelando. Mas meu corpo não acredita em mim. Não importa a tonelada de roupas que ponho sobre mim e quanto o termostato esteja marcando, o corpo sabe o que está se passando: ele perdeu o isolamento térmico. Por isso recorreu ao plano B e pôs em funcionamento um sistema de aquecimento alternativo. Uma penugem, tal como um filhotinho de ganso, estou coberta de uma camada de penugem macia, uma solução de emergência enquanto estiver carente de gordura subcutânea. Da cabeça aos pés. Tenho sorte de ser loura. Pelinhos louros podem passar quase imperceptíveis. Imagine se eu tivesse cabelos pretos.

Pústulas e pelos pretos por todo o corpo. Felizmente, reversível. Quando a proteção estiver no lugar, tudo que estiver ao redor do meu corpo não irá mais corroer a minha pele e feri-la com meus ossos. O mesmo vale para o isolamento térmico. Quando o plano A for novamente acionado, não precisarei mais do plano B e esses pelinhos desaparecerão. Vai ser bom não se sentir como um filhotinho de ganso desengonçado.

DOMINGO, 21 DE JUNHO DE 2009

Agora que estou aqui, apenas doze horas depois de ter temido pela própria vida, ou de não ter sentido medo algum, a sensação é de ter atravessado um pesadelo.

Essas palavras, levei horas para escrevê-las. Entremeadas por pensamentos. Nunca fiz nada parecido. Nunca ousei escrever, entre um instante e outro de obsessão e compulsão. Não foi um poema. Nem um olhar em retrospecto. Foram sentimentos. Experiências. Que foram acontecendo.

Quis vomitar umas 150 vezes durante esta noite interminável. Senti engulhos e quis me virar pelo avesso, 150 vezes. Cento e cinquenta vezes apertei meu diafragma com as mãos para expulsar tudo o que estava preso dentro de mim. Cento e cinquenta vezes cuspi, escarrei, expeli comida ou sangue. Cento e cinquenta vezes achei que minha cabeça ia explodir de tanta pressão. Cento e cinquenta vezes me verguei, pelejando para me firmar de pé novamente. Cento e cinquenta vezes me sentei no vaso com as pernas tremendo. Sentia muito calor. O suor tingiu de escuro as costas da camiseta cinza. A parte da frente ficou salpicada de manchas. O olhar fixo nos joelhos. Depois, cabeça erguida. Repeti tudo várias vezes, inúmeras vezes, sem parar. Cento e cinquenta vezes pus em risco meu coração, que quase parou em consequência da sobrecarga ou do desequilíbrio corporal. Cento e cinquenta vezes temi pela minha vida, ao mesmo tempo que não desejava mais viver.

Disse adeus a uma parte de mim nesta manhã. Adeus para alguém que fez parte de mim durante metade da minha existência. Partes da infância. Toda a juventude. O período escolar. O começo da vida adulta. Esta manhã eu disse adeus aos vômitos. Disse basta.

Agora é um novo tempo. A luta que tenho pela frente não ficou menor, mas a doença não poderá mais me partir ao meio. Agora ela dispõe um recurso a menos para me dominar. Uma arma a menos para me envergonhar e esmagar a minha autoestima.

O que acontecerá agora? Continuarei sendo eu mesma? Irei mudar a minha personalidade? O que será daquilo que eu antes tanto vomitei?

DOMINGO, 21 DE JUNHO DE 2009

Faz algumas semanas. Mamãe chorou. Eu, uma garota de 24 anos, deitada no colo dela. Nós duas, abraçadas. Ela me olhando nos olhos, acariciando meu cabelo. Nunca deixarei de me comover com as palavras que disse. Ela me pediu uma só coisa: "Por favor, me prometa uma coisa, Ingeborg?" Minha linda... Meu tesouro... Antes de morrer quero lhe ver bem."

INÍCIO DA DÉCADA DE 1990

Fiz cocô mole. Estou de joelhos, tremendo e tentando me equilibrar sobre os pés. Na ponta dos pés. Um calcanhar está machucado. Os tornozelos se tensionam ao máximo para erguer o corpo de uma menina gordinha o mais alto possível.

Ou impossível.

Seguro a guarnição da porta do armário com tamanha força que as falanges da mão esquerda ficam esbranquiçadas. Os olhos cinza-azulados olham absortos para o que deveria ser um compartimento secreto. Cinco dedinhos esticam-se o máximo que podem.

E ainda mais além.

Prendo a garrafa entre os dedos, solto a mão da porta, os pés escorregam no cocô pastoso, o corpo cai no chão, com força, mas nada acontece, ela tem o que quer nas mãos, conseguiu pegá-la, firmemente, finalmente.

As letras escritas na garrafa azulada não fazem sentido algum. Ela não sabe ler ainda. Em vez disso fica olhando o desenho, não há como se enganar, o coração palpita forte. O aviso em forma de uma caveira sorri para a jovem que retribui com fascinação. O cabelo platinado encobre a testa alvíssima quando ela baixa a cabeça. Ela examina o tesouro que tem nas mãos.

Pela primeira vez ela experimenta a sensação de ter o controle sobre algo. Talvez ela não possa impedir o que irá lhe acontecer na vida, mas pode impedir a si mesma de viver.

DOMINGO, 21 DE JUNHO DE 2009

Chegou um novo paciente na segunda-feira. É um menino? É uma menina? Quantos anos tem? O corpo é demasiado magro, gordo ou apenas normal. Tem anorexia? *Drama queen*? Tristonha? Mãe? Poço de amargura? Compulsiva? Estrangeira? Artista? Alta? Baixa? Lolita? Bulímica? *Bergenser*?[13] A fim de ver *Sex and the City* sem parar?

Estas perguntas, e milhares de outras, sempre vêm à tona quando um potencial novo paciente é apresentado a nós pelos empregados, seguindo a rotina de confidencialidade que são obrigados a cumprir.

Nós sempre tentamos. Perguntamos indiscrições, na esperança de saber um pouco mais daquela pessoa que está vindo morar conosco. Fofocamos e especulamos, mas a resposta era a mesma: "É alguém com transtorno alimentar". Os pacientes olhavam de soslaio e piscavam como moleques de jardim de infância. Uma pergunta, no entanto, sobressaía às outras: "Será que ele ou ela vai comer alguma coisa na primeira refeição?".

Desta vez os papeis são diferentes.

Chegou uma nova paciente na segunda-feira. E esta paciente sou eu.

13 N.T.: Natural de Bergen, principal cidade da costa oeste da Noruega.

SEGUNDA-FEIRA, 22 DE JUNHO DE 2009

Conheci os outros pacientes com antecedência. Foi tudo horrível, como eu temia: ocupei meu lugar na mesa sem sequer saber o nome dos meus vizinhos. Não só por isso. Eu não tinha condições nem de perceber o que estava acontecendo. O que me ocupava a cabeça era a comida.

Um prato, quatro fatias e meias de pão, duas de pão integral, duas que pareciam pão de farinha branca. Um copo de iogurte e uma xícara de chá. Seis rodelas de ovo, com as maiores gemas do mundo, duas fatias de presunto, quatro rodelas de tomate, cinco de pepino. Uma embalagem de m-a-n-t-e-i-g-a. E um pacotinho de sal.

Problema 1: a quantidade de comida. Uma insanidade.

Problema 2: o tipo de comida, as fatias de pão. Pão. Não comia, pelo menos não mantinha no estômago, havia uma eternidade.

Problema 3: eles preparavam as fatias de pão. Ou seja, gente desconhecida manuseava o que eu iria pôr na boca. Logo eu, que não consigo pegar na comida sem ter lavado as mãos com detergente, água fervente e álcool.

Problema 4: pratos, talheres, copos, xícaras. Controle zero sobre como eram lavados. Talvez nem os escaldassem com água fervente.

Problema 5: minhas próprias mãos. Não me deixam trazer a garrafa de álcool gel para a cozinha.

Problema principal: tinha que me haver com isso três vezes ao dia. Fora o jantar.

Mas o pior de tudo era a vergonha. A vergonha de não conseguir. De não dar em lugar nenhum. De não conseguir ingerir a comida. De não comer normalmente. De nem sequer tocar o prato. Que aliás foi o que aconteceu. Mal toquei nele. Quando terminei de comer, olhei para o prato e achei que havia mais comida do que antes. E ao mesmo tempo queria me integrar, participar das conversas em torno da mesa. Não tem que ser impossível. As pessoas fazem isso todos os dias. Por que eu não consigo? Isso me deixa irritada. A vergonha sobe à cabeça. Mais uma derrota.

SEGUNDA-FEIRA, 22 DE JUNHO DE 2009

Pedi para sair hoje de manhã. Minhas piores expectativas se confirmaram. Nenhum dos demais pacientes irá assistir comigo ao *Paradise Hotel*.[14] O que afinal acontece com essa gente? Eles deveriam estar era em um hospício.

Como se isso aqui já não fosse. Quatro refeições terminadas. Quatro refeições que fizeram com que me comportasse como uma criancinha malcriada. Não respondo quando falam comigo, remexo a comida, tiro a cobertura do pão, amasso as gemas dos ovos, despedaço as fatias, fico sentada agitando as pernas. Tudo bem, criancinhas malcriadas não são tão malcriadas como eu. Elas pelo menos conseguem segurar o copo sem derramar o líquido, quem sabe até bebê-lo.

Não quero ir embora. Quero chorar, fugir, me esgoelar até eles manterem essa merda dessa comida o mais longe possível de mim. Mas não quero ir embora. Quero quebrar o prato, jogar o copo na parede e enfiar os talheres no rabo das enfermeiras. Mas não quero ir embora. Quero vomitar a comida, estou cagando para ter que comer, quero me ver livre do que ainda resta de mim. Mas não quer ir. Não quero terminar aqui.

Quero ficar. Vou ficar.

Então tanto faz se eu tiver que assistir ao *Paradise Hotel* pela internet ou pela TV.

TERÇA-FEIRA, 23 DE JUNHO DE 2009

Dez minutos para a primeira pesagem.

O ganho de peso mínimo será determinado na segunda-feira, quando eu assinar o contrato. Acho que será de meio quilo por semana. Quer dizer, espero. Em Levanger eram setecentos gramas.

O mais estressante é quando você não consegue atingir a meta semanal e ela fica acumulada para a semana seguinte. Isto é, se eu só conseguir engordar cem gramas na próxima semana, ficarei devendo novecentos gramas para a semana seguinte. Se passar muito tempo sem cumprir as metas, vou ser mandada de volta para casa.

Não sei por que estou me sentindo tão pior hoje. Parece até que eu nunca me pesei antes.

---

14 N.T.: A autora alude a um *reality show* muito popular na Escandinávia, em que os participantes devem permanecer a maior parte do tempo num hotel tropical de luxo.

Dez minutos depois da primeira pesagem. Eu sabia. Pesei menos aqui do que em casa. Não muito, uns cem gramas.

QUINTA-FEIRA, 25 DE JUNHO DE 2009

Da ala dos pacientes psiquiátricos para a ala dos pacientes somáticos. Num intervalo de oito dias, tudo é possível.

Terça-feira eu era enfermeira. Não demorou nem seis dias para me transformar numa paciente psiquiátrica. Pressão aferida, triagem, anamnese, exames de sangue e de urina, pesagem. Já estava preparada para tudo isso. Ser uma paciente somática, no entanto, me pegou no contrapé.

Minutos depois de voltarmos da excursão à cabana, uma enfermeira se aproximou da mesa. Ela parecia estressada. A voz estava estressada também. Com raiva. "Vimos os seus exames de sangue, conversamos com o médico, você vai ser internada na ala dos somáticos." Perguntei quando seria, e a resposta foi: "Agora". Eu disse que não.

Lamento. Não há o que fazer lá. Mas não havia alternativa. Me deram apenas uns dez minutos para tomar uma ducha e trocar de roupa. Não queria chegar no hospital com o cabelo cheio de folhas e cheirando a fumaça de fogueira.

A viagem até o hospital de Levanger foi breve. A enfermeira e eu nos entreolhamos, com ódio uma da outra. Quer dizer, quem estava com raiva era eu, pois estava mesmo. Nem sabia direito porquê estavam me internando. Soube depois que corria risco de ter uma parada cardíaca. Mas era exatamente isso que me deixava furiosa, pois tinha certeza de que o resultado dos exames seria péssimo. Haviam sido colhidos na segunda, um dia depois de eu ter vomitado 150 vezes. O que esperar do nível dos eletrólitos no meu sangue? Eles precisavam de tempo para se normalizar, eu bem que tentei dizer. Mas ninguém me deu ouvidos. Sou apenas uma paciente.

QUINTA-FEIRA, 25 DE JUNHO DE 2009

Acabei de voltar de um passeio em que entrei em pânico, chorei, gritei, urrei aos prantos, uivei no meio do nada. Contra tudo e contra todos. Nunca tinha ouvido alguém chorar assim. Nunca, nem eu mesma tinha chorado assim. Eram gritos de desespero, urros de quem parecia estar à beira da morte. Parecia, não. De quem estava à beira da morte. No meio do mato, longe de qualquer ser humano. Não poderia estar entre quatro paredes. As paredes todas estão marcadas de preto das solas dos meus sapatos. As minhas mãos estão roxas dos socos que dou nas paredes. Queria fugir. Desta vez não de mim mesma. Queria fugir das pessoas que não querem me conhecer, que se recusam a lutar a minha luta, que querem fugir da raia, na direção oposta à minha.

Vomitar é uma arte que aprendi a dominar. A solução que encontrei para fugir de mim, me esconder da dor e da felicidade. De todas as emoções. O hospital me força a seguir o mesmo rastro de antes. Rastro que deixei para trás na noite da luta entre a vida e a morte para me livrar da compulsão mais forte que já se apossou de mim. Minha maior inimiga. Uma inimiga que me queria morta em vida para poder sobreviver. A compulsão que habitou em mim durante tantos anos. A compulsão que comandou quase metade da minha vida. Uma compulsão que aqui eles levam meses para tirar das pessoas. Eu libertei a mim mesma. E agora querem impô-la a mim novamente. Estão me empurrando para um abismo do qual eu já havia me afastado quilômetros.

Eu estou trêmula, tentando recompor os sentidos. Não conheço mais ninguém por aqui. Eles não me dão sequer a oportunidade de conhecer outras pessoas. O banheiro fica a menos de três metros de distância. Três segundos e pronto. Lá está ele, esperando por mim, me chamando. Puseram a isca no anzol como se fosse me ajudar. Vim até eles confiando e acreditando. A confiança e a crença eles enterraram na cova que eu passei metade da vida cavando, e estava coberta de terra até a manhã deste domingo.

Me chamaram à sala da diretora do hospital. Queria conversar comigo na companhia da enfermeira-chefe. Não teve conversa nenhuma. Foi só começar a falar para eu perceber que o médico já estava de caso pensado. Lentamente, mas com firmeza, me encurralaram. A doença que habita em mim animou-se toda e abriu os braços para me acolher. Cada vez mais eu queria abraçá-la.

A diretora queria me medicar com antidepressivos, logo eu que não sou uma pessoa depressiva. Com antipsicóticos, logo eu que não sou psicótica. Com tranquilizantes, logo que que faço de tudo para me acalmar sem a pressão do transtorno alimentar. Sempre evitei tomar drogas. Quero lugar, não me apoiar em muletas, pois o que pode acontecer se elas de repente sumirem? Neste caso a doença irá voltar com toda a força. Escondido atrás das drogas ele vai ficar à espreita, preparando-se para atacar assim que o frasco de comprimidos estiver vazio. Como vou conseguir me controlar se não me derem a oportunidade?

Ela não pode me obrigar a tomar medicamentos. Meu percentual está 0,8 acima do IMC ideal. Sei disso. E estou determinada a ganhar peso. Mas esta semana é um período de testes. Não deveria haver metas de peso. Como eles podem achar que eu vou conseguir engordar se não tiver motivações externas? Nunca trataram de uma anoréxica antes?

Se tivesse comido, estaria em paz com a minha consciência. Pois teria comido e vomitado. Não iriam nem desconfiar. Eles que estão me pressionando a vomitar, a única coisa de que eu realmente tinha me livrado. Eles estão me obrigando a usar um recurso que eu havia deixado para trás, e agora me servem ele numa bandeja de ouro. Uma semana de testes deveria servir para descobrirmos o que estamos fazendo aqui. Estou descobrindo que é o contrário. Quero me curar. Apenas me deem a chance!

Tentei fazê-los entender. Deu tudo de mim. Disse à diretora do hospital tudo que achei que ela queria saber. Trata-me como uma pessoa, não como um diagnóstico. Eu tenho um diagnóstico. Não sou um diagnóstico. Eu tenho uma doença. Acreditei que fosse essa doença. Eles me fizeram voltar a acreditar nisso.

Duas bebidas nutricionais por dia, já que eu não consigo comer aqui. Claro que não consigo comer aqui. Pensamentos obsessivos sobre as mãos que tocaram a comida são muito intensos – e as exigências em relação à anorexia são muito vagas.

Não quero mais continuar habitando o universo da doença. Por que então não me ajudam a sair? Por que continuam me empurrando para dentro dele? Não preciso encontrar com eles na segunda-feira para assinar um contrato. Posso continuar fazendo como sempre fiz, lenta e arduamente tentando tirar a própria vida.

Minha energia está esgotada, e não sei mais onde buscar novas forças. Foi o que achei que encontraria aqui. Por favor, me deixem encontrá-las. Me apoiem quando eu estiver cambaleando, em vez de me darem uma rasteira. Me ajudem a levantar quando cair, em vez de me empurrar ladeira abaixo. Segurem a minha mão, em vez de cuspirem nela. Lutem a minha luta. Agora vocês estão lutando contra a doença. Vocês não sabem, claro que não sabem. Mas teriam como saber se pelo menos me dessem ouvidos. Se me conhecessem.

Compreenderiam que estão do lado do inimigo e não aliados a mim. Vocês não são sequer neutros. Estão lutando contra mim, não comigo.

QUINTA-FEIRA, 25 DE JUNHO DE 2009

Disseram que eu era uma ameaça para os demais. Para os outros, pacientes internados, assim que cheguei aqui. Eu sinto que todos estão mais magros do que eu. Muito mais. Mesmo assim. Me dizem que sou a que pesa menos. Os pacientes me perguntam: como é que você consegue se manter em pé? Têm medo de que eu desmorone. Você é o caso mais grave que já vi. Você me assusta. Os empregados dizem: você precisa tomar os remédios. Bebidas nutricionais.

Não consigo nem olhar para elas. Nem me olhar no espelho. Vejo os números, mas não os compreendo.

Tivemos uma terapia de grupo após o almoço. Deveríamos dizer como nos sentíamos naquele instante. Aqui e agora. Não queria ir. Estava apática. Um dos pacientes me deu a mão e me carregou até lá.

A atmosfera na sala do grupo "aqui e agora" era tão pesada que quase podia tocá-la no ar. Espesso. Envenenado. Carregado de ódio. Eu seria a segunda a falar. Começar uma simples frase parecia impossível. Me deixem por último, pensei. Não tenho o direito de dizer nada. Sou a mais doente, a mais fraca, a mais feia, a mais alta, eu ponho tudo a perder. A força que tanto me fazia falta ainda estava muito longe, mas eu a senti se aproximando. Os lábios começaram a se mover, recobrei o fôlego. Consegui articular algumas palavras, vacilantes e engroladas, mas pelo menos eram palavras. Disse o que estaria sentido se estivesse no lugar deles. Disse que sabia como eles se sentiam. E então canalizaram toda a raiva e frustração que sentiam contra mim, contra aquilo que está dentro de mim. Como tiveram coragem!

Meu respeito pelos demais pacientes cresceu ainda mais com o passar do tempo. Houve vários motivos, mas todos tinham a ver com a influência que eu exercia sobre eles. Nós nos aproximamos. Fortalecemos nossos laços. Eu preciso ter essa mesma força.

Não posso destruir o meu próximo. A doença não pode ter esse poder. Quando se assina um contrato, já quero ter as testemunhas como aliadas. E acho que a enfermeira-chefe pode ser esta aliada. Espero que os outros pacientes também o sejam.

SEGUNDA-FEIRA, 29 DE JUNHO DE 2009

Não posso nem tocar no alimento que vou comer. Não posso me aproximar das bebidas que tenho que beber, muitos menos comer ou beber algo que outras pessoas tenham tocado.

Mas preciso comer e beber (sim, senhor, os anoréxicos também comem. Acontece, às vezes). Para isso ser possível, adotei certas precauções.

Vamos dizer que eu queira tomar uma xícara de chá. Primeiro preciso lavar a xícara na máquina. Mas antes disso ela deve ser bem enxaguada e estar completamente limpa. Então lavo bem as mãos, preferencialmente com sabão antibacteriano, se estiver disponível, do contrário um detergente normal dá conta. Com cuidado em tiro a xícara da máquina. Faço uma inspeção rápida, por dentro e por fora da xícara, e ponho ela para descansar no balcão da cozinha.

Depois disso é a vez da chaleira elétrica. Primeiro fervo a água. Depois jogo o líquido fora para garantir que esteja estéril. Despejo mais água e volto a ferver. Estamos quase terminando. Se eu achar que ele ainda está em condições, enxáguo a xícara que ficou sobre a bancada com água fervente. Agora a xícara está pronta.

O saquinho de chá é um procedimento à parte. Mãos novamente limpas com antibacteriano – posso ter roçado em algo durante o manuseio da chaleira e da xícara. Rasgo meticulosamente a pontinha da embalagem. Puxo o saquinho pela etiqueta e o coloco dentro da xícara, tendo o cuidado de jamais tocar no barbante que o prende.

QUARTA-FEIRA, 1 DE JULHO DE 2009

Consegui uma folga. Vou passar um dia na casa do meu irmão e um dia na casa de uma amiga. Ambos têm procuração legal para me ajudar em relação à doença. Podem observar e intervir, se for o caso. Eles me veem saindo pela porta. Vêm atrás de mim. Me interrompem. Consultam o relógio. Me trazem de volta. Hora de comer. Observam quando vou ao banheiro. Batem na porta. Não me deixam sozinha.

Tenho tanto medo. Quando vão se encher de mim, quando vão ficar de saco cheio dessa tarefa? Um trabalho extenuante de ficar prestando atenção o tempo inteiro em cada coisinha que uma anoréxica faz ou deixa de fazer. Abrindo por fora a porta trancada do banheiro. Ignorando as oscilações bruscas de humor de uma pessoa bipolar intratável. Morro de medo de que se cansem de mim. Que passem a me detestar. Que cansem dessa merda toda. Ou pior, que o meu irmão, ou algum amigo ou amiga, se torne uma espécie de babá cuidando de mim o tempo inteiro. Tenho medo de que vejam a mim como uma paciente, e eu os veja como cuidadores.

QUINTA-FEIRA, 2 DE JULHO DE 2009

Acabei de assinar um contrato por escrito me obrigando a obedecer a outra coisa, menos a doença. Doeu, mas foi o certo.

Pesando tão pouco, com os pensamentos tão confusos e o corpo tão frágil, o raciocínio não funciona direito. O lado irracional assume o controle. Tudo que a gente quer é se curar. A pessoa e a doença tornam-se uma coisa só, regidas por um contrato. É mais que um casamento. Mais que uma relação entre irmãos. É muito forte. Meu contrato é antigo e já foi assimilado. Eu o tenho cumprido rigorosamente. Um ou outro deslize aqui e ali, rapidamente ignorados. Todas as cláusulas ignoradas foram pagar com multas muito pesadas. Meu mundo tem sido este. Este é meu mundo de irracionalidade. Apesar disso, há em mim muita coisa racional. Eu sei que preciso melhorar para só então querer ficar bem. Agora mesmo tudo o que eu quero é querer. E com um contrato escrito, preto no branco, meu corpo ficará de prontidão. Em seguida a cabeça irá obedecê-lo.

De um jeito ou de outro. O contrato tem duas partes. A primeira é genérica, comum a ambas as partes.

Os remédios. Tudo será controlado pelos enfermeiros na ala onde estou internada. Vou receber doses semanais. Bem básicas. Eu posso determinar a própria dose. Os documentos dizem isso.

Atividade física. *Quase nenhuma.* Dois passeios por dia, acompanhada, de quinze minutos cada um. Nada disso. Chorei e esperneei, tentei todos os truques que conhecia. "Mais ninguém fica tanto tempo preso aqui dentro!" "Os enfermeiros vão ficar entediados se saírem tão pouco." A resposta foi sucinta. Não. Minha saúde era preocupante. *Right.* Não teria problema algum em fazer duas horas de *spinning* logo pela manhã.

Regras paras as refeições.

Chegar na hora.

Duração: trinta minutos.

Sente direitinho. Au-au.

Acompanhamento após a comida. Ficar sentadinha, mais trinta minutos, na sala de convivência. Sem exceções. Não posso ir ao quarto "buscar um livro", digamos assim.

Atividades em grupo. Gosto de atividades em grupo, então não vejo problemas. Folgas. Nada de folgas até as férias, que começam no dia 17 de julho. Quebra de contrato. Se eu romper o contrato, fico uma semana em casa, para refletir bem sobre o que fiz. Nova quebra, mais uma semana de reflexão. Se romper uma outra vez, me dão um pé na bunda definitivo.

Regras da casa. Quase como num acampamento.

A segunda parte é mais penosa. **Medidas individuais.**

Precisei de muita ajuda para redigi-las. Da mesma maneira como teria que me haver sozinha no fim de semana, teria que dar adeus à sensação permanente de controle. Não posso mais deixar que a doença fale por mim.

Firmei minha assinatura num documento com três objetivos. Específicos, concretos. Exatamente como numa prova, quando temos que nos restringir ao que é essencial, sem nos alongamos em detalhes desnecessários, desviando-se do caminho. Mas sem se ater apenas ao mais importante.

1. NÃO CONTINUE A PROVOCAR O VÔMITO

Note bem o verbo "continue". Este objetivo eu mesma já vinha trabalhando comigo mesma (hoje faz onze dias sem enfiar os dedos na goela e a cabeça na privada!)

O psicólogo e a enfermeira-chefe estão me apoiando e acham que esta é a prioridade número um para podermos seguir adiante. Isto é bom. Muito bom. Sinto que estou sendo ouvida e as avaliações que faço são reconhecidas. Aparentemente eles acham que ainda existe algo de racional aqui dentro. Pode até parecer que não, mas tenho os meus momentos.

2. NÃO DEIXAR NADA NO PRATO DAS REFEIÇÕES QUE CONSTAM EM MINHA DIETA

Comer tudo. Limpar o prato. Quatro fatias e meias. Um tabletinho de manteiga. Cada fatia com algum tipo de cobertura. Acompanhamentos. Bebidas. Calorias, calorias, calorias. Um verdadeiro veneno para a doença.

Me atirei na comida. Tenho que me atirar na comida. Isso eu fiz. Quando a compulsão bateu, quase cheguei a vomitar em cima da mesa. Me joguei na comida. Inclusive comendo com as mãos. Preferia ter lambido o chão de um chiqueiro. Seria a mesma coisa que comer esse troço aqui.

3. GANHAR SETECENTOS GRAMAS POR SEMANA

Achei que tinha ganho apenas quinhentos. Queria dizer, imaginei e fiquei na expectativa. Torcendo. Quase chorei. A doença gritou a plenos pulmões. *Fuja daí, sua babaca! Eles querem te machucar! Você ainda não assinou o contrato, anda tem uma chance!* Como hoje ainda é quinta, ainda preciso de mais 350 gramas até segunda. Nada demais. Posso aumentar até 350 quilos até segunda. Quase vomitei na folha agora de novo.

O que está feito está feito. Não somos apenas eu e a doença que temos um contrato em comum.

QUINTA-FEIRA, 2 DE JULHO DE 2009

A merda do crachá amarelo escrito "Ingeborg".

Seis rodelas de ovo. Duas rodelas de tomate. Duas fatias de presunto. Cinco rodelas de pepino. Um tabletinho de manteiga.

Tudo isso goela abaixo. Nem mais, nem menos. Até aqui tudo bem, mas convencer mente e corpo que precisava comer e manter a comida dentro de mim era impossível. Fiz tudo o que pude para cumprir esse compromisso. *Você não pode comer comida impura. Se comer, terá que vomitar.* Estas foram as minhas únicas alternativas durante tantos anos. Não são mais. Eu comi.

O corpo tremeu inteiro. O iogurte quase foi parar cuspido no chão. De repente ouvi alguém elogiando a comida. A meia hora tinha terminado. Tentei ficar de pé, mas minhas pernas não me obedeciam. Tremiam dormentes. Tentei novamente. Me apoiei na cadeira, estiquei os joelhos. Consegui olhar nos olhos da enfermeira num átimo de segundo antes de a minha vista escurecer.

No instante seguinte eu estava caída no chão. Enjoada. Trêmula. Senti uma mão acariciando as minhas costas. Puseram um balde diante de mim. Guardanapos para limpar o rosto.

Isto só confirmou o que eu já sabia: comida faz mal à saúde.

DOMINGO, 5 DE JULHO DE 2009

A ceia terminou com o prato inteiro remexido e a cabeça também. Quase não toquei no copo de leite. Lavei as mãos até arderem. Queria sair dali e me livrar daquela imundície que estava no meu estômago. Vomitá-la junto como os sentimentos que tanto me oprimiam. Caminhei trôpega, mas com passos rápidos, até a janela. Debrucei metade do corpo para fora. Olhei para a estrada. Que conduzia para longe dali. Era só esticar uma perna para além do peitoril... Depois a outra...

Enfim, fora da cozinha. Mas aonde poderia ir? Lugar nenhum! Trinta minutos na sala de convivência. Meu Deus. Que náusea insuportável.

Estou soluçando. Regurgitando. Meu estômago está cheio de comida, mas mais ainda de raiva e de ansiedade. Ódio e vergonha. Odeio todo mundo. Todos os pacientes internados aqui comigo. Todos os empregados. Toda essa comida de merda que me obrigam a comer. Sem deixar uma migalha. Que horas são?

Passaram-se cinco minutos. Cuspi o tempo inteiro. Dez minutos. O meu estômago só aumentou de tamanho. Quinze minutos. Engolindo em seco. Vinte minutos. Comecei a recobrar os sentidos. Vinte e cinco minutos. Fechei os olhos. Esperei. Respirei fundo. A meia hora acabou. Não me atrevi a ir para o meu quarto, embora fosse o que eu mais queria na vida. O movimento na sala de convivência era uma solução temporária. A ideia era fazer pintura em porcelana, ocupar a mente assim. Mal consegui escolher a xícara que ia pintar e a enfermeira veio até mim.

Fazer o acompanhamento. Conversar sobre a ceia. Foi a gota d'água. Não bastasse isso e agora vem alguém me encher o saco, quando tudo o que queria era ficar em paz! Guarde tudo aí dentro. Vomite. Aprenda comigo. Fique sem comer até sentir um zumbido dentro da cabeça.

Mas não. Ela quer tirar isso de mim. Cassar as minhas palavras. Palavras. Elas brotaram. Com raiva. As lágrimas escorreram, minhas costas estavam suadas, tentei segurar. Não podia ser rude nem desacatar a enfermeira. Mesmo assim não consegui segurar as palavras. Fiquei sem compreender. Essa não era eu. Nada era eu.

Meu olhar se movia de um lado a outro. O que vai acontecer se eu permanecer mais tempo aqui com esta pessoa neste ambiente. Saí em disparada para o meu quarto e me joguei na cama. Fiquei me debatendo no colchão, uivando como fiz naquele dia passeando pelo campo.

As pernas deviam estar cimentadas no chão. Não podia deixar a doença assumir o controle das pernas. Não podia deixar as pernas assumirem vontade própria. Mas a parte superior do meu corpo estava fora de controle. O vômito subia até a garganta, enchia minha boca, eu engolia, a coisa toda tornava a acontecer, de novo e de novo. Por que você simplesmente não deixar acontecer? Você não está nem enfiando os dedos na garganta. É a natureza fazendo a sua parte, deixe acontecer.

A doença estava para assumir um controle total sobre mim mesma. Ela se espalhava de cima a baixo. Logo, logo assumiria o controle sobre as minhas pernas. Agora eu tinha que morrer. Melhor morrer que sucumbir à violência da doença. Chegar a esse ponto, nunca mais. Quero pôr um fim à minha vida. Matar o meu corpo. Se eu não puder possuir o meu corpo, a doença também não irá.

"Ingeborg?"

Escutei meu nome ao longe Era a enfermeira. Não consegui responder, não parava de gritar. Não entre aqui. Não tenho a menor dignidade. Vá embora. Aqui só tem doença. Não tem uma pessoa, somente um corpo. Uma casca onde habita um parasita.

A enfermeira deve ter entrado assim mesmo. Ela falou. Não faço ideia do quê. Os gritos nas minhas entranhas e para além dos meus pulmões abafavam todas as palavras, quebravam as frases ao meio. Vá embora! Não preciso de ajuda, sei o que tenho que fazer. Ela não foi. Me fez perguntas, eu acho. Num dado momento eu comecei a respondê-la. Brevemente, rispidamente, mas eram respostas. Eu respondi. Significando que havia algo mais dentro de mim, afinal. Não queria me voltar contra ela, não poderia deixar que me vissem dessa maneira. Descontrolada, desfigurada, aos prantos.

Puseram uma toalha nas minhas mãos. Branca, com o logotipo azul da lavanderia municipal. Em outra ocasião eu a teria jogado para bem longe, mas em vez disso agarrei-a com força. Enfiei as unhas na toalha, como se fosse a âncora que não me deixaria ser arrastada pelas ondas. Recobrei o fôlego. Ergui o rosto. Lá estava ela. Com um sorriso contido e um olhar caridoso. Perguntou com delicadeza como eu estava me sentindo. Me disse que eu estava me saindo muito bem. Que tinha trabalhado duro, como se estivesse internada há quatro semanas, e não uma. Me cobriu de elogios.

E me deixou puta da vida.

Nem fodendo eu ia ficar ali sentada ouvindo elogios, eu que não tinha conseguido fazer nada o dia inteiro. Nem sequer me pesar depois da refeição. Proibida de usar a esteira. Trapaceando na ingestão de líquidos. Sentido ódio e ciúmes dos outros. Me comportando como um bicho. Como uma criancinha mimada, um moleque malcriado. Sendo rude. Grossa. Odienta. Desprezando outras pessoas com os mesmos defeitos que eu tenho, as mesmas fraquezas tão condenáveis – ou para a doença, ou para mim ou para nós duas.

De repente eu tinha alguém para quem gritar. Não era mais no meio do campo ou debaixo de um edredom. Nem na porra de um vaso sanitário. Era um ser humano.

SEGUNDA-FEIRA, 6 DE JULHO DE 2009

Recebi um recado na troca de turno da tarde. *Não posso mais lavar as mãos na pia da cozinha a não ser na hora de me sentar para comer.* O pessoal do plantão do fim de semana tanto fuçou que descobriu. Eles agora tinham que acompanhar passo a passo as recomendações que a acompanhante terapêutica e enfermeira-chefe haviam deixado por escrito. Me esfreguem na cara um novo objetivo, melhor dizendo, uma nova *exigência*, justo numa tarde de domingo. Um dia antes de estabelecerem novas metas, o que só pode ser feito diretamente pelos acompanhantes e pela enfermeira-chefe. De qualquer jeito amanhã teremos novidades. Mas pelo menos vindo da autoridade correta, e expresso no papel.

A enfermeira que me deu o recado argumentou que "lavar as mãos incomoda os outros pacientes durante as refeições". Então quer dizer que se eu lavo as mãos antes de comer incomodo outras pessoas que estão comendo? E que achar que preciso arrancar as cascas das minhas feridas por receio que estejam sujas? Ou se tiver que regurgitar a porção que enfiei na boca porque alguma coisa deu errado? E o que dizer daquele almoço em que comi só uma rodelinha de pepino e passei os 28min restantes apenas olhando para o prato? Isso não os incomoda?

Ontem me disseram para pegar mais leve para não me estressar. Então por que me esfregar na cara novas metas já no dia seguinte? Hoje a meta é comer duas fatias e meia, amanhã, quatro. Eles enfiam essas outras fatias na minha boca porque acham bom, porque querem com certeza cumprir uma meta que é deles. Impedir que eu lavasse as mãos vai dar no mesmo, será que não percebem?

Façam-me o favor! Não precisam enfiar o dedo na minha garganta por mim.

QUARTA-FEIRA, 8 DE JULHO DE 2009

Depois do desjejum fizeram uma reunião geral. Todos os funcionários e pacientes, reunidos na sala de convivência, debatendo questões da ordem do dia. Os empregados tinham as suas reivindicações, como limitar o uso dos computadores, por exemplo. Do jeito como o mundo é hoje, não vejo muita diferença em escrever numa tela ou num diário. O sistema de saúde é cheio de regras, e boa parte delas deveria ter sido jogada na lata de lixo há muito tempo.

O almoço foi uma repetição do desjejum. Trouxe comigo, bem escondida, uma garrafinha de vodca, uma produção e tanto, já que estava vestindo uma calça *legging* e um *top*. Sem bolsos não era nada fácil esconder o troço. Mas quando a gente quer a gente consegue. Enfiei a garrafa no cós e depois debaixo da mesa. Feliz, mas morrendo de vergonha.

Tentei conseguir uma autorização de quinze minutos para ir até o supermercado comprar o *Dagbladet*. Hoje é quarta, dia que eles publicam as palavras cruzadas que mais gosto. Posso ficar sentada quietinha, ocupando a cabeça, dando a entender que sou uma pessoa normal enquanto fico admirando a paisagem na janela. Sou uma mestra em controlar comportamentos que não prejudiquem o corpo. Mas, não, esse encontro demoraria pelo menos vinte minutos e não iria dar certo. E não, não teria como "pegar emprestado" um tempo de sobra de outra reunião, por exemplo. Por que é tão difícil fazer algo saudável neste hospital?

SEXTA-FEIRA, 10 DE JULHO DE 2009

Existem regras demais para seguir nesta enfermaria, tanto escritas como verbais. As regras escritas dão para o gasto. Não gosto delas, mas estão ali, impressas no papel, são palpáveis, e, portanto, mais fáceis de seguir. As regras verbais, ao contrário, não são nada fáceis de acompanhar.

Como durante o jantar de ontem. O meu objetivo é tentar sentir o gosto da comida enquanto fico de conversinha com as pessoas ao lado, tudo isto para evitar engolir a comida sem mastigar e sentir o sabor. Não posso ficar sentada ali, absorta nos meus pensamentos, como se fosse uma zumbi.

Achei então que valia a tentativa. Respirei fundo, me esforcei ao máximo e disse a coisa mais normal do mundo que se pode dizer à mesa: que a carne parecia muito gostosa. Atraí todos os olhares para mim, mas não dei a mínima. Achei apenas que estavam se sentindo igual a mim.

Foi como voltar vários anos no tempo. Agora, como era eu que tinha começado a prosa durante a refeição, soltei a língua. Desatei a falar de uma feira, ou sei lá o quê, que tinha acontecido numa aldeia de pescadores chamada Hitra. Era uma espécie de concurso de degustação de carne de baleia que ficava curtindo debaixo da terra durante uns seis meses. Em outras palavras, carne podre. Achei que o assunto era muito engraçado, mas ninguém riu. Em vez disso fez-se um silêncio sepulcral até um funcionário me repreender: "Isso não é assunto para conversar à mesa!".

Ok, até admito que baleia podre não é um tema popular. Mas o problema não era a comida podre: "Não se fala de comida durante as refeições." Como é? Quem não faz isso? Mencione uma pessoa, como um norueguês típico, que não pode elogiar a panqueca que comeu no almoço, ou dizer que o mingau de arroz que a vovó faz é o melhor do mundo. Isso aqui não é para nos fazer sentir como se estivéssemos em casa? O objetivo de internar alguém é deixá-lo funcional quando estiver de alta.

Mas não. Fiquei com a sensação que seria melhor ter ateado fogo à toalha da mesa do que ter elogiado o sabor da carne. "Já tivemos pacientes que não suportavam nem ouvir falar de comida. Principalmente quando a comida era chamada pelo nome. Por isso estabelecemos a proibição de falar de comida."

SEXTA-FEIRA, 10 DE JULHO DE 2009

Avaliação da equipe:

Ingeborg está se saindo muito bem! É raro um paciente obter resultados tão bons. Impressionante! Está entusiasmada e é muito honesta em relação ao que sente e aos desafios que precisa superar. Tem muita força de vontade. Consegue reunir forças e usá-las em seu favor. Achamos que Ingeborg é exigente consigo mesma. Cria muitas situações extremas ("ou isto ou aquilo"). Ao agir assim, dificulta as coisas para si mesma.

Ingeborg desafia as regras estabelecidas. Não sabemos por quê. (Não conhece as regras? Memória ruim? Dificuldade de se concentrar? Discorda das regras?)

Muito carinhosa em relação aos demais.

Tem senso de humor, um tanto sarcástico.

Parece que Ingeborg não se permite sentir emoções negativas – ainda.

DOMINGO, 12 DE JULHO DE 2009

Um fio de cabelo. Um fio de cabelo preto, nojento. Entre a rodela de tomate e os ovos, lá estava ele. Um maldito fio de cabelo.

Trinta minutos de puro inferno. Fiquei lavando as mãos feito uma louca – literalmente –, enquanto preparavam novos ovos para mim. Fiquei vendo fios de cabelo no restante da comida. Como eu saberia que só aqueles ovos e o tomate eram imundos?

Fiquei boquiaberta, só olhando a comida. Fiquei achando que a qualquer momento uma barba imunda iria crescer no meio do prato.

Me virei de lado e verguei o corpo tapando a boca com a mão. Minha mão hesitava entre limpar as gotas de suor da testa e tapar a boca, achando que eu fosse me rasgar ao meio. Um pedacinho a mais. E ainda outro. Consegui lavar tudo com um gole de chá. Leva já isso daqui. Abri bem a boa e mostrei os dentes como um gato que se espreguiçasse.

Depois do acompanhamento precisei falar sobre a comida com a minha acompanhante terapêutica. Não consegui. Foi como um engulho involuntário, só que desta vez apenas com palavras.

"Como vocês podem fazer uma merda assim? Não sabem onde trabalham? Como é que não inspecionam a comida que vão servir, ainda mais para uma pessoa com transtorno alimentar? Eu tive que comer lixo! Lixo! Estraguei a ceia, tanto a minha quanto a dos outros pacientes! Coitada da menina que estava sentada ao meu lado e viu uma pessoa se comportando assim!"

Meus gritos foram se transformando em choro.

"Eu *nunca* teria ficado sentada ali se não fosse por ela! Ela foi a única razão para eu ter ficado lá!"

O choro foi se transformando em soluços.

"Arruinaram tudo, minhas medidas foram pelo ralo, eu perdi o controle!"

Fiquei confusa e apavorada tamanha a força do ódio das palavras que eu disse. Externei emoções que costumam ficar latentes devido ao transtorno alimentar. Emoções que se materializaram em palavras. Assustadoras, muitas delas, termos graves, pavorosos. Ela ficou quieta. Sentada na cadeira, apenas me observando desabafar. Disse que eu vinha fazendo um bom trabalho, apesar do que tinha acontecido. Que nunca deveria ter acontecido. Que a comida que ela preparou depois era segura e confiável. Disse que eu estava indo bem.

E isso só me deixou ainda mais puta da vida. Claro que não era verdade. Eu não tinha alcançado os meus objetivos. Eu queria receber porradas, não elogios. Queria esbofetear alguém. Finalmente tinha passado um dia inteiro no controle. Finalmente tinha passado um dia ok com a cabeça e o corpo no lugar. Desjejum. Almoço. Jantar. O dia inteiro. Tudo perfeito. Quase lá. E aí vem alguém e *fode* com a minha comida.

Muito obrigada, seu cuzão.

SEGUNDA-FEIRA, 13 DE JULHO DE 2009

Eu sei que preciso ganhar peso. É parte do trabalho. Contrato firmado.

Pois agora vou fazer o possível e o impossível para alcançar o objetivo. As coisas acontecem rápido demais. Estou ciente das mudanças que vão ocorrer, e achava que estava pronta para elas. Agora vivencio o ódio que sinto contra o peso me corroer por dentro.

Estou a cem gramas de um número redondo. Fazia muito tempo que eu vinha mantendo um número redondo. Ok, não totalmente redondo. Quase redondo. Tipo bodas de prata, não de ouro. Esses números me apavoram mais que qualquer coisa.

Este vai ser um café da manhã e tanto!

SEGUNDA-FEIRA, 13 DE JULHO DE 2009

Tive que engolir toda a minha soberba ontem. De novo. Pus a perder uma coisa que achava que seria uma boa ideia. A oportunidade surgiu quando um outro paciente e eu tivemos vontade de tomar um banho de sol à tardinha. Não tinha em mente outra coisa a não ser tomar um pouco de ar fresco, espairecer um pouco não faria mal algum. Até que chegamos ao pátio.

Quando estava internada em Levanger, tinha um verdadeiro compêndio de truques. Um dos melhores era o truque do banho de sol. Toda segunda-feira nos levavam ao pátio para tomar sol. Vinte minutos, sozinha, a portas fechadas. Perfeito.

Toda segunda-feira tinha uma rotina pronta e fazia um treino expresso no pátio. Havia espaço suficiente para saltitar, fazer apoios de frente, abdominais e até levantar peso. Para não ser descoberta, só era preciso pegar um pouco de bronze. Sair dali com o rosto corado já bastava. Sem problemas. Eu fazia os exercícios de frente para o sol e unia o útil ao agradável. No fim, cansada e suada, não havia sensação melhor. Quem não gosta de sentir aquela moleza depois de tomar sol?

Pois agora cá estava eu, nas mesmas condições. Estava desesperada para me mexer, exercitar os músculos, mas as possibilidades eram cada vez menores. Passam o dia de olho em mim. Era agora ou nunca. Nem tinha tirado o casaco para fazer a minha rotina de cem saltos no pátio, somados aos 68 que deixei de fazer ontem à noite. Não deu muito certo. O teto era muito baixo. O jeito foi substituir por agachamentos.

Só havia um problema: o ventilador não estava funcionando. Voltei do pátio externo não exatamente bronzeada, mas vermelha como um pimentão, exausta, banhada em suor e ofegante.

Voltando ao quarto sob um calor tão improvável que quase me fez desmaiar, me enfiei debaixo da ducha. Assim que saí do banho, bateram na porta. Era enfermeira que vinha me acompanhando.

"Ô, Ingeborg. Quando você estava tomando seu banho de sol, você não ficou pulando, ficou?" Respondi candidamente que não, que não havia pulado coisa nenhuma. Com uma pontada na consciência exibi a ela o meu sorriso mais autêntico possível. Ela não pareceu muito convencida, mas sorriu de volta e fechou a porta.

Não apenas me exercitei. Eu também menti.

TERÇA-FEIRA, 14 DE JULHO DE 2009

Quando a gente é pequeno aprende que dorme em paz quem não tem a consciência pesada.

Não é verdade.

Não de acordo com a minha doença.

Nenhuma doença.

Quando eu durmo, não uso energia alguma.

A parte doente em mim não consegue entender que eu preciso dormir para recarregar as energias.

Nem quer saber disso.

Recusa-se a compreender.

Não aceita que eu repouse.

Não me dá a possibilidade de descansar à noite.

Não durmo exceto quando a exaustão me derruba.

Depois de poucas horas eu desperto.

O corpo recebe o aviso de que algo está para acontecer.

A tensão não me deixa ficar deitada.

Não tenho o direito de ficar deitada.

Descansar é pecado.

Quando durmo estou pecando.

QUARTA-FEIRA, 15 DE JULHO DE 2009

O jantar tinha terminado, assim como o acompanhamento da enfermeira. Todos os outros tinham falado o que pretendiam fazer à noite. Iriam treinar juntos – exceto eu. Magoou muito. Empanzinada e nauseada depois de comer tive que testemunhar os outros pacientes caminhando felizes e contentes para o ginásio. Eu tive que ficar. Mais tarde topei com eles voltando, sorridentes, realizados. As meninas ainda queriam dar uma volta lá fora. Fazia uma noite linda. Mais uma vez tive que ficar entre quatro paredes. Preciso de acompanhamento permanente e comigo as coisas demoram mais.

O diabo que habita em mim queria arrancar o pescoço de todos os que foram se exercitar.

Eu queria correr. A enfermeira que me acompanhava até tentou falar comigo sobre isso, mas eu só conseguia me concentrar *nos outros*. No que faziam. Na permissão de fazerem o que quisessem. Como era injusto. Ainda por cima pareciam mais magros do que eu e mesmo assim podiam se exercitar. Não consegui controlar o ciúme e o ódio que senti pelos outros, e isso me deixou verdadeiramente apavorada. Eram pessoas de quem eu gostava. De quem me sentia próxima. Como eu poderia sentir coisas assim? De onde brotava isso? Eu era mesmo essa pessoa tão terrível?

Fiquei arrasada.

Mais tarde era hora da ceia. Na cozinha entrei em colapso mais uma vez.

Fui até a pia lavar as mãos antes de repararem em mim. Me descobriram e eu acusei a pessoa que tinha preparado a comida. Senti a náusea tomando conta de mim e me precipitei na direção da varanda. Fiquei pendurada na balaustrada, vomitando, enquanto ouvia a enfermeira aos gritos lá dentro. "Segure firme. Não permita. Você não pode ceder agora! Justo quando chegou tão longe! É a doença que está tentando lhe passar a perna. Não a deixe vencer."

Consegui empurrar a comida goela abaixo. As lágrimas escorreram em cascata enquanto eu repetia o procedimento até não mais suportar. "Não tenho mais nada em mim. Terminou." Era eu tentando recuperar o fôlego. Não queria ser eu, não queria existir; tudo em mim era só perversidade mesmo. Só queria vomitar, expelir a gordura que tinha ingerido. Vomitar pelo exercício que não consegui fazer. Vomitar pelas coisas idiotas que fiz. Vomitar para que a doença e eu nos tornássemos uma só novamente. A única coisa que precisava fazer era abrir a boca. A comida estava na garganta.

Em determinado momento a enfermeira tocou em mim. Falávamos o tempo inteiro, mas não era uma conversa. Da minha parte não havia muito o que dizer, eram mais soluços e lágrimas. Da parte dela, poucas palavras também, mas bastante apoio. Eu temia perder o controle sobre mim de uma vez por todas. Tinha medo do ciúme, do ódio, do pavor e da raiva que eu sentia de verdade. Que os pensamentos terríveis sobre pessoas que eu tanto gostava eram meus mesmos. A enfermeira me ajudou a pôr as coisas em perspectiva. Perceber o que era doença, tentar olhar o outro lado. Depois de um instante ela sugeriu que eu fosse ao banheiro lavar o rosto para depois me juntar aos outros na sala de convivência.

Entrei no banheiro. Fiquei sentada no chão, ainda abalada. Morrendo de medo por me ver, de repente, trancada num banheiro. Enfiei as mãos nos cabelos e deixei o choro fluir. Primeiro, soluços e choro alto, depois mais tranquilo. Por fim fiquei em posição fetal, gemendo.

SEXTA-FEIRA, 17 DE JULHO DE 2009

Hoje não me autorizam sequer a passar pela porta, só como e durmo sob observação estrita dos psiquiatras e não posso trancar a porta do quarto. Amanhã todos receberemos alta e teremos que nos virar sozinhas. Por quê? Porque a ala será fechada para as férias de verão. A doença vai fazer uma pausa, afinal férias são férias! A sensação de que não vale a pena viver se eu me perder para o transtorno alimentar volta a tomar conta da minha mente. Simples assim. *Se vomitar eu morro.* A única coisa que pode me impedir de perder a mim mesma é a internação, mas agora não é possível.

Com a ajuda da acompanhante, a nutricionista me elaborou uma dieta detalhada para os dezessete dias em que o hospital ficaria fechado. Obedece mais ou menos aos mesmos padrões daqui. Contém menos pão e nada de manteiga. O motivo: a dieta que me prepararam aqui na enfermaria é um suplício para mim. Enquanto estou no hospital, é "fácil" ingeri-la. Em casa a coisa muda de figura.

Meu irmão mais velho esteve aqui e conversou comigo, com a acompanhante terapêutica e com a psicóloga. Ele anotou quantos minutos de ar livre eu disponho, os exercícios que estão liberados, as atividades que posso fazer e quando. A irritação atinge um nível ainda maior por saber que ele irá controlar todos os aspectos da minha vida por esses dias. Se não for ele, será alguma das minhas amigas mais próximas. Voltarei a ser aquela prisioneira que precisa de supervisão 24h por dia.

Mas antes vou fazer um passeio de barco, com mamãe e papai. Ficarei isolada numa embarcação de 27 pés de comprimento, sem possibilidade alguma de fazer mal a mim mesma. Minha Alcatraz particular. Sei que vou acabar achando que haverá comida demais. Ficarei mais sedentária que em Stjørdal, não tenho onde me esconder no barco, e tudo isso significa muita energia acumulada e pouca energia sendo gasta Não há lava-roupas no barco. Não posso ficar lavando as minhas roupas até a pele das mãos se soltar. Mas estou preparada. Pus na bagagem tanto desinfetante, bactericida e álcool em gel que corro o risco de ser parada na alfândega.

Pior ainda: não tem internet no barco. Somente em alguns poucos portos.

No sábado seguinte tomo um avião de volta para Trondheim. O restante das férias irei passar com meu irmão mais velho, a quem caberá segurar as rédeas da irmã maluca pelo resto da semana. Exatamente como na semana anterior, fiquei feliz e triste ao mesmo tempo. Pelo menos aqui as circunstâncias nos permitem interagir como irmãos, não como paciente e cuidador – nem como inimigos.

SEXTA-FEIRA, 24 DE JULHO DE 2009

Hoje mais cedo comecei a escrever sobre as minhas obsessões. Sobre os grandes progressos que fiz aqui na Dinamarca.

Escrevi que a compulsão melhorou significativamente durante a viagem de barco. Continuo esterilizando quase tudo com álcool. Quase tudo. Bebo água fervida numa chaleira, não como gostaria, mas é desinfetada e fervida várias vezes. A água vem por uma serpentina de um tanque localizado no convés. O refeitório é ok. Não existe lava-louças. Raramente uso talheres descartáveis. Cheguei a tocar nos saquinhos de chá às vezes. Fiz muitas coisas que desafiam a minha obsessão. Para outros pode parecer pouco, para mim é uma infinidade.

Estava um pouco reticente quando comecei a escrever hoje de manhã, ainda não queria correr o risco de comemorar por antecipação. Pois assim que caiu a tarde foi o que eu fiz, explodindo de felicidade.

Era hora do jantar. O prato era bacalhau com vegetais cozidos, umas das muitas especialidades da mamãe, e até me abriu o apetite. Mas na hora de preparar a comida, a compulsão voltou e deu um nó em mim. Meu Deus. As panelas. A frigideira. Os pratos. A espátula. Os copos. A comida. A comida. As mãos. As mãos. Meu Deus. Preciso assumir o controle.

Então disse que eu mesma tinha que preparar a comida. Fiquei correndo de um lado para o outro, com água fervente e álcool em gel, desesperada para fazer as coisas do meu jeito. Não deixei mamãe pôr os pés na cozinha. Desfiz praticamente tudo que ela tinha feito. A frigideira que usara, o que havia preparado nela, onde a tinha guardado. Quais talheres usar com os vegetais. Meu peixe não podia ser preparado da mesma forma que o deles. Não consegui disfarçar a ansiedade e o nojo. Terminei discutindo e caindo no choro. Para mim, desespero. Para nós duas, frustração. Eu tive um sobressalto, senti náuseas, tontura, ansiedade e depressão ao mesmo tempo. Tentei não deixar a mamãe perceber. Quis me afastar. Impossível!

Não ver o que se passava já era terrível o bastante, mas estar por perto e arruinar o jantar seria pior ainda. Estragaria todo o clima e afetaria quem estivesse por perto. E desta vez quem estava por perto era a mamãe.

DOMINGO, 26 DE JULHO DE 2009

Antes eu sabia exatamente o que me atraía para casa. Eu gostava de voltar para casa para me enterrar junto com a doença: vomitar, fazer exercícios e me privar de comida. Levando comigo todas as emoções, sensações, alegrias e tristezas. Coisas legais, chatas, interessantes, divertidas. Descanso ou trabalho, tudo.

Esse era meu padrão ao chegar em casa, uma recepção de boas-vindas. A cabeça aprendeu, o corpo também. *É assim que as coisas são*. Um círculo cognitivo. Meu círculo.

Durante quatro semanas e seis dias o círculo sofreu uma ruptura grave. Eu pus fim à minha maior vergonha, e com isso a grande influência que a doença exercia sobre mim. Agora eu sei. Não é a doença que me arrasta para casa.

Mas o que me traz aqui? Para os pensamentos, emoções e reações automáticas, é como se nada tivesse acontecido. Para estes, o círculo está fechado e continua tão potente e incontornável como antes. Os desenhos doentios continuam presentes. Com todas as forças eles dizem em uníssono: "Estamos em casa! Agora somo só nós duas outra vez".

Talvez eu apenas tenha que aceitar isso. Aceitar essa nostalgia doentia, reconhecer que ela é uma ferida que ainda dói. Uma ferida supurando a cada vez que a situação exige. A certeza de que estou a caminho de casa me magoa cada vez. Até que essa chaga um dia cicatrize definitivamente, aceitá-la talvez seja minha única alternativa.

DOMINGO, 26 DE JULHO DE 2009

A doença me acordou de um sono intranquilo. Falou comigo. Eu respondi. Ficamos tão próximas no meio da noite, a doença e eu. Conversamos como antigos amantes. Eu converso com uma doença. Minha doença. Minha amante. Meu amor bandido.

Sim.

Estou aqui. Pare de me machucar. Por favor.

Eu te dou tudo o que tenho. Sei que não é muito. Antes você tinha a mim, inteira. Não há nada que eu nunca possa te dar. Precisamos nos divorciar. Nunca mais seremos você e eu, apenas eu e você, embora eu vá morrer de saudade de ti. Mas essa não é uma saudade real, você me agride, me violenta, me estupra. Não nos separe.

A saudade não é verdadeira. Mas a ferida, a ferida aberta, é a mais verdadeira que pode ser. Você não pode ser aquela que me refaz inteira costurando os meus pedaços, não mais, por mais que eu assim deseje. Corte a minha pele. Enfie a faca, um corte profundo.

Eu não posso me aproximar de você. Precisamos nos manter distantes. A separação é algo a que estamos habituadas, só não faz tanto tempo.

Nosso amor não é autêntico. Ele é falso, você me bate. Me maltrata. Eu adorava quando você me batia. Bata em mim outra vez.

Eu sinto falta, preciso desejo estar com você. Para que nunca fiquemos sós novamente.

TERÇA-FEIRA, 28 DE JULHO DE 2009

O ódio é um amor que fracassou.

— Søren Kierkegaard

Estou empolgada achando que o ódio que sinto da doença é sincero, não apenas um projeto de ódio. Se Kierkegaard estiver certo, a doença não terá mais como pôr as mãos em mim. Isso significa que estará tudo acabado.

QUINTA-FEIRA, 30 DE JULHO DE 2009

Sabe o filme *Se beber não case!*?

Me disseram que é muito bom. Ouvi com meus próprios ouvidos. Dito por todas as pessoas na plateia. Todas ao redor de mim, se acabando de rir. Eu fui ao cinema ontem, com a Marthe, a Hege e o Sverre. Acho que teria adorado o filme se o tivesse assistido.

Tive um pressentimento antes de entrarmos na sala. Foi uma péssima ideia. Não a ida ao cinema em si. Eu estava entusiasmada de ir ao cinema com as meninas e o meu irmão mais velho, e o filme tinha sido muito elogiado. Em princípio era para ser uma noite sensacional.

Mas aí pintou o lance com a comida, o eterno lance com a comida. A infinita dieta que tenho que obedecer, não importa o que me aconteça.

Achava que fazer minha marmita com comida era libertador, mas esse processo começou a monopolizar a minha atenção. O filme não me causou impressão alguma. Achei graça quando parecia sensato achar graça, ria quando ouvia outras pessoas rindo. Olhava para eles, fazia um meneio com a cabeça para dar a entender que estava acompanhando o enredo, mas os meus pensamentos eram concentrados apenas na comida. Na ceia. No que eu tinha preparado e carregava dentro da bolsa.

Passei os primeiros trinta minutos do filme achando que já era hora de começar a comer. Fiquei contando os minutos. Pesando e medindo se de fato não era hora de abrir a marmita. Isto é, comer. Quem sabe eu não devesse deixar a comida cair debaixo da poltrona? Ou jogá-la no lixo durante a saída?

Nos trinta minutos seguintes me pus a comer. Satisfeita por ter vencido a compulsão de me livrar da comida, e puta da vida pelo mesmo motivo. Abocanhando e engolindo os pedaços o mais rápido possível antes que eu mudasse de ideia. Morrendo de vergonha da pessoa na poltrona ao lado. Só pode parecer muito idiota tirar da bolsa, em pleno escurinho do cinema, uma marmita e um pacote de lencinhos umedecidos, ainda mais se tratando de uma comédia.

O restante fiquei entorpecida na poltrona, sentindo o estômago pesar. Nauseada. Frustrada. Agora a minha mente se ocupava mais em ficar contando as calorias e se afundando na poltrona, envergonhada, do que acompanhar o filme.

Depois fizemos como um grupo de amigos costuma fazer ao sair de uma sala de cinema. Conversando sobre o filme, relembrando as passagens de que mais gostamos. Imaginando o destino dos personagens. Lembrando da risada mais gostosa da garota que se sentou na fileira atrás de nós.

Participei da conversa dando o melhor de mim, tentando ignorar o que só eu tinha passado ali dentro, mas deixando muito claro como tinha sido importante para mim ter feito aquele programa com minhas amigas e meu irmão. Não podia deixá-los perceber que eu estava me sentindo mal e preferia estar bem longe dali.

Fiquei mais aliviada quando Sverre e eu tomamos o rumo de casa. Queria deixar para trás todas aquelas sensações, esquecer o mais rápidos possível o que tinha acontecido.

No carro, a caminho de casa, a máscara caiu. O sorriso forçado que eu tinha estampado no rosto, durante e depois do filme. A frustração acumulada nas últimas horas, ameaçando rasgar o meu peito ao meio. A náusea e a ardência no estômago subindo pela garganta. A pergunta que Sverre me fez era tão singela quanto bem-intencionada. Ele apenas quis saber se eu tinha comido algo.

Tive vontade de atirar a marmita vazia no para-brisa. Bater no Sverre com a tampa, furá-lo com o garfo, o caralho que fosse. Descontei no meu irmão o ódio intenso que sentia por mim mesma, por ter estragado o filme e por ter ingerido calorias que poderia muito bem ter evitado. Foi um acesso de raiva tão forte que passei a odiá-lo apenas por me fazer lembrar de todos os meus erros. Eu exigi que ele parasse o carro e me deixasse descer. Não suportava estar dentro do mesmo carro com ele.

Na verdade, não suportava *estar comigo* no mesmo carro.

Ele não parou até finalmente chegarmos em casa. Estávamos a poucos minutos de lá quando a discussão começou. Nestes poucos minutos meu ódio se transformou em desespero. Abri a porta do passageiro antes dele desligar o motor. Saltei para fora, precisava sair dali o mais rápido possível, para longe de mim mesma, para longe de tudo.

Deste momento em diante passei a vislumbrar a questão como um drama se desdobrando num palco. As cortinas se abrindo e Sverre e eu atuando como protagonistas.

Fiquei furiosa comigo mesma. Sverre aproximou-se, me segurou pelo braço. Assim que tocou em mim, desatei a chorar. Não um chorinho qualquer. Lágrimas, soluços, espasmos, mas com uma força desesperada de escapar para longe dali. Eu queria que ele se afastasse de mim. Soltasse meus braços. Eu estava com um olhar transtornado, gritando e produzindo apenas grunhidos incompreensíveis. Estávamos próximos a um muro. Virei-me de costas e agarrei firme a superfície áspera. Enfiei nela as minhas unhas, tentando escalá-lo, rasgá-lo ao meio para atravessá-lo e sair do outro lado. Queria sumir deste mundo. Sumir da minha própria consciência. Abri a boca, tentei conciliar o fôlego. Lutando para me livrar das garras do meu próprio irmão.

Arriscando perder tudo aquilo contra o que eu lutava. Estive próxima de desfalecer e cair num poço de onde talvez nunca fosse mais sair.

Ele me segurou pelos ombros. Falou comigo. Me ajudou a recobrar a consciência.

O meu irmão me salvou quando eu estava a um passo do precipício.

QUINTA-FEIRA, 30 DE JULHO DE 2009

Exatamente quando escrevi isso não sei dizer. Há dois meses, talvez três. Não que faça alguma diferença. Só sei que devo ter escrito à noite, quando estava sozinha no meu quarto. O abajur certamente deve ter contribuído jogando luz sobre o meu corpo nu.

Não vou suavizar as palavras. Nada de eufemismos. Vou dizer as coisas como elas não. Das páginas amarrotadas do diário para a tela branca do computador.

Quero ver.
O que estou vendo? Uma cabeça enorme.
Desproporcional.
Hidrocéfala.
Um cabeção cheio de líquido, com dois buracos à guisa de olhos.
Os antebraços maiores que os braços.
Estes, enrijecidos.
Merda, eu estou fraca.
Preciso me exercitar mais.
Mais bíceps.
Agora.
Barriga de quem passa fome.
Barriga de grávida.
Barriga de balão.
Barriga de que está empanturrada.
Redonda como uma bola.

O piercing projetando-se para fora.
Ele mal tem onde se pendurar no umbigo, não tem onde se apoiar. Que coisa ridícula.

Costelas.
Com gordura, como se fossem suínas.

As veias são horrendas.

Dilatadas, serpenteando, querendo saltar da pele.
Repulsivas.

No abdômen, nas pernas, nos braços, nos ombros. Por toda parte.
Veias de merda, horrorosas.

Mãos encarquilhadas.
Mãos de bruxa.

Por que reparo tanto nas minhas ancas? Meus quadris são largos como um rochedo?
Como diminuir os quadris? Cortando-os com uma faca como se fossem pelancas?

A penugem clara brilha quando roço os dedos em mim.
É como se acariciasse uma pelúcia.
Minhas escápulas parece a porra de uma asa implantada no meio das costas.
Não sou nenhum patinho feio, sou apenas feia.

Feia como o diabo.
Tenho as costas de um dragão.
Vértebras salientes.
Isso porque sou muito preguiçosa para exercitar a coluna.
Preciso lembrar de malhar direito a coluna.

Logo abaixo do colo deveria haver dois peitos.
Não tem peito porra nenhuma.
Só uma pele pendurada, parece uma roupa amarrotada.
Queria ter a barriga de uma refugiada somali.

Da bunda só resta um fiapo, como fosse a bunda de uma velhinha.
As panturrilhas são mais roliças que a bunda.
Os ossos do quadril quase perfuram as nádegas, se é que posso chamá-las de nádegas.

As pelancas da bunda ficam pendendo como um saco amassado,
dobradas sobre a parte posterior das coxas.
A pele deve ser um tanto quanto pesada.

Preciso malhar as pernas.
Só que não faz sentido.
O corpo não é pequeno.
Os pés é que são grandes.

Esta sou eu.
A hidrocéfala. O dragão peludo. A bruxa. A velhota. A monstra obesa e fraca.
O caldeirão do diabo. A visão distorcida do inferno.

Eu olho para mim.

Puta que pariu, como eu gostaria de não me ver.

SÁBADO, 1 DE AGOSTO DE 2009

De repente hoje trabalhei muito pela minha cura. Estava para engatar a primeira e finalmente começar a engordar. Agora era para valer. Ganhar peso, e rápido.

Quando estou internada, raramente consigo abrir as correspondências que recebo. Esta manhã dei uma olhada na pilha de cartas acumulada nas últimas semanas. Uma delas foi uma grata surpresa – uma convocação para uma entrevista de emprego.

Tenho absoluta convicção de que não sou o perfil de maior empregabilidade do mercado, mas na carta de apresentação me descrevi como paciente numa clínica psiquiátrica do norte da Noruega, e deixei claro que só teria a possibilidade de começar no emprego em meados de outubro. Mesmo assim eles queriam me entrevistar. Empregável ou não, não ia deixar passar essa oportunidade. *Tenho que ficar boa imediatamente*!

O plano era comer feito uma vaca, botar os pensamentos em ordem e deixar o corpo repousar. Era a oportunidade de dominar a doença. *Um pretexto para sair da inércia.* Faria tudo para ficar bem, e sem demora. E daí se não fosse possível? Até pouco tempo atrás não era possível que eu passasse mais que alguns dias sem vomitar. Domingo completará seis semanas. Neste caso não será tão problemático engordar alguns quilos antes da entrevista.

"Não empregar alguém que é mais magra que os pacientes."

Bem que gostaria de dizer que a entrevista de 55 minutos foi legal. A entrevistadora era legal, disse um monte de coisas legais. Mas o que ela disse nas entrelinhas não me saiu da cabeça. *Eu estou muito doente.*

A marcha que queria engatar agora não passa de um pensamento ridículo que tive no dia de ontem. Bebida nutricional. Só de pensar me embrulha o estômago. Sobremesas. *Que ideia!* Dieta extra. *A gente se fala...* O nó na garganta vai crescendo. Dois quilos numa semana. Sinto enjoos.

Sei que não precisa chegar mais um envelope pelo Correio para eu arrumar um pretexto para me curar. Minha família e meus amigos não param de me enviar pacotes e mais pacotes com ótimos motivos. O que sinto falta agora é da urgência que senti naquele momento.

SEGUNDA-FEIRA, 3 DE AGOSTO DE 2009

Finalmente.

Terminaram as férias. Não as minhas – as do hospital.

Amanhã reabrem o departamento, depois de dezessete dias fechado. Uma ala hospitalar inteira. Fechada para o verão. Economia de recursos. Não somos doentes o bastante para nos considerarem uma prioridade, pelo que sei. Espero que o sistema de saúde da Noruega tenha economizado uma fortuna. Uma porrada de dinheiro só de fechar essas portas.

Tive medo de que fosse o fim. Que eu tivesse que morrer.

A minha família teve que assumir as funções que as autoridades de saúde preferiram negligenciar. Médicos e psicólogos. Nutricionistas e enfermeiros. Cuidadores diurnos e noturnos. Uma família precisa se transformar numa instituição psiquiátrica.

Cada dia eu acordava achando que aquele seria o último, que a minha família não suportaria mais. A cada noite eu fechava os olhos e agradecia por se manterem firmes.

Se eu sou uma pessoa amarga? Sim, absolutamente. Amarga pelo que a minha família foi obrigada a passar. Amarga pelo tempo que se esvaiu nas minhas mãos. Amarga pela autoestima que perdi. Pela motivação que afundou. Pela esperança tão difícil de manter. Amarga por ter que começar tudo de novo. Amarga por saber que o hospital economiza dinheiro às custas de uma família que cuida da filha doente muito melhor do que a sua própria equipe médica.

Terminaram as férias. Eu não morri, mas o serviço de saúde não teve nada a ver com isso.

QUARTA-FEIRA, 6 DE AGOSTO DE 2009

Braços fortes me ergueram do chão. Não os quero perto de mim. Tirem esses braços daí. Fiquem longe de mim. Deixem-me ir. Preciso caminhar. Estou até aqui de comida. Não posso permitir que ela me sufoque. Preciso dar uma volta lá fora.

O enfermeiro está aqui, falando comigo. Não quero ouvir.

– Sente-se, Ingeborg. Sente-se na cadeira.

Não consigo enxergá-lo. Só vejo as paredes. Não posso me sentar. Ele está maluco? Sentar? Não! Não!

A única coisa que quero fazer é ir embora daqui, caminhando. É a única coisa que posso fazer.

– Olhe para mim, Ingeborg. Sente-se. Respire.

Respirar para quê?

Não preciso respirar, preciso andar. Preciso correr! Comida, comida, me encheram tanto de comida que não tenho espaço nem para pensar! Querem que eu estoure de tanta comida! Não foi só na barriga, foi até na minha cabeça! Não tem mais lugar! Não tem lugar para mais nada. Me deixem sair daqui.

As paredes. São elas que estão me prendendo. A mesa, eu posso pegar a mesa e quebrar as paredes com ela. Não, eu posso escavar as paredes, abrir um buraco e passar por ele. São apenas paredes. É tanto poder, são tantas forças. Quero quebrar, esmagar, escalar essas paredes. Quero sair, sair, sair! Sair daqui!

– Saia já, Ingeborg.

Sair daqui? Sair daqui!

— Como eu posso tirar você daqui? E eu, o que posso tirar daqui? Não posso nem tirar a comida de dentro de mim! Não posso nada! Em lugar algum eu posso nada! Não tenho sequer para onde ir!

— Você vai poder sair e dar uma volta, depois.

Mais tarde, depois, sempre depois. Não! Estou cheia de comida agora. As paredes estão me oprimindo agora. Eu preciso sair agora.

Eu o vejo olhando para mim. Através das paredes, do meu reflexo no assoalho. Sinto o seu olhar no meu rosto vermelho-sangue. Na camiseta empapada de suor. Olho para trás. Não dou conta de encará-los nos olhos, baixo a cabeça. Meus pés estão imóveis. O que eu fiz? Como pude me comportar assim? Era eu mesmo aqui dentro deste quarto? Com esses urros, essas palavras, esse pânico, esse desespero? Estou morrendo de vergonha. Assim como a comida me imobiliza por dentro, a vergonha me imobiliza por fora.

Isto sou eu. Sem o transtorno alimentar não tenho nada. Nenhuma ferramenta. Nenhuma ideia de como agir quando não posso fazer como me dizem.

QUARTA-FEIRA, 12 DE AGOSTO DE 2009

Ser punida com uma semana em casa refletindo sobre o que fiz é uma oportunidade de corrigir erros. Se você não conseguir fazer essa reflexão, é melhor fazer logo as malas. Sete dias longe da enfermaria. Na próxima semana eu perigo ser advertida e ficar uma semana de castigo longe daqui. Quebrei diversas cláusulas do contrato que havia firmado com o Creta.

Não consigo chegar ao peso estipulado. Não engordei o tanto que deveria.

O transtorno e a compulsão continuam afetando as refeições em altíssimo grau. A obsessão com limpeza. O descarte da comida, das fatias de pão e do que há por cima delas. Só poso usar uma mão para comê-las.

Ao mesmo tempo, tenho disfarçado meu comportamento obsessivo trancada no meu quarto. A compulsão pelos exercícios é a mais grave. Já mal consigo disfarçá-la. Fui flagrada diversas vezes. A cada vez encontro um substituto para o que me proibiram de fazer. Me proíbem uma rotina de treino, eu invento outra.

Acordo às cinco da manhã, todo dia, para fazer tudo que *sou obrigada*. O vigia noturno escuta tudo quando passa pelo corredor. Eles têm um molho de chaves que funciona como um guizo. Sempre percebo quando estão por perto. Aí faço exercícios sem impacto. Quando o guizo vai se afastando, não demora para eu escutar o barulho da porta da sala dos funcionários sendo fechada. Aí salto como uma louca até ouvir novamente o guizo se aproximando.

Não menti sobre os horários. Os vigias noturnos sempre perguntam se conseguimos dormir. A minha resposta é sempre, *sim, dormi muito bem até acordar. Sim, passei uma ótima noite. Não, senhor, acabei pegando no sono e só acordei quando já era manhã.*

Sim, a minha cuidadora e a enfermeira-substituta reuniram-se comigo, lavamos muita roupa suja e eu gritei e chorei. As compulsões tinham que parar. Mas eu não quero que parem. Ainda não. Não sei como vou alcançar meus objetivos sem me apoiar nas minhas compulsões.

Não vomitar é o mais importante. Este tem sido o meu comportamento mais obsessivo e mais vergonhoso. Mas já passam quase oito semanas sem que eu tenha forçado o vômito.

Infelizmente, do ponto de vista objetivo, a compulsão por exercícios não me deixe dormir direito. Do ponto de vista subjetivo eu acho ótimo. Mantenho-me dentro do limite mágico. O limite que ultrapassei antes das férias, estive a ponto de aceitar, para depois retroceder. E permanecer nele. Agora não consigo pisar mais além da linha. Por isso o objetivo número dois não foi alcançado. Não consegui recuperar meu peso.

Minha cuidadora fez um adendo ao contrato para me dar uma chance.

Um acordo entre a Ingeborg e o pessoal do Creta realizado na terça-feira, 11 de agosto de 2009

Com propósito de ajudar Ingeborg no seu trabalho contra o transtorno alimentar e o comportamento obsessivo-compulsivo, celebramos o seguinte acordo:

Esta semana ela ficará na cama até 6h da manhã. Atividades limitadas no quarto somente após às 6h nesta semana somente, como período de adaptação, mas a partir de segunda-feira, 17 de agosto, não haverá mais nenhum exercício no quarto.

A obrigação de ganhar peso até segunda-feira, 17 de agosto é (quase um quilo a mais do que peso agora. Em respeito a demais portadores de transtornos alimentares ou obcecados com quantias redondas, não revelarei o número) de x quilos. Caso pese menos que x quilos na pesagem de quinta-feira, 13 de agosto, ela terá uma dieta suplementar.

Passeios externos: 15 minutos pela manhã e 30 minutos à tarde, com acompanhamento.

Lavagem das mãos: no máximo uma vez antes do lanche e uma vez antes da refeição – na pia da cozinha.

Ela não irá descartar os ingredientes nem se recusar a comer nada do que estiver no prato.

QUINTA-FEIRA, 13 DE AGOSTO DE 2009

Meu peso tinha afundado.

O alerta sobre a semana de reflexão será disparado segunda caso eu não alcance o seguinte objetivo: engordar no mínimo 1,2kg até próxima pesagem.

Um quilo e duzentos gramas em quatro dias. Vamos às contas: para engordar um quilo é necessário pelo menos sete mil calorias. Eu preciso de dez mil. Mais de quatro mil por dia. E isso se não mexer um músculo.

A minha dieta está irreconhecível. Várias fatias de pão adicionais em cada refeição. Com coberturas adicionais. Lanches entre as refeições. Uma refeição extra à noite.

Não chorei. Não berrei. Não reagi. Cínica e tranquilamente, abaixei a cabeça. Cortei a ligação, me dividi em duas. O meu corpo agora não passa de uma coisa. Uma meta. Uma tarefa.

SEXTA-FEIRA, 14 DE AGOSTO DE 2009

Sem honestidade a doença persiste. Ela se fortalece da falta de honestidade. Minha doença é poderosa. Ela encontrou espaço para se instalar, se expandir e se sentir à vontade porque eu não fui honesta. Mentindo, enganando e fazendo os outros de trouxa eu a protegi. Por vezes a fio.

Mesmo agora, quando estou decidida a ficar bem, continuo a proteger os nossos segredos.

Enquanto não conseguir ser totalmente honesta, a doença irá perdurar. Eu preciso deixá-la ir. Amanhã irei mostrar à minha cuidadora uma das minhas várias listas de tarefas. O que está nessas listas já é por si só motivo suficiente para me expulsarem daqui por ruptura de contrato, mas já que estou com a corda no pescoço mesmo... Agora é hora de fazer tudo o que puder enquanto ainda tenho tempo para isso. Ser honesta enquanto posso. Se não for, a doença irá crescer novamente.

SÁBADO, 15 DE AGOSTO DE 2009

Hoje a ingestão de alimentos chegou a cinco mil calorias. Eu não sei se isso é bom, mas nem me dou ao trabalho de discutir. Não me sinto em condições. O meu corpo está entupido de tanta comida. E entorpecido. Passei o dia ser dar um pulinho, sem subir degraus, fiz apenas duas breves caminhadas, quinze minutos cada uma. Por isso não é só o corpo que está cheio. A cabeça está cheia. O único vazio está é onde ficam as emoções.

SEGUNDA-FEIRA, 17 DE AGOSTO DE 2009

Amanhã, às 8h, vou fazer meu exame mais importante até aqui. O examinador é aquela horrenda balança cinza.

O auxiliar é a enfermeira segurando uma caneta azul.

A nota será absoluta: ou suficiente ou insuficiente.

O conselho de administração dependia da avaliação da equipe multidisciplinar

Qual seria o resultado?

SEGUNDA-FEIRA, 17 DE AGOSTO DE 2009

Achei que fosse desmaiar de tanta expectativa. O trabalho dos últimos dias valeu a pena. *Cinco quilos.* A receita? Eis aqui o que você tem que fazer durante quatro dias:

Comer três vezes mais o que um adulto normal comeria.

Reduzir os exercícios de 1500 saltos, 100 lances de escada e 500 apoios de frente para zero absoluto.

Aumentar de quatro para nove as horas de sono.

Significa que o regime acabou. Durou o quanto durou. Ninguém deveria comer por três durante quatro dias seguidos. Não é normal nem saudável. Mas estar abaixo do peso tampouco, e foi minha culpa ter que engordar tanto em tão pouco tempo. Agora o erro foi corrigido e posso voltar a comer normalmente. O estranho é que agora que o regime de engordar terminou, as porções normais parecem quase minúsculas.

SEGUNDA-FEIRA, 24 DE AGOSTO DE 2009

Depois do desjejum iriam estabelecer uma nova rotina por escrito. Fui conversar com a acompanhante e com a enfermeira-chefe cheia de esperança. Novas metas semanais. Novas possibilidades. Grandes planos. Estava colhendo os frutos do trabalho que havia feito na semana anterior. Nada de treinos. Dieta rigorosa. Ainda acima do ganho de peso desejado. O fim de semana tinha sido ótimo. Eu estava realmente feliz.

Em vez disso me apunhalaram pelas costas. Recebi a notificação sobre a semana de reflexão. *Notificação tripla*. Havia cometido três violações graves. Se não as corrigisse até a próxima segunda-feira, seria mandada embora. Expulsa do hospital. De volta à minha casa. De volta à doença. Três transgressões, ou quebras de contrato, se preferir. Cada uma grave o bastante para me expulsarem.

A primeira é o meu blogue. Não querem que eu escreva sobre o que se passa no hospital.

Ponto número dois: *manteiga*. Sei que não sou a pessoa mais apaixonada por manteiga que existe. Nem perto disso. Deixo intocados os tabletes, troco as fatias, escondo os pacotinhos nos guardanapos. Parece piada, mas não tem nada de engraçado. Apenas tenho pavor de manteiga. Se alguém passar manteiga no pão para mim, tudo bem. Se eu tiver que fazer isso, a doença deflagará uma guerra contra mim. A doença leva isso pelo lado pessoal. Eu não consigo me opor a ela. Sou fraca.

O terceiro e último item tem a ver com o exercício. Como disse, parei de me exercitar dentro do quarto. Parei mesmo, completamente. Achava que sim. Apoios de frente não são exercícios. São o último vestígio da compulsão de que não consegui me ver livre. Eles eram necessários para eu poder encarar as refeições. Poder sair pela porta. Agora acabou. Suspeito que o vigia noturno tenha feito um relatório dedurando os ruídos no meu quarto. Barulho de exercícios. Fiquei desesperada, porque não era treino nenhum. Não me venha dizer que apoios de frente fazem barulho. Mas relatório é relatório. Não havia o que eu pudesse dizer. O maior desespero é a sensação de ter interrompido os exercícios à toa. Poderia muito bem ter continuado treinado normalmente até agora. O resultado seria o mesmo.

Já não podia mais fazer ginástica de qualquer maneira. Como um bicho preguiça, tinha que ficar sentada, observando os outros se divertirem no ginásio.

Obedeci à minha dieta nos mínimos detalhes. E trabalhei feito uma mula para vencer a obsessão. Ela grita dentro de mim a cada vez que dou um gole numa bebida em público. Ela me corrói por dentro quando tenho que usar talheres. Eu fico enjoada só de pensar que minhas mãos não estão limpas o suficiente antes de comer. Nunca acho que estejam. Mas tenho trabalhado muito contra isso. É impossível que a acompanhante, a enfermeira e a psicóloga não tenham percebido.

A sensação que tenho é que só querem me engordar e me fazer ganhar barriga. A doença começou a abafar tudo o que disseram. Ela aboletou-se no meu ombro como um diabrete e sussurrou para não lhes dar ouvidos. *Elas querem nos fazer mal. Elas querem deixar você enorme. Querem deixá-la preguiçosa. Não ouça o que dizem. Somos nós contra elas.* Eu escutei. Assumi um comportamento hostil. *Enfermeira dos infernos. Acompanhante terapêutica de Satanás.* Cada uma sentadinha na sua cadeira falando tranquilamente comigo. Não dei ouvidos às ordens que me davam, não queria ouvir. A raiva que antes me deixava apavorada estava de volta. Meus olhos enturvaram. Eu preciso passar mais manteiga no pão. Não posso mais fazer apoios de frente. Só podia treinar até hoje. Não posso mais passear lá fora. Nem ir ao ginásio. Não posso mais nada, só comer. *Merda de lugar de lixo*, foi a última coisa que eu disse antes de me levantar dali e bater a porta com força.

As lágrimas não demoraram a escorrer enquanto eu tentava contar a frustração e a raiva. Uma raiva que se voltou contra mim mesma. Não adianta nada se comportar assim. Uma adulta, batendo a porta como uma adolescente birrenta. Parei de repente e dei meia-volta. Abri a porta do escritório e pedi desculpas moderando a voz. Antes que a minha cuidadora dissesse que estava tudo ok, eu já estava novamente com ódio. Por que eu tinha que estar ali? Saí e bati novamente a porta. Desta vez as lágrimas não me esperaram chegar até o quarto. Molharam o meu rosto inteiro, desfigurado. Só que não era choro. Eram lágrimas de frustração. Lágrimas de ódio.

Esmurrei a porta do quarto com mais força ainda. Várias vezes, até finalmente entrar. Como um cão hidrófobo, fiquei dando voltas em torno do quarto. Não me restavam alternativas. Eles haviam me tirado tudo. A doença não podia mais me dar o que eu precisava para me acalmar. Derrubei no chão o vaso das flores e espalhei cacos de porcelana por todo o lugar. Arremessei a garrafa d'água na parede. Ergui a cadeira no ar e a atirei com força no chão. Ela quicou duas vezes no chão de laminado cinza até se acomodar no meio dos cacos de porcelana. Meus olhos ardiam, minhas bochechas queimavam. Eu me debati, indefesa, fora de mim. Esmurrei armários e paredes. Chutei-os com todas as minhas forças. Tudo isso enxergando através de um véu de lágrimas.

A acompanhante me conteve. Corpo e mente. O triste espetáculo que ela testemunhou é algo de que eu me envergonho profundamente. Permitir ser vista nessas condições, deixar que alguém varresse os cacos do chão do quarto. Chorei sem parar, inconsolável, aos gritos. *Não é possível. Eu não aguento mais. Foi a gota d'água.* Me deitei enrodilhada no chão, com as mãos na cabeça. Exausta. Nem consegui demonstrar-lhe o quanto estava agradecida por ela estar ali comigo, porque era a mais pura verdade. Mas a doença a odeia. Odeia a minha cuidadora. Odeia o hospital. Odeia o tratamento.

Mesmo assim: é isso que eu quero.

Estou afirmando agora. De coração. Quero a minha vida de volta. Recomeçar a viver. Tenho tanto ainda para viver. Tanto para amar. Por isso afirmo agora que a doença deve morrer. São minhas palavras.

Nesta segunda-feira, no entanto, não fui eu quem falou.

QUINTA-FEIRA, 27 DE AGOSTO DE 2009

Pela manhã, recebi o resultado dos exames de sangue assinados pelo diretor-geral.

O cenário não parece muito promissor.

Já tinha ciência que estava com supressão de medula óssea e osteoporose. Achava que fosse até pior.

A lista era constrangedora de tão longa, com valores extremos para todos os itens testados, ou estavam altos demais ou abaixo do mínimo.

O meu fígado está em frangalhos. Lentamente, a desnutrição e o subpeso o deixaram parecido ao fígado de um alcoólatra. *Esteatose*, gordura no fígado. Irônico, não é? Por isso agora terei que tomar medicamentos intravenosos. De repente me assusto com a possibilidade de me internarem na ala hospitalar. De novo.

DOMINGO, 30 DE AGOSTO DE 2009

Me deixaram tirar uma folga. Agora estou sentada na escada do hospital.

Sentada e envergonhada.

Lá dentro eles estão jantando. Eles acham que eu estou na casa da minha amiga Mari, fazendo o mesmo.

Na casa da Mari eles estão jantando. Ela acha que eu estou no refeitório fazendo o mesmo.

SEGUNDA-FEIRA, 1 DE AGOSTO DE 2009

Outra segunda-feira. Outra pesagem. Outras metas semanais.

A anoréxica anarquista sobreviveu ao castigo da semana de reflexão anterior. Em outras palavras, continuo no hospital, mas apenas passando o tempo. Corro o risco de receber mais uma notificação de semana de castigo na próxima segunda, e desta vez não apenas por três transgressões bobas. Desta vez a notificação será pelo conjunto da obra. Isso quer dizer que eu preciso seguir à risca as regras da instituição. Acabou a fase anarquista. Além disso me advertiram por não ter atingido o peso esperado. Quer dizer, não só não atingi como perdi peso.

O relatório de pesagem afirma que estou dois quilos abaixo do desejado para o momento. Dois quilos. Isso significa que terei que engordar dois quilos e meio até segunda-feira.

SEGUNDA-FEIRA, 1 DE SETEMBRO DE 2009

Não. A compulsão tomou conta de mim num segundo de fraqueza. Um impulso. Um instinto.

Tudo por causa de uma toalha largada no chão.

Estava apenas fazendo uma faxina. Tinha tomado uma ducha. A toalha tinha caído no chão, era só apanhá-la. Me abaixei, senti o tecido de algodão e a minha visão ficou obscurecida.

Aqui no hospital eu usava toalhas como colchonetes de treino. Depois que me tiraram o colchonete na última internação, foi o melhor substituto que encontrei. As toalhas brancas com o logotipo da lavanderia municipal eram a primeira coisa em que eu punha as mãos pela manhã. Estendia-as no chão. E mandava ver. Durante quase dois meses. Parei devido à ameaça de ficar mais uma semana de castigo, refletindo sobre o que fiz. Achava que estava em condições de me controlar melhor agora. Puxa, faltava tão pouco. A sensação a maciez entre os dedos combinada com a visão do chão de laminado cinza foi o suficiente.

Como por instinto me deitei no chão. Dura como uma prancha, braços de lado, cotovelos dobrados, costas alinhadas. O olhar fixo na minha frente. Barriga contraída.

Um - dois - três - quatro -

"O que você está fazendo?"

Era a enfermeira no corredor. Não a ouvi batendo à porta, nem percebi que ela tinha girado a maçaneta. Despertei do transe.

Fiquei em pé num sobressalto, com a toalha entre as mãos. "Estou só limpando!", menti, em pânico. Fazer apoios de frente era o mesmo que pedir para voltar para casa. Exercícios dentro do quarto. Expulsão sumária. A enfermeira não acreditou em mim. Com o semblante mais cândido voltou a me perguntar. E eu voltei a mentir. Ela me deu mais uma chance. Era doloroso mentir cara a cara com uma pessoa tão boa, que quer me ajudar. Porém se eu não for honesta não posso ser ajudada.

Contei a verdade.

Agora vou para casa. Na segunda-feira me despeço. Semana de reflexão. Sete dias por minha conta. Eu e a doença.

A anorexia está em festa. Vamos para casa passar fome. A doença esfrega as mãos de contentamento. Finalmente Ingeborg terá motivos para se envergonhar novamente. A compulsão está engatilhada, pronta para disparar. Agora podemos fazer um programa de exercício e segui-lo à risca. Tudo que há de malsão em mim se anima para se ver longe deste lugar. Longe de tudo que me impede de adotar condutas doentias. Vamos para casa, nós duas. Nossa vidinha de sempre.

A vida que eu não quero. Que nunca quis de volta.

TERÇA-FEIRA, 2 DE SETEMBRO DE 2009

Os impulsos vêm como relâmpagos. E hoje está uma verdadeira tempestade.

Treine. Agora.

Eu achava que a curva era descendente, que o monstro estava apenas à espreita. Ele está com gosto de sangue na boca, pronto para atacar.

Onde posso me esconder?

SEGUNDA-FEIRA, 7 DE SETEMBRO DE 2009

Ganhei e perdi nessa folga de final de semana.

O sentimento de perda e maior. O de vitória quase não existe. Apenas na teoria eu me saí bem. O lado racional me aplaude e dá os parabéns. Força. O lado irracional só acumula ódio e repulsa por mim mesma. Fraqueza.

Uma gorda anoréxica.

Uma bulímica que não vomita.

Uma viciada em exercícios que não move um músculo.

Fiz tudo o que eu devia.

Não fiz nada que não devesse.

Será o bastante? Irão me mandar para a semana de reflexão mesmo assim? Terei que voltar para casa?

SEGUNDA-FEIRA, 7 DE SETEMBRO DE 2009

Hoje cheguei ao peso que pode me mandar para casa.

Não adiantou a quantidade de chá que bebi, o limite de peso não foi alcançado. Uma xícara. Duzentos miligramas. Duzentos gramas.

Precisava de trezentos.

Exatos trezentos.

Adianta chegar ao limite estabelecido?

Será que vão me deixar ficar no hospital?

Estou disposta a continuar me esforçando.

Será que irão permitir?

Eu quero.

Eu preciso.

SEGUNDA-FEIRA, 7 DE SETEMBRO DE 2009

Estou a caminho de casa.

SEXTA-FEIRA, 11 DE SETEMBRO DE 2009

Da última vez que vim para casa a compulsão se apossou de mim assim que que abri a porta. Esterilizei todas as xícaras e copos. Desinfetei tudo aquilo que tinha a ver com comida, por dentro e por fora. Estava ainda mais compulsiva do que no tempo da minha primeira internação. Era como se eu estivesse devendo algo à compulsão e pagando com juros. Precisava compensá-la pela comida, bebida e remédios medonhos que fui obrigada a ingerir.

Depois disso foram dois meses me exaurindo lavando coisas na pia. Literalmente.

Agora é a semana de reflexão. A única exigência que me deram desta vez foi não perder peso. É a deles, mas não é a minha. Eu também me impus uma exigência: contra a obsessão por limpeza.

É tão simples quanto complexa: *acabar com ela*. Não deixar as últimas dez semanas escorrerem pelo ralo. Não recuar. Não agora.

Passaram-se cinco dias da semana de reflexão e a lava-louças não está trabalhando tanto como da última vez. A chaleira elétrica também está sendo menos usada. Não estou mais escaldando xícaras e copos; talheres saem direto da gaveta para a mesa. Os pratos também saem direto do armário.

As xícaras de chá também. Esquecer o hábito, o movimento automático de despejar água fervente no utensílio que vou usar, foi a parte mais difícil. Encher o copo de água fresca sem antes tê-lo enxaguado com água fervente.

TERÇA-FEIRA, 15 DE SETEMBRO DE 2009

Relatório dos funcionários:

Você não conseguiu manter o peso durante a semana de reflexão.

Terá que passar mais meia-hora na cama a cada manhã. Até as 6h30.

Continuará sem fazer exercícios, principalmente no quarto.

Dieta completa mais uma fatia de pão extra no desjejum e no almoço.

Dois copos de bebida a cada refeição. Suco no jantar. Sorvete e sobremesa.

Mingau de aveia e um copo de bebida na ceia.

Passeios: 2x30 minutos

A única novidade boa. Prolongaram em quinze minutos o meu passeio.

Ingeborg terá que manter aberta a porta do quarto à noite como estímulo a não treinar no quarto.

É fácil pegar no sono, pelo menos nas primeiras horas. A certeza de que alguém poderá ouvir meus passos (e certamente meus pulos) me permitirá ter algumas horas de sono antes que a compulsão pelos exercícios se manifeste. Pior para a compulsão. Ótimo para o corpo.

Você está ameaçada de ***expulsão****. Se não engordar um quilo e meio até a próxima segunda, será mandada embora.*

QUARTA-FEIRA, 16 DE SETEMBRO DE 2009

Ontem à noite só prepararam ceia para mim. Uma tigela de mingau de aveia, com passas, açúcar e manteiga. Um copo de iogurte. Na cozinha. Só eu e as enfermeiras.

Não podemos falar sobre comida à mesa. Nem sobre comida nem sobre doença. Mas já que eu era a única paciente, comendo à luz de velas e na companhia de uma enfermeira, tudo bem.

"Por que é tão difícil fazer as coisas certas? Comer?"

Fiquei sentada olhando para a minha tigela de mingau. Parecia não ter fundo.

"Eu digo que quero me curar, que quero aumentar de peso. Mas fazer o que é preciso para isso é praticamente impossível. Quando preciso comer, tudo dá para trás. Quando preciso passar manteiga na fatia do pão, fico paralisada. As coisas desandam quando me deito para dormir. Tudo é em vão se eu deixo de treinar, um mísero e único treino que seja. Nada disso me parece errado. Eu entro numa espécie de transe, sem condições de saber se o que estou fazendo é o certo."

A enfermeira não disse nada. A ceia dura apenas quinze minutos e o tempo passou. Peguei a colher reluzente com a mão direita, revolvi a borda do mingau. Remexi nuns grãos de aveia grudados na borda, olhando para eles quase admirada. Esses grãos de aveia mexem tanto comigo. Toda e qualquer comida mexe tanto comigo. A aveia é poderosa. Um a zero para a aveia. Repousei a colher no guardanapo. Ergui o rosto e encarei a enfermeira, na expectativa. Ela desviou o rosto na direção do copo d'água à sua frente e só depois disse: "Sim, estou vendo você remexendo muito o mingau. E desperdiçando bastante tempo. Mas tudo bem, Ingeborg. Pode fazer assim."

Posso fazer assim. Não era essa a resposta que eu estava esperando. Já tinham dito isto antes, uma resposta simples demais. Certo, porém o mais longe possível da realidade. Longe da minha realidade. Foi difícil de engolir o mingau, ele parecia engrossar como cimento na minha boca

"Sabe. Pelo visto não é para ser assim!"

Ninguém diz a alguém com a perna quebrada que ele não pode sair andando por aí. Ele precisa de muletas e gesso para sarar. Fortalecer os músculos depois, reencontrar o equilíbrio. Depois de um tempo ele deixará de mancar e passará a andar normalmente, sem temer cair depois de um esbarrão ou sentir dores quando der uma passada mais larga. Alguém com a perna quebrada merece o respeito das pessoas mesmo quando não é capaz de fazer o que todo mundo faz.

SEXTA-FEIRA, 18 DE SETEMBRO DE 2009

Deixei o formulário de requisição preenchido em cima da mesa do diretor.

REQUISIÇÃO DE EXTENSÃO DE ESTADIA / REINTERNAÇÃO DE INGEBORG NYVANG SENNESET

Eu, Ingeborg Senneset, desejo me *curar* da minha anorexia nervosa atípica.

Desejo prolongar minha estadia na ala especializada pelo mínimo de doze semanas. Acredito que este prolongamento se justifica numa perspectiva de longo prazo.

O tempo é um fator essencial para alcançar a cura. Com isso me refiro tanto ao tempo de tratamento quanto ao tempo que pode ter sido desperdiçado caso os cuidados que cabem não sejam mantidos. Me sinto altamente motivada e com a moral elevada, dois fatores altamente suscetíveis que não posso me dar o luxo de desprezar neste instante. Ignorá-los, ainda que por um breve intervalo de tempo, seria o mesmo que pôr a perder anos de tratamento.

Meu objetivo é soerguer minha identidade como indivíduo. Minha doença me afeta desde os tempos da pré-escola. A despeito de uma vida social ativa, frequentando escola e trabalhando, a doença ocupou um espaço que torna difícil saber quem é a verdadeira Ingeborg. Sem isto, nunca poderei conhecer e me relacionar comigo mesma. E o caminho de volta rumo ao que me é conhecido, uma identidade enquanto jovem anoréxica, será mais curto.

Cruzo os dedos.

SÁBADO, 19 DE SETEMBRO DE 2009

Indeferiram o pedido para prorrogar a minha internação.

Com isso, foi a doença que teve seu pedido aceito para se prolongar em mim.

Por favor, entenda.

A motivação de uma anoréxica para comer é muito frágil.

A vontade que uma bulímica sente de vomitar é um fracasso.

Quando um obsessivo-compulsivo tenta não se deixar levar pelos pensamentos está se equilibrando no fio da navalha.

Meu desejo de me curar é inabalável.

Mas preciso de apoio para não desistir.

Minha vontade precisa de alicerces fortes para não ser levada pela primeira enxurrada. As tentativas que faço dependem de ajuda para não serem em vão.

Sem amparo, minha motivação parte-se em pedaços.

Sem ajuda, a vontade cessa.

Sem um alicerce, o fio da navalha é ainda mais afiado.

Meu desejo de me curar da doença novamente se vê sozinho.

Um desejo não se basta sozinho.

Ele já esteve só antes, e não foi o suficiente para eu ficar bem.

Se apenas o desejo fosse o bastante, tivesse em si a força necessária, já estaria curada.

SEGUNDA-FEIRA, 21 DE SETEMBRO DE 2009

A horrenda balança cinza já confirmou.

Estou pesando o suficiente para ficar.

Uma pesagem foi ainda maior que a outra.

Trapaceei. De novo.

A sensação é terrível.

É possível viver de mentiras quando se mente para sobreviver? É legítimo fazer algo de errado quando isto que se faz para combater a loucura? Existe uma defesa possível para enganar os outros e não ter de ludibriar a si mesma?

É correto trair seu propósito se a traição é matar um Judas? Estou fazendo o que é certo?

TERÇA-FEIRA, 22 DE SETEMBRO DE 2009

Não fui capaz de conviver com a mentira. Não me pareceu justo. Eu não sou assim. Não quero ser assim.

O Judas irá morrer, mas não pelos meios que ele considera legítimo.

Nunca consegui cumprir as metas de peso nas segundas-feiras. Menti. Bebi dois litros de água pouco antes de subir na horrenda balança cinza. Bebi para ultrapassar o limite mínimo, que significaria a minha expulsão. Dois litros de água equivalem a dois quilos de peso. A razão da trapaça é simples de explicar e complicada de entender: eu sabia que a doença queria me mandar para casa. Ela não queria que eu alcançasse o peso estabelecido. Ficar aqui significa uma semana a mais de comida. Uma semana inteira malhando o meu Judas. Estive a ponto de ceder. Voltar para casa. Deixar a doença me dominar. Jogar fora o tanto que trabalhei até aqui.

O lado sadio venceu. Eu voltei, mas, para isso, tive que tapear aqueles que me ajudam.

Agora, que o golpe foi descoberto, contei tudo à acompanhante. Ela ficou feliz por eu ter compartilhado. Havia tempos que ela estava de olho em mim, esperando eu cometer o primeiro deslize. Só não sabia exatamente o quê. Nem quando.

Amanhã saberemos se eu fiz a coisa certa. Ficando aqui, por ter usado esses métodos, ou por ter revelado a mentira.

O transtorno alimentar perdeu a batalha. Ao mesmo tempo, eu me enfraqueci.

QUARTA-FEIRA, 23 DE SETEMBRO DE 2019

A enfermeira me segura pelo braço nu. O esquerdo. As veias parecem querer saltar da pele. Enormes. Retorcidas. Como um emaranhado de cobras azuladas, cobertas por uma penugem fina e alourada. Horrível.

O joelho da minha calça clara está sujo. Ou melhor, não está. É o pó do chão do banheiro.

O braço direito me mantém em pé. Sinto dores. Ele vai já ficar arroxeado. Os ladrilhos do chão do banheiro são duros.

Eu caí.

Desmaiei.

Tensão demais.

Coisas demais na cabeça.

Pensamentos demais.

Chega.

A pressão subiu. Não significa nada para mim.

Eu sussurrei o nome dela.

A enfermeira alterna o olhar entre o instrumento branco e o meu rosto que chega a tremer de medo.

"Ainda estou na Terra?"

Não olho para ela, mas percebo que ela está me examinando meticulosamente. Não sei o que isto pode significar. Para onde vou.

Afundo no canto da cama. Puxo o edredom para me cobrir. Abafo a voz, que agora é quase um sussurro, que mal consigo ouvir.

"Catorze anos com a doença é tempo demais?"

É, sim. Vinha evitando dizer isso. O sussurro soprou de volta como o hálito da morte. Uma brisa de descrença e dúvida. Palavras que eu jamais pronunciaria. Um fato que eu preferia nunca ter que encarar.

"Será que eu passei todo este tempo me enganando? Que é possível ficar realmente sadia depois de tanto tempo?"

A enfermeira me deu a resposta que eu queria e reavivou a minha crença. É possível, sim, claro que é possível. Ela quis renovar a minha confiança, me manter de cabeça erguida. Manter acesa a chama de que eu conseguirei sair dessa. Atravessar a tempestade. Me manter inteira. Vencer. Sei lá.

Estou exausta demais para pensar.

DOMINGO, 27 DE SETEMBRO DE 2009

A minha hora está mesmo chegando?

Terminou o fim de semana, acabou a folga. Como se eu tivesse folga no final de semana… Neste caso, a primeira coisa que faria ao voltar seria largar a mala no chão, abrir a janela para arejar o quarto e dar fim àquele cheiro abafado de hospital. Ligar o rádio. Tirar somente o essencial de dentro bagagem. Sair pelo corredor para dizer um olá e dar um abraço em alguém.

Mas não estou lá. Estou em casa. Não tive folga.

Tive alta.

Fui expulsa.

Não consigo nem acreditar.

PARTE III
ØSTMARKA

INÍCIO DA DÉCADA DE 1990

Um, dois, três, já! Correr para a vida, correr para viver, correr para deixar a vida correr ou deixar de correr? Ela não sabe, não desconfia de nada, só sabe que precisa correr e correr e correr. Mil facas na garganta, dez dedos apontando para o coração, uma mão segurando a esperança. Será que ela dá conta? A casa está nas suas costas, a porta bate num estrondo, a luz dos relâmpagos a ofusca apesar de o crepúsculo já ter se abatido sobre o céu.

As perninhas grossas já não suportam mais o peso de uma menina que não é mais bebê, primeiro caem suas duas mãos no chão, depois os joelhos, e por fim as lágrimas. Entre seus ombros jovens desponta o pescoço que sua frio, as costas arqueiam-se à medida que o diafragma se contrai e o conteúdo do estômago é despejado na grama. Ela arrasta os dedos pequeninos, trêmulos, suados, imundos, cheios de lama, cheios de vergonha, numa tentativa inútil de remover a gosma cinza da grama verde.

A sujeira gruda, tudo gruda, os dedos ficarão sujos para sempre, a imundície vem de dentro, ele volta a se espalhar, o nevoeiro, o indizível, será que um dia terá fim? O diafragma produz um último espasmo, mas ela não vem, não quer sair, ela nunca será capaz de livrar-se da própria alma.

INTRODUÇÃO

Como começou?

É a pergunta de sempre, toda vez. Uns vão direto ao ponto, outros querem ser mais educados e ficam fazendo cerimônia. Eu sei que querem saber. Eles não compreendem que as palavras, que aliás são um peso para mim, não dão conta de expressar. As frases ficam atravessadas na garganta, como uma espinha de peixe, me torturando sempre que engulo e digo “lá vamos nós outra vez”.

Se as palavras não são suficientes, prefiro então dizer quando os sintomas começaram. Começaram na forma de medo, ansiedade, agitação, pesadelos. E continuaram com a tentativa de reprimi-los. Automutilação. Compulsões. Gula. Fome. Exercícios.

Mas estas eram soluções, soluções para um problema que eu nunca tive, soluções que deram origem a novos problemas. Um acúmulo de contas para pagar, físicas e psíquicas. Porque a história não começa com os sintomas. Eles são só o começo que fica registrado.

A conta me chegou pelas mãos de adultos que deviam saber o que estavam fazendo. Assédio moral. Agressões físicas. Apanhei, e foram vários os que me bateram, e em várias ocasiões diferentes, sem relação entre si. Dei azar. *Ainda hoje, enquanto escrevo, fico me perguntando como poderia ter evitado tudo isso. Não tive uma parcela de culpa?*

Isso me deixa louca, pois é muito pouco para sustentar uma doença com tal poder de autodestruição e me fazer sentir tão culpada. A violência foi apenas a faísca. A vergonha é só vento soprando as velas de uma viagem doentia que já dura vinte anos.

Estamos preparados para ouvir a resposta quando perguntamos quando “isso” começou? A possibilidade de identificar uma “mudança repentina” numa criança ou num adulto não poderia ser uma manifestação de algo errado já em curso? Se porventura nos damos conta de que o doente tem um problema, é lícito supor que o próprio doente causou o problema? Temos o direito de nos indignar em nome desses que tanto sofrem?

As dores que algumas pessoas infligem a si mesmas podem ser apenas a parte visível de um sofrimento que os outros não conseguem enxergar.

Doenças mentais não surgem do nada, não se mantêm no nada e não desaparecem do nada.

Transtornos alimentares não são vírus e ter isto em conta faz todo o sentido para quem lida com o assunto. Eles suprem uma carência. É importante averiguar qual é esta necessidade e o que a motivou. Mas isso seria contraditório: a culpa recairá sobre alguma outra causa que não o transtorno alimentar, e isso é terrível.

Mesmo assim: para que o doente possa viver sadio, ou menos afligido pelos sintomas, é importante conhecer tanto as causas da doença quanto as formas de proporcionar uma mudança de comportamento. Levar uma vida sem sintomas, eu costumo dizer, é como receber o boleto de uma conta que não nos diz respeito, não queremos pagar e nem temos a quem devolver. Levou muito tempo para perceber que estar doente não era minha culpa – embora a cura dependesse de mim. Perceber isto foi importante para minimizar os maiores entraves para o sucesso no tratamento da doença: culpa e vergonha. Dois sentimentos que, natural e felizmente, nos equipou para adotarmos um comportamento empático para com os outros, mas são inúteis e contraproducentes quando o assunto é curar-se de uma doença.

Depois de ser expulsa de Stjørdal, voltei para o meu dormitório como um gato atropelado à procura de uma cova para morrer. Agora, nenhuma outra instituição iria me aceitar. E se acaso fosse, de que adiantaria? Mas eu ganhei uma nova chance, através de uma leitora do blogue, que conhecia um profissional especializado no tratamento da doença. Ele até trabalhava num hospital em Trondheim. Este psicólogo, Bjørn, tinha conseguido ajudá-la e iria me ajudar também.

Depois de um processo relativamente curto, que incluiu uma entrevista presencial no hospital de Østmarka, onde um esqueleto de uma loura admitiu que ou era uma nova internação ou era *game over*, conseguiram uma vaga para mim na enfermaria especial 4. Felizmente não fazia ideia disso em novembro de 2009, quando julguei que a entrevista não daria em dada, mas fiquei internada como paciente da instituição até 2012.

É muito tempo. Mas não é nada comparado às centenas de internações e as altas que meus colegas foram submetidos ao longo de anos e anos. Eu cheguei, finquei os pés e não recuei. Tive sorte.

O número de leitos em hospitais psiquiátricos, segundo a TV pública norueguesa, caiu pela metade desde 1990. Um número cada vez menor de pacientes recebe cuidados psiquiátricos no longo prazo. Especialistas alertam que instituições de cuidados permanentes e hospitais-dia vêm sendo desativados e não há alternativas em vista. "Tudo isso é lamentável", disse o clínico-geral Per Harald Bentsen, do departamento psiquiátrico do hospital de Sandviken no programa *Her og nå.*[15] O único fator que importa para transtornos mentais graves é o tratamento de longo prazo, disse Bentsen. Violência contra terceiros ou contra si próprio – especialmente esta – são consequências da falta de opções de tratamento, o que não é de surpreender. Durante todo o meu período de internação até o dia de hoje, pacientes que deixaram de ser atendidos não param de entrar em contato comigo.

"Você não pode escrever sobre isso?" "Não conhece um psicólogo?" "Não aguento mais. Não tenho esperança." "Preciso arrumar um outro lugar para ir. Aqui as pessoas são muito frias."

É mais do mesmo a que eu e tantos outros fomos submetidos. Por um instante, o futuro chegou a parecer promissor, mas hoje eu nunca estive tão pessimista. A enfermaria 4, onde fiquei, foi desativada. Ela e tantas outras. A enfermaria 3, no prédio vizinho, sobreviveu à desativação graças à pressão da mídia, e mesmo assim opera em condições precárias.

Será que faço parte da última leva de pacientes a ser admitida numa instituição que se manteve de pé enquanto teve apoio, para depois poder caminhar com as próprias pernas sem a ajuda de ninguém?

A lógica do mercado e o estigma contra os pacientes conseguiram finalmente acabar com os tratamentos intensivos? Estamos fadados a chegar ao extremo em que os pacientes irão infligir danos a si próprios ou aos seus próximos, conforme advertiu o clínico-geral Bentsen. O que será de nós? Espere, já sabemos: vamos remendar aqueles que se machucarem e prender os que machucarem os outros. Apagamos os incêndios e só nos preocupamos com o que é superficial. Fazemos qualquer coisa, exceto o que é necessário para tratar a doença. Pode até parecer que não queremos apenas seguir em frente, subir um degrau.

O ministro da Saúde, Bent Høie. tomou parte no debate promovido pelo *Her og nå*. Ele disse palavras bonitas, como "prioridade" e "oferta". Ouvi ainda "compromisso" e "disponibilidade", termos escorregadios como a casca de uma banana.

Comprometer-se é dar às pessoas uma chance. Disponibilidade é oferecer ajuda. Cuidado. Atenção. Apoio. Internações de longo prazo e hospitais-dia devem continuar tendo lugar no sistema de saúde norueguês. Até mesmo pacientes internados em hospitais durante anos podem retornar ao convívio social como indivíduos úteis e produtivos, mas precisam ter condições.

---

15 N.T.: "Aqui e agora".

Eu passei três anos em tratamento. A anoréxica esquálida, cujos órgãos internos quase entraram em colapso, que mal conseguia subir as escadas do hospital, alguém cujas chances de reintegração social eram quase nulas. Mesmo assim, os especialistas lutaram para prolongar minha internação indeterminadamente – do contrário não teria como sobreviver.

Escrevi "lutaram" e quis dizer lutaram no sentido mais literal. Somente após ter alta compreendi a dimensão do cabo de guerra burocrático que transcorrera nos bastidores, as manobras que precisaram ser feitas, as negociações nos gabinetes, enquanto eu vagava pelos corredores. Sei que o meu cuidador, ele que lutou mais bravamente, acredita que valeu a pena.

Ele compartilha da minha felicidade. Lê os meus artigos nos jornais. Me estimulou a escrever quando outros queriam que eu deixasse o computador de lado. Ele acreditou em mim. Disse que eu poderia erguer a cabeça, a mesma cabeça que quis me derrubar para sempre. Saí pela porta do hospital ciente de que não havia apenas sobrevivido, mas estava contagiada por uma vontade de viver.

Não porque tudo fosse perfeito, nem mesmo em Østmarka. Com o passar do tempo comecei a questionar uma série de condutas do hospital. Pelo que percebi, desvios raramente eram punidos e medidas elementares de segurança eram ignoradas – saídas de emergência desimpedidas, por exemplo –, assim como certos comportamentos de funcionários eram absolutamente condenáveis. Certo dia um paciente entrou sozinho na dispensa de medicamentos para apanhar o próprio remédio. Um dos funcionários que trabalhava em Østmarka era a definição oposta do que eu considero uma cuidadora. Todos os pacientes têm destas histórias para contar, sobre pressões, mentiras, ameaças, sabotagens, desvios de conduta. Eu mesmo vivenciei algumas delas no que têm de pior. Se hoje eu observasse alguém tratando um paciente – ou quem quer que fosse – da maneira como esta pessoa fazia, mobilizaria todas as minhas forças para que este paciente fosse retirado dos seus cuidados. Por que ninguém reagiu na época?

Bem-vindo à terceira e última internação. Começamos no dormitório – no limbo em que infelizmente muitos, de tempos em tempos, acabam indo parar. Sem a perspectiva de opções de tratamento e sem condições de buscar ajuda por si só.

SEGUNDA-FEIRA, 28 DE SETEMBRO DE 2009

Estou sozinha. Deveria, na verdade, escrever sobre o final de semana, mas não posso. Não agora, não aqui. Pois acabei de jantar. A única coisa que quero é continuar a comer. Não porque esteja com fome. Apenas para poder vomitar.

A doença está me espreitando, por isso não posso mais continuar a escrever. Não posso ficar sozinha, não agora. Preciso sair daqui. Não posso ficar por perto. A doença não vai embora, eu vou.

TERÇA-FEIRA, 6 DE OUTUBRO DE 2009

Quem é você? Ou, melhor dizendo: quem sou eu?

Sem resposta. Você também não sabe.

Depois de tanto tempo fazendo parte de mim, a doença tomou a minha forma. A comida governou tantos dos meus pensamentos. As minhas ações. E quando a doença se for, o que sobrará? Quem serei eu então? Como estarei eu então? Como irei reagir aos outros? Como reagirei diante de mim mesma se não sei quem sou?

A raiva pode ser acumulada. Acumulada até o ponto de ser vomitada para fora do corpo, poder definhar ou tornar-se mais resistente, pode estar à espreita ou ser eclipsada pelos comportamentos compulsivos. A felicidade pode preencher o corpo e se esvair num jorro de vômito. Sofrimento ou dor, alegria ou energia positiva, o transtorno alimentar se nutre de qualquer coisa.

Posso, portanto afirmar: ele devorava qualquer emoção que eu viesse a sentir. Me perguntam o que foi feito delas e eu fico a imaginar se eram mesmo genuínas: quais sentimentos eram afetados pela doença e quais desapareceram. Mas de que me adianta?

Sentimentos devem ser vividos, experimentados, explorados. Eu não aprendi como. Como é possível vivenciar sentimentos da forma como realmente são? Como saber quais sentimentos se manifestam neste exato instante? Como poderei explorar os sentimentos que virão?

Não faço ideia, e não sei se um dia arriscarei dizer que possuo essas habilidades, mas quem sabe eu não possa ao menos fazer uma tentativa?

QUINTA-FEIRA, 8 DE OUTUBRO DE 2009

Sempre me sinto segura entrando no pequeno consultório onde está escrito Annis numa plaqueta na porta. A Annis tem um sorriso permanente no rosto e costuma usar um suéter colorido sobre os ombros relaxados. O cabelo castanho claro que emoldura seu rosto oscila no ritmo em que ela se remexe na cadeira. Ah, aquelas cadeiras vermelhas e desconfortáveis. Bonitas, mas nada ergonômicas. Sempre acabo sentado com os pés retorcidos e peço desculpas por parecer desleixada. A Annis sorri sempre que digo isso. E sempre responde que não é coisa que se diga.

"Sente-se como quiser, menina. Você sabe que aqui comigo pode ficar à vontade."

Eu sei. Sei que posso me sentar como quiser, dizer o que quiser, falar do que preciso falar. Me ocupar exatamente daquilo que me preocupa. A Annis está ali. Ela escuta. Ela sabe quem eu sou. Nos conhecemos há muito, muito tempo. Desde que minha primeira internação no Creta de Levanger, onde ela foi minha cuidadora durante quatro meses. Depois, cuidou de mim no ambulatório durante um ano e meio depois da internação. Por três meses tive outra cuidadora, enquanto fui uma paciente internada e não ambulatorial.

Agora estou de volta aos cuidados da Annis. De volta às cadeiras vermelhas. De volta àquela que me conhece melhor que ninguém. Não apenas a anoréxica: para a Annis eu sou mais que um diagnóstico.

Isso terá um impacto tremendo nos resultados nesta hora. Uma hora que se desdobrará em três.

HORA NÚMERO 1

Eu cheguei na porta, como tantas vezes antes. Sentei-me na cadeira vermelha. A Annis sorriu discretamente com os cantos da boca. Eu a olhei diretamente nos olhos, e sabia que o meu olhar denunciava: eu queria falar algo muito sério agora. Estava ofegante, depois de subir apressada as escadas. A Annis esperou, me deixou encontrar as palavras.

"Não consigo alcançar o peso exigido."

Pronto, falei. Mudei de posição, apoiei os pés sobre a cadeira de modo a poder encostar a cabeça nos joelhos. Agora é só esperar. Achar aquele outro lugar que vocês mencionaram. Não posso voltar aqui se não tiver atingido determinado peso, um peso que jamais alcançarei até 26 de outubro. Não vou conseguir.

A internação que pretendia não é mais factível. Preciso encontrar alternativas. Se eu ficar doente, a Annis e sua equipe terão de encontrar outro lugar para mim. Um lugar mais adequado, qualquer que seja. Um lugar que não considere doente demais para me admitir, talvez.

A minha voz tremia enquanto explicava. Não conseguia disfarçar o que sentia. A respiração, que começara a se acalmar quando me sentei, já não era mais tranquila, estava ofegante, arfando, quase sem fôlego. A cabeça enfiada no meio dos joelhos. Estava com tanto medo. Tão desesperada. Pelo canto do olho percebi a Annis passando por trás de mim. Reparando na minha respiração, o que me deixou ainda mais apavorada.

"Ingeborg, vamos resolver isto. Você já tem um lugar. A internação estava prevista."

Nesta hora eu gritei que não, não estava. Não mais. Eu havia sido derrotada, estava muito claro. Aprendi no tempo que passei em Stjørdal que vale o escrito. Os formulários são sagrados e a tinta com que escrevem é ouro. Minha palavra não vale um vintém.

"Eles não entendem que eu não aguento mais! Não aguento mais vomitar! Penso nisso o tempo inteiro, mas minha mente é assaltada, eu estou para perder o juízo!"

A Annis abriu a boca para dizer algo, mas eu não conseguia parar. Entre lágrimas, saliva e muco minha boca assumiu vida própria.

"Estou achando que estou louca. Não consigo me concentrar. Não consigo pensar noutra coisa. Os pensamentos invadem as minhas frases, assumem o controle quando tento fazer outra coisa. Eu não aguento mais. Não aguento mais! Não tenho mais forças! Eu vou morrer! Eu sei! Logo, logo vou vomitar até morrer."

Corri os dedos dormentes pelo cabelo. Foi como se os móveis se aproximassem, viessem na minha direção a toda a velocidade. Pisquei os olhos para afastá-los. Eu tinha muito claro que não havia nada se mexendo, era só uma clássica manifestação de ansiedade. Entretanto, significava que não eram mais sintomas superficiais que me afetavam, eu estava afundando cada vez mais no medo e na angústia.

A Annis sentou-se. Perguntou na sua voz suave e firme sobre tudo que eu tinha dito. Ficou como antes, mas diferente desta vez. O desespero tomou conta de mim, assumiu as rédeas. A Annis sabia que para mim o mundo em preto e branco era mais seguro e administrável. E sabia que exatamente este era o perigo agora, que a minha visão de tudo ou nada em relação aos vômitos poderia me custar a vida. Eu estava enveredando por um comportamento suicida.

"Ingeborg, você quer se internar? Agora? Na emergência?"

Tive que dizer que não. Não me atrevi. Não haveria como. Tive medo de conseguir um lugar para estar. Talvez seja difícil entender, mas eu tinha medo de ser internada num lugar qualquer e perder a prioridade de ser internada no lugar mais *adequado* para mim. Afinal, já estaria devidamente acomodada. Paciente internada, problema resolvido.

Entre soluços e choro, de repente reparei no relógio. Faltava três minutos para a hora. O gongo. Como se tivessem desligado um interruptor, eu parei de chorar. Me recompus, sentei-me direito, já teria que ir embora. Já tinha dito o que viera dizer. Agora era hora de ir para casa. E sabia para quê. A Annis também sabia.

Por isso me pediu para voltar. No mesmo dia, uma hora depois.

"Me prometa. Deixe um bilhete na minha porta se não vier. Me mande uma mensagem pelo celular. Qualquer coisa. Mas venha. Em uma hora."

HORA NÚMERO 2

Do lado de fora da porta da sala, alguma meia hora depois, eu ainda estava sem fôlego. Chegara atrasada. Por quê? Porque não consegui deixar de fazer os apoios de frente antes de voltar. Pedi desculpas pelo atraso em alto e bom som, batendo na porta, mas ninguém respondeu.

A Annis não estava. A porta estava trancada. O que eu tinha feito? A compulsão me fizera realmente quebrar uma promessa? Tentei conseguir um telefone e ligar para ela. Pedi desculpas, expliquei. Mas a recepção estava fechada, os consultórios, vazios. Um homem apressado passou por mim. Prometeu arrumar um telefone. Desapareceu. De novo o corredor ficou vazio e cinza. Fiquei sentada na sala de espera, vizinha à sala da Annis. Arrependida, desesperada, e ainda assim me sentindo tão cansada. Tola.

Uma voz familiar me fez erguer o rosto: diante de mim estava a gerente do Creta. Não conseguia entender o que ela fazia ali. Ela disse que a Annis estava a caminho. Respirei aliviada, mas ainda sem saber por que justo ela veio me trazer a notícia.

Ela disse que podíamos esperar até ela chegar. Trancou a porta, conversou normalmente. Tentei fazer o mesmo, mas era difícil com a confusão e o desespero. Concentração não era o meu forte.

A porta se abriu e a Annis entrou esbaforida. Nunca a vira assim antes. Ela disse que tinha chorado, e era perceptível.

"Eu disse o que tinha que dizer, e aos berros, Ingeborg. Estive com a sua cuidadora e falei o que tinha de falar."

A luta não era mais só minha. Uma guerreira de cabelos lustrosos e suéteres coloridos intercedera por mim. Alguém cuja voz alcançava mais longe que a minha. Ela tentou fazê-los compreender o que eu dizia o tempo inteiro, aos gritos, desesperada. Que eu não suportava mais vomitar. Que não dava conta de tudo. Não de uma só vez.

Ela tinha estado numa reunião, só ela e a minha cuidadora. A gerente continuava ali, impávida, em silêncio. Ela obviamente sabia de tudo disso. Tranquila, apenas meneava a cabeça diante do que a Annis dizia. Nós teríamos uma conversa em conjunto já na terça-feira seguinte. Tentaríamos encontrar justificativas razoáveis, uma chance real de poder me internar.

Ver o semblante da minha psicóloga tomado pelas lágrimas me deixou sem reação. Embora eu também chorasse, fiquei paralisada na cadeira. A gerente me perguntou o que sentia ao ver a Annis naquele estado. Disse que era difícil responder. Que eu não merecia isso. Que não queria vê-la sofrendo.

"Sentimentos são bons, Ingeborg. Está tudo bem." A Annis assentiu com a cabeça e esboçou um sorriso. "Sabe por que eu estou chorando? Porque eu me importo com você. Mas não se preocupe. Estou chorando agora, mas quando voltar para casa não estarei mais."

A gerente assentiu com um sorriso e deixou a sala. Eu deveria ir também, mas sentia vertigens. Me sentia animada e triste ao mesmo tempo. Não sabia no que pensar ou acreditar. Fiz menção de pegar meu casaco, mas a Annis me pediu para ficar.

HORA NÚMERO 3

A Annis temia por mim. Temia o que poderia acontecer quando eu voltasse para casa. Nas condições em que eu estava, não queria me deixar sozinha. Novamente ela perguntou se eu não queria ir para a emergência. Novamente eu tive que responder o que a doença mandou. Não.

"Mas vou ligar para você assim mesmo. De qualquer maneira. Ok?"

Não disse nada. Escondi a cabeça entre os joelhos. Minhas calças estavam úmidas. Escutei ao longe que ela tinha conseguido o contato do médico de plantão em Østmarka.

"Estou ligando para saber se vocês têm vaga para uma paciente. Ela está aqui na minha sala.

Abaixo do peso. Transtorno alimentar.

Pode estar com ideação suicida.

Não, a ideação não é ativa. Mas pode vir a ser.

Faz três meses que não vomita. Ela poderia se matar se continuasse vomitando.

Não, é difícil de explicar agora, mas nunca a tinha visto assim antes. Conheço ela há muito tempo.

Ela não tem mais como resistir. A vida dela está em perigo."

O plantonista não entendia. Disse que não e nos orientou a esperar e observar. Eu vi que a Annis estava transtornada, enquanto eu estava mais calma. A conversa entre ela e o médico me tirou um pouco do transe. A Annis cogitou ligar para os socorristas móveis, como alternativa. Eles poderiam me acompanhar até em casa e ficar por lá. Eu lhe pedi que não ligasse.

Sabia que a doença iria lucrar com isso. Usar os socorristas como mais uma desculpa. Eu iria me comportar enquanto estivessem lá, mas a doença iria assumir o controle assim que fossem embora. Era melhor ficar sem eles. Não correr o risco da queda.

A Annis não se deu por vencida. Muito bem, poderia ir para casa, mas não sem a companhia de alguém que pudesse pernoitara comigo. Alguns telefonemas depois e tudo estava resolvido. Seria a Hege, que dividia a residência comigo. Enquanto a Annis escutava a tudo com a mão no meu ombro me dando todo apoio, eu apenas gaguejava dizendo que teria de estar em casa em no máximo duas horas, e talvez fosse precisar de ajuda. Ficou comigo até eu recobrar as forças. Me pediu para ligar para o plantonista caso a minha colega de moradia não desse conta. Prometi que sim.

Só então ela me deixou ir para casa.

SEGUNDA-FEIRA, 12 DE OUTUBRO DE 2009

Quase, sempre quase. Eu quase consigo deixar de treinar. Quase consigo comer todas as refeições. Quase consigo comer o suficiente nas refeições. Quase consigo manter o peso. Quase consigo manter as compulsões à distância. Quase consigo repousar o suficiente.

A única coisa que consigo fazer inteiramente é vomitar. Isso eu consigo, mas não fico satisfeita com essa "conquista".

Não quero fazer as coisas pela metade. Não quero ficar quase curada. Esse quase será o suficiente para eu continuar tentando?

QUARTA-FEIRA, 14 DE OUTUBRO DE 2009

Stjørdal e eu terminamos. Nosso divórcio é um fato.

Indiretamente, eles separaram-se de mim ontem pela manhã.

"Não é você, sou eu."

Sou eu, segundo o Creta.

O encontro foi exatamente como a Annis e eu esperávamos. A minha cuidadora do Creta nem deu as caras. Não tinha tempo.

A Annis soube que a minha cuidadora não participaria. Contaram a ela também que meu peso permanecia estacionado. Em outras palavras, nós duas sabíamos que seria fisicamente impossível cumprir essa exigência, mesmo que eventualmente fosse ser mentalmente possível. Corpo algum é capaz de engordar quatro quilos e meio em treze dias. Nem é preciso dizer que não seria nada saudável.

Estive a ponto de apagar várias vezes durante o encontro. Quase perdi a consciência, da mesma forma que fiz na reunião anterior, com a Annis. O tempo inteiro ela me mantinha alerta, para que a reunião fosse produtiva.

Nós escrevemos cartas. A Annis me incentivou a escrever uma reclamação ao Ministério da Saúde com cópia para o governo do condado de Nord-Trøndelag. Ela afirmou que meu tratamento tinha sido equivocado em diversos aspectos. Na queixa nos concentramos especificamente na questão do peso, no paradoxo entre as exigências e proibições que me eram impostas.

Eu havia sido internada porque não conseguir engordar por conta própria. Não posso ser internada porque não consigo engordar por conta própria. A causa da minha internação é, portanto, a mesma pela qual eu não posso ser internada.

Entenda quem puder.

QUINTA-FEIRA, 15 DE OUTUBRO DE 2009

A intenção foi boa, fico grata por isso, mas não adianta quando a visão é de curto prazo.

Uma correspondência com dois destinatários foi deixada na caixa de correio esta manhã. Na verdade, não era carta coisa nenhuma, conforme descobri ao me sentar no tapete para ler. Não havia texto nem uma saudação do tipo "Prezada Ingeborg", nem mesmo um oi. Era só uma folha em preto e branco, tamanho A5.

Não havia dúvidas: um receituário, assinado e carimbado pelo diretor do Creta.

Bebida nutricional, sabor e escolher.
4 x 200 ml.
2 caixas por dia.

Nenhum outro esclarecimento.
Nenhum anexo.
Nada.

Hoje também enviaram uma pequena amostra de rímel pelo correio. Era só propaganda, mas vinha com um bilhetinho. "Para você, Ingeborg!" Até mesmo os fabricantes de cosméticos conseguem ser um pouco menos impessoais. E isso numa amostra grátis.

DOMINGO, 25 DE OUTUBRO DE 2009

Estou bêbada como um gambá.

Bem, não é verdade. Não posso beber álcool devido ao estado do meu fígado. Foi como me senti ao voltar para casa à noite. Bebum.

Tropecei nos degraus, me atrapalhei para tirar os sapatos. Fui largando as roupas em cima da cadeira. A maquiagem nem pensei em remover.

Por quê? Fui a uma festa de aniversário esta noite. Revi amigos que há muito tempo não via, alguns deles desde antes da internação. Dancei. Soltei a voz cantando alto – horrível como sempre. Alto porque a música era alta, horrível porque minha voz é uma lástima. Mas como adoro cantar, me divirto muito cantando, canto de qualquer jeito.

Como estava apressada e sou portadora de uma doença que parece de outro mundo, só tinha feito duas refeições leves ao longo do dia. Um dia longo. Caminhei bastante, fiz faxina em casa, visitei amigos e familiares. Passeei. Fiz centenas de apoios de frente. E depois fui direto para a festa. Terminei voltando a pé para casa. Quando cheguei, achei que estivesse muito bêbada. Não era álcool. Era cansaço.

QUINTA-FEIRA, 29 DE OUTUBRO DE 2009

Bater de porta em porta tem lá os seus resultados. Vou ser admitida. A internação vai acontecer. Está escrito "Ingeborg" no quadro branco da sala dos funcionários.

Segunda-feira, 2 de novembro, às 9h30. *Yes!* Próxima segunda. Em apenas cinco dias vou estar de mala e cuia na enfermaria especial 4 do hospital de Østmarka. Ala especial para transtornos alimentares.

Estou com medo. Estou feliz. Estou sofrendo. Estou ansiosa.

SEXTA-FEIRA, 30 DE OUTUBRO DE 2009

Manhã. Acordo. Não consigo me levantar. Não consigo ficar em pé. Preciso. Me sinto pesada. Sou uma peso-pena, mesmo assim me arrasto para fora da cama. Como uma velhinha acabada. Horrível de ver. Tão feia. Nunca me achei tão feia.

Não é tão difícil perceber. Pele de bruxa. Encarquilhada. As veias saltando. As mãos rugosas. A bunda cobrindo a coxa como uma pelanca sem vida. Os joelhos mais grossos que as coxas. Os pés parecem enormes. Lábios desproporcionais. Tão horríveis. Tudo é feio. Horroroso. Tudo é horroroso. Sou um monstro. Viro o rosto. Morro de vergonha. Meus músculos doem. Pesados. Estou cansada. Mesmo assim, não posso ficar aqui deitada. Nunca. Tenho muito a fazer. Muito a resolver.

Empino o peito, respiro fundo. Fecho os olhos para o mundo, pois é o que me resta agora. Fecho os olhos por tudo que não quero fazer. A única coisa que me anima é voltar para cama. Não ter que enxergar. Ficar imóvel até amanhã.

SÁBADO, 31 DE OUTUBRO DE 2009

A doença está percebendo o que vem pela frente. Ela vai morrer. É uma luta fatal. Eu percebo que é isso que está para acontecer. Ela assumindo o controle, pouco a pouco, sobre mim.

DOMINGO, 1 NOVEMBRO DE 2009

Fale comigo também.

É só a doença.

Eu não sou só a doença.

Preciso descobrir quem eu sou.

Conhecer a mim mesma.

Um outro eu.

Ter um motivo para me curar.

O que será de mim se eu não puder contar comigo mesma vocês sabem muito bem.

Posso falar da doença porque a conheço muito bem, mas também preciso conhecer a mim mesma. Para isso, preciso ver meu reflexo no rosto dos outros. Ter uma resposta das outras pessoas. Conversar com elas, interagir com elas, desenvolver a minha personalidade. Ou descobri-la.

Sendo assim, fale comigo.

TERÇA-FEIRA, 3 DE NOVEMBRO DE 2009

O primeiro dia no hospital psiquiátrico de Østmarka está terminando.

A cabeça está até aqui de ideias. Contando. Forçando. Contando.

O coração está um vazio de sentimentos. Contando. Forçando. Contando.

O corpo sente falta de exercícios. Contando. Forçando. Contando.

De cem apoios de frente ontem para apenas dez hoje.

Contando.

Forçando.

Contando.

De duzentas calorias ontem para duas mil e duzentas hoje.

O corpo está até aqui. Contando. Forçando. Contando.

A cabeça não acompanha. Contando. Forçando. Contando.

O coração parou. Contando. Forçando. Contando.

Será que a primeira noite do hospital psiquiátrico de Østmarka vai chegar ao fim?

Estou contando.

QUARTA-FEIRA, 4 DE NOVEMBRO DE 2009

Somente gritando por socorro é que consegui vencer os degraus. Escada abaixo, para ser mais específica.

Já era 11h20. Dez minutos para o almoço. Queria descer até a biblioteca, onde havia internet. O caminho até lá não é longo. É só dobrar a esquina do prédio onde moro. Talvez vinte metros, depois contornar uma outra esquina onde há uma comprida escadaria de pedra com corrimão de metal.

Os vinte metros foram logos demais para mim. As pernas viraram gelatina e a cabeça começou a rodar. Os joelhos tremeram e os dedos ficaram dormentes. Caminhei o mais rápido que minhas pernas permitiram, alcancei a esquina irritada com a minha fraqueza. Acelerei e engatei a última marcha na esperança de alcançar o mínimo de velocidade. Levantei as pernas até quase a altura da barriga para dar uma passada. E outra, um pouco mais rápido. Mas outra. Acelerei, me recusando a descer a escada serpenteando como se fosse uma cobra. Afinal, ladeira abaixo todo santo ajuda. *Hello*. Estava crente que desceria saltitando os degraus.

Escureceu. Senti um gosto de sangue na boca. Meu corpo travou e eu me vi forçada a me agachar. Não conseguia mais mexer o braço direito, paralisado. Sob mim. As pernas também. Coladas à parede. Talvez as duas paredes. Duras. Frias. Abri os olhos. A pálpebra esquerda mal abria. Entrevejo o céu. O muro. O corrimão. Os degraus de cimento.

Merda.

Como sou tão burra a ponto de ignorar os sinais do corpo. O abalo na autoconfiança foi o pior. Eu tinha acabado de levar uma surra mental. Foi o equivalente psíquico de dar um esporro em mim mesma. Senti ódio de mim, atolada no lamaçal da minha mente, num atoleiro que só existe dentro da minha cabeça. *Fracote*.

Com relação ao corpo, o resultado foi melhor que o esperado. Por causa de um dente partido e descolorado, fui parar na emergência dentária. A mão ficou roxa da pancada. O médico constatou que os ossos, pelo menos, estavam no lugar. Um feito e tanto, pois minha osteoporose equivale à de uma velhinha de setenta anos.

O mais irritante, além de ter que se dobrar à fraqueza do corpo, era o meu rosto. É como se alguém tivesse pegado um pincel grosso e lambuzado meu rosto de tinta. Do meio do nariz, passando pelas bochechas e até abaixo do queixo havia marcas do corrimão. Parecia que ia explodir de tão inchado. Não sei como me recuperei depois dessa.

SÁBADO, 7 DE NOVEMBRO DE 2009

Quando parei de vomitar, parei também de comer. Quando precisei comer, a compulsão de me exercitar chegou ao auge.

Exagerei nos apoios de frente nos últimos meses. Apoios de frente não são exatamente um exercício, pelo menos não na minha concepção, então por mim estava autorizada a fazê-los sem problemas. *Somente apoios de frente. Não estou fazendo nada de errado*. Além do quê, são perfeitas para domar a compulsão. Precisam ser contadas e conferidas. *Só alguns. Só uns apoiozinhos de frente.*

As condutas obsessivas ocupam cada vez mais tempo. Consomem proporções cada vez maiores do dia, para usar uma expressão de mau gosto. Por isso é preciso ter rotinas fixas, simplesmente para eu não ter tempo de ocupar a mente contando. As compulsões acabam sendo integradas ao meu cotidiano. Todas.

Tomar uma ducha, por exemplo. Um dos afazeres diários que mais me toma tempo são apoios de frente.

Quinze antes de entrar no banheiro.

Quinze antes de fazer xixi.

Quinze enquanto deixo a água escorrer pela cabeça e molhar o corpo.

Quinze antes de ensaboar a cabeça com xampu. Quinze antes de enxaguar a espuma do xampu.

A mesma rotina na segunda lavagem.

Quinze antes de ensaboar o restante do corpo.

Quinze antes de fechar a torneira do chuveiro.

A regra continua depois da ducha. Loção para os pés. Creme para o rosto. Maquiagem. Rímel. Cabelos. Roupas. Tudo isso intercalado com apoios de frente.

Se não sigo as rotinas, não me permito sair do banheiro. Não consigo nem abrir a porta. A compulsão me prende. Parece que ela só me larga quando eu faço o que exige. O banheiro é a prisão e contar os números é a chave.

As últimas semanas antes de ser internada aqui na ala especial fiz mais apoios de frente que normalmente faço por dia. No dia que pus os pés aqui, acabou. Assim como deixei de provocar o vômito para tentar me matar no meio da noite, parei de repente com os apoios de frente. Sem gradação. Sem diminuir o esforço. Sem adiar.

Era tudo ou nada. Preto ou branco. Parada completa.

O medo do que poderia acontecer me fez ser rigorosa em relação ao banheiro.

Mas então um novo pensamento surgiu do nada: e se eu não confrontasse esse risco sozinha?

Eu podia muito bem pedir ajuda a alguém. Cercada de ajudantes por todos os lados, deveria ter cogitado isso desde o dia que cheguei, mas de fato nunca me ocorreu. Não é de estranhar – eu sou tímida. E nem todo mundo tem coragem de tomar banho sendo observada. E eu estava com medo. Dizer por que eu não me atrevia a entrar no banho iria me custar um preço alto. Seria o mesmo que revelar um tesouro, um método secreto de me exercitar. Um método que, até aqui, era tudo para mim. Ninguém sabia de nada. Eu agia como bem entendia para satisfazer os caprichos tanto do transtorno alimentar como da compulsão.

Agora, teria que engolir a timidez. O transtorno alimentar e a compulsão precisavam ser desafiados. Foi o que fiz. Engoli uma, desafiei os outros dois. E pedi ajuda.

Lá estava eu no chuveiro. Xampu no cabelo e a cabeça espumando. Os pensamentos fluindo em cascata. As pernas tremendo feito vara verde. Me queimei com água quente porque, com movimentos demasiado bruscos, não conseguia regular a temperatura. Deixei cair a toalha no chão. Apanhei uma outra, tropecei nela e quase me estabaquei no chão... Peguei uma terceira toalha e finalmente me enxuguei. Quase passei gel de banho como loção hidratante e mousse de cabelo como desodorante.

Atrás da cortina, um véu opaco com motivos florais e cheiro de mofo hospitalar, a enfermeira acompanhava tudo. Conversando comigo. Eu olhava na direção dela, mas percebia que estava rindo.

E consegui. Consegui tomar uma ducha. Sem apoios de frente, sem ser molestada pela doença, graças a uma enfermeira que veio em meu socorro, e a uma estudante de enfermagem – eu – que não sucumbiu à compulsão. Tudo isso porque eu fiz exatamente o que me recusava a fazer: pedir socorro.

TERÇA-FEIRA, 17 DE NOVEMBRO DE 2010

Durante os primeiros dias de internação os pacientes deveriam escrever numa folha A4 porque queriam se livrar do transtorno alimentar.

Projeto alimentar da enfermaria especial 4.

Por que você quer se livrar do seu transtorno alimentar?

Escrevi a primeira coisa que me ocorreu:

Porque ele atravanca o meu caminho. Impede os meus pensamentos de fluir. Me confunde. Me perturba. Se intromete nos meus pensamentos. O transtorno alimentar os bloqueia, os deprime, me impede de expressá-los. O transtorno alimentar se intromete em tudo que eu quero fazer. Determina o que eu acho que posso ou não posso. Sempre.

De manhã. De tarde. De noite. De madrugada. Acordada. Dormindo. Sozinha. Acompanhada. Não importa onde estou. Sempre. O transtorno alimentar está lá. No meio do caminho. No meio do meu caminho. Em mim. E é assim que eu mesma me impeço de caminhar.

TERÇA-FEIRA, 24 DE NOVEMBRO DE 2009

O número do diabo: 666.

O peso está aumentando como nunca. Em três semanas, seis quilos. Seis mil miligramas. Sessenta hectogramas e seis quilogramas. Não é de estranhar que eu tenha mencionado Satã e seu alter ego.

Sinto-me como se fosse explodir.

QUARTA-FEIRA, 25 DE NOVEMBRO DE 2009

Não cabe mais nada na minha cabeça. O caos está prestes a tomar conta de tudo.

Os pensamentos doentios se intrometem em toda parte. Não importa o que eu faça, onde me encontre, com quem esteja conversando. Não consigo comer uma mísera batata sem analisá-la de todas as formas, até engolir o último pedacinho. Não posso pisar na soleira da porta sem considerar todas as opções de exercício possíveis. Não posso olhar para o relógio sem contabilizar o tempo que tenho até minha mente dar o próximo comando.

Não paro de fazer cálculos, em voz alta, enquanto escuto dentro do ouvido um tique-taque que não para. Acompanhar o que os outros dizem é quase impossível. Participar de uma conversar exige de um esforço desumano, uma concentração que não disponho. Energia é um recurso que não tenho.

Estou girando em falso. Tudo em mim está.

Não sei como estou conseguindo escrever neste exato instante. Apenas observo as palavras se formando na tela enquanto vou teclando, mas leva uma infinidade de tempo. A agitação vai tomando conta de mim. Preciso me levantar. Me sento de novo e sinto dores.

Estou ofegante. Uma força ameaça me rasgar em pedaços, e não estou em condições de me opor a ela. Estou numa bolha, dentro do frágil vidro de uma ampulheta. Ao meu redor as vozes da doença são como o pingo de um elixir concentrado que nunca para de gotejar. Ele se condensa como o orvalho e goteja, evapora-se, volta a se condensar e pingar mais uma vez. De novo. E de novo. No meio da ampulheta estou eu, tentando falar com o mundo lá fora, mas o vidro embaçado não me deixar ver direito. O orvalho deixa minha visão turva.

Lágrimas são uma linguagem que não domino. A doença usa as lágrimas contra mim. Ela diz que sou fraca. Pede para eu desviar o rosto das pessoas ao meu redor, para que não me vejam chorar. Se os deixo ver as lágrimas, sinto como se estivesse mendigando empatia. Sou uma covarde.

Os outros viram o caos, a pressão, a agitação, mas não me puxaram para longe. Logo quem deveria me ajudar me empurra para perto dali. Não era para me ajudarem? Eu disse a eles para parar. As lágrimas se transformaram em ódio. Parem, queridos, parem. Chega. Não mais. A raiva vira frustração. Eu não aguento mais. As vozes deles se somam aos gritos da doença e fica insuportável para mim. Não tenho mais lugar. A frustração se transforma em angústia. Não é preciso dizer mais nada, eu quero me ferir, eu vou me ferir. A angústia se transforma em energia, uma energia desesperada e negativa. Não vou conseguir. Não tenho forças. Não. Não. Não! Eu não aguento mais! Chega.

SEXTA-FEIRA, 27 DE NOVEMBRO DE 2009

Ela estancou junto a mim. Eu me agachei de costas para a parede. Os braços dobrados entre o peito e as coxas, abafando os gritos pressionando os joelhos contra a boca. Sem querer, manchei o tecido com o líquido salgado que brotava dos meus olhos. Mal tinha chegado ao meu quarto e a angústia me tomou como refém. Estava com medo. A enfermeira estava irritada.

"Levante-se! Você não pode ficar sentada aqui."

Não tinha o que responder. Não podia me levantar. As pernas escorregariam no chão, a pele das costas derreteria e entraria pelo cano dos sapatos. Ela suspirou. Me cutucou com o pé.

"Vamos lá. Mova-se, você está atrapalhando a passagem."

Eu sei que ela gosta muito das coisas arrumadas. Não quer que deixemos coisas jogadas pelos corredores. "A gente tem que ir para casa", diz ela, apontando para o que está bagunçado. "Vocês, pacientes, não podem achar que estão em casa aqui no hospital hahaha. Ou então vão querer morar aqui. Arranque as fotos da parede, essa almofada não pode estar aí. Nada de plantas."

Para ela, a estética é mais importante que a ética. Ela deixou uma paciente entrar na dispensa de medicamentos e pegar seu próprio remédio. Nem ela consegue se lembrar qual é medicamento, ou mesmo da dose. Não tinha a menor ideia do que estava fazendo.

Retomo a questão estética. Quando ela passa manteiga nas fatias de pão, ela deixa um monte de manteiga no miolo e esquece as bordas.

"É a última vez que estou lhe dizendo. Vamos lá!"

Faltam poucos passos para chegar ao meu quarto.

Ela fecha a porta quando passo, sem dizer uma só palavra. Vejo as paredes nuas desaparecerem da minha frente enquanto afundo no chão.

TERÇA-FEIRA, 1 DE DEZEMBRO DE 2009

Acho que agora posso confiar na minha acompanhante, Maria Helen. Eu quero confiar nela. Então fiz uma tentativa. Disse que havia algo para ela na mala debaixo da cama. Minha ferramenta de controle. Meu Deus. Vou acabar perdendo o controle.

Maria Helen disse que eu tinha que confiar neles. Que não precisava conferir meu peso todos os dias, eles não o deixariam fugir do controle. Não me faço de boba. Maria Helen é confiável. Ela me olha nos olhos. Ela também é esquisita. Quando saiu do meu quarto, de costas para mim, girou o rosto meio de lado e disse com a voz do Mickey Mouse: "Tchau, Ingeborg!".

Só foi engraçado até a porta se fechar. Eu abri mão do controle. O que sou eu agora?

SEXTA-FEIRA, 4 DE DEZEMBRO DE 2009

Meu primeiro contato com a expressão "meta de pesagem" foi durante a internação em Levanger, em 2007. O objetivo era atingir um peso considerado normal. Um IMC de 20 era o requisito mínimo.

Me pesavam. O peso era insuficiente. Precisava ganhar peso. Ficava apavorada. Apavorada.

O valor para que eu pudesse dizer que tinha um peso normal dependia de um cálculo mágico: o peso dividido pela altura elevado ao quadrado.

Os sinos soaram na minha cabeça de vento.

Altura. Ter uma altura menor significava poder pesar menos para poder ganhar o carimbo de "normal". Portanto, a meta de pesagem seria baixa.

Música aos meus ouvidos.

Arrumar um jeitinho de reduzir minha altura podia representar uma meta menor.

Então, quando tinha que dizer a minha altura roubava um centímetro e me curvava o quanto podia com aquela trena em L pressionando a minha na cabeça. Funcionava, e o diário marcava que eu media na verdade um centímetro a menos que minha a altura real. Desta forma, a meta de pesagem também era menor. Mais de um quilo roubado.

Vinha usando este truque desde então. A cada vez que um médico me perguntava a altura eu contava a mesma mentira. Aqui em Østmarka fiz o mesmo, respondi automaticamente. Mas se quiser realmente atingir meu objetivo, preciso jogar em equipe. Levou um mês, mas hoje eu desabafei. Não foi com um sorriso envergonhado na boca que eu revelei que fizera algo tão banal quanto roubar um centímetro da minha altura.

Sei bem como se comporta alguém que conta uma mentira, sei qual o gosto que fica na boca. Já menti e trapaceei inúmeras vezes, e jamais direi que nunca voltaria a mentir. Especialmente sobre o meu peso. É uma coisa em série, como um castelo de cartas que vai desabando.

Mas, pelo menos agora, estou convivendo com a minha altura real.

SEGUNDA-FEIRA, 14 DE DEZEMBRO DE 2009

A solução que encontrei, a resposta para como posso me curar, ficou muito clara para mim esta noite. Tão simples. Ao mesmo tempo, tão inatingível.

SINTA O QUE NÃO QUER SENTIR

PENSE NO QUE NÃO QUER PENSAR

VEJA O QUE NÃO QUER VER

ESCREVA O QUE NÃO QUER ESCREVER

DIGA O QUE NÃO QUER DIZER

DIGA

Tudo isso implica mergulhar nas profundezas da mente e do corpo. Não é o que quero, mas estou preparada para tentar. Agora, só preciso esperar a hora certa. Até atingir um IMC suficiente para poder falar com o psicólogo que vim aqui para me tratar.

"Ser completamente honesto consigo é o maior esforço que um homem pode fazer", dizia Freud. Será que conseguirei ser honesta? E se tudo o que eu contar for verdade, serei honesta o suficiente para contar tudo?

SEXTA-FEIRA, 18 DE DEZEMBRO DE 2009

Ela se inclinou-se para mais perto e disse que aqui não é lá essas coisas. "Vocês vão pra casa, sabe? Não adianta deixar o seu quarto mais aconchegante." Era como se ela tivesse feito aspas com as mãos para enfatizar as palavras "seu quarto" e "acolhedor".

São as minhas plantas e os meus travesseiros que ela persegue. Essas coisinhas pequenas que fazem parte da minha vida e tornam este ambiente aconchegante, segundo ela. Como se um hospital psiquiátrico pudesse ter o conforto de um lar. Como se isso tivesse qualquer importância! Mesmo assim, é tarefa dela cuidar das pessoas. Se alguém chora, ela dá de ombros. Se alguém está com medo, ela mandar tomar jeito. Se alguém bate na porta da sala dos funcionários, está sempre "muito ocupada", ainda que esteja apenas fazendo tricô e com o rádio ligado. A frieza em pessoa. Despachada e inacessível.

Ela tem medo de que nós, os pacientes, os parasitas, fiquemos mais tempo por aqui. Ela nos enxota porque é tão gostoso ficar internado...

Será que não enxerga o tamanho da loucura? Imagine que somos plantas e estamos aqui para crescer. De que adianta uma estufa às escuras e fria como a neve?

SÁBADO, 19 DE DEZEMBRO DE 2009

Esse é o tipo de coisa que só se espera de crianças e de bêbados. Subir os morros do bosque de Østmarka junto com um paciente. Pelo caminho, escutamos o alarido de jovens brincando. Cantando e gritando. Divertindo-se, enfim. Rimos um pouco das piadas de mau gosto e dos planos que tínhamos feitos para logo mais à noite à medida que os garotos se aproximavam. Quando passaram por nós, um deles estancou. Devia ter uns 25 anos. Cabelo escuro. Pômulos salientes. Olhos amendoados. Uma jaqueta azul-escuro da Bergans. *Jeans*. Umas luvas cor de rosa, que só podia estar vestindo para chamar atenção.

Enfim. Ele parou bem na minha frente e me encarou. "O quê, mas é uma garota, olha só!"

Eu olhei para ele, não sabia onde queria chegar. Olhei para a minha colega paciente, que também encarava o sujeito que tinha no rosto aquele sorrisinho de quem está meio embriagado. Ele virou-se para seus colegas de farra. Eles já tinham caminhado uns metros adiante, então o sujeito da jaqueta azul precisou falar mais alto para ser ouvido. Eu preferia não ter escutado o que falou.

"Haha. É uma menina. Achei que era um menino! Ei, que tal dar uma voltinha comigo pela cidade?"

Um convite tão tentador não repercutiu muito bem no restante da turma. Ficou muito claro que uma pessoa cujo sexo era difícil de determinar não seria bem-vinda ao grupo.

Sei que estou longe de ter formas femininas. Ou melhor, femininas até são, mas um tanto deformadas. Nada faz sentido. Tenho ossos aparentes onde não deviam aparecer, e curvas onde não deveriam existir. Quer dizer, até tenho formas. Mas não são nada femininas. São humilhantes, embaraçosas.

Não apenas ao ponto de envergonhar, mas ao ponto de espezinhar. Eu tenho uma lesão na vértebra que aparentemente nunca vai sarar. A lesão é decorrente do atrito entre a fina camada de pele, os ossos duros e o fecho apertado dos sutiãs. Em geral, em nem os uso. Não que sejam tão necessários. Não tenho exatamente como dizer que meus peitos sejam grandes e precisem de sustentação.

Ou seja, sei muito bem da minha aparência, mas não é nada agradável ouvir esse tipo de comentário assim, à queima-roupa, não importa o quanto eu tente não dar importância ao que os outros dizem. As minha silhueta voltará ao normal, é só eu ganhar algum peso. Comentários sobre o meu corpo, negativos ou positivos, sempre dificultam o ato de comer. Nunca facilitam.

DOMINGO, 20 DE DEZEMBRO DE 2009

Fui controlada por uma doença.

A voz dela foi a minha. Os ouvidos dela escutavam o que eu ouvia. Os movimentos que meus braços e pernas faziam eram controlados pelos músculos fortes da doença. Fiz coisas obedecendo as ordens deste monstro. As palavras que proferi saíram da minha boca no idioma da doença.

Eu escrevo essas linhas usando os verbos no passado, o que não mais corresponde à verdade, pois o tempo presente não mudou muito. Ainda estou sob rígido controle da doença. Ainda a obedeço. Ouço e obedeço.

Mesmo assim, entre o passado e o presente ainda há uma grande diferença. As circunstâncias mudaram, as condições mudaram radicalmente.

A doença ganhou uma oposição.

O controle passou a ser controlado.

Ganhei novas vozes para ouvir, vozes pelas quais tenho um respeito muito maior. Meus movimentos foram limitados, minhas ações estão sendo supervisionadas. Impedidas. Pressionadas. Restringidas. Reduzidas. Só é possível assumir o controle quando se está livre, é o que eu quero dizer. Para pessoas que, por mim, preferia nem dizer. Falar de pensamentos que se intrometem na minha cabeça, contar de erros e mancadas que eu cometo. Sendo honesta em relação ao que faço quando estou sozinha na companhia do meu eu doente.

Isto, agora, estou escrevendo usando o presente. Infelizmente, não é bem verdade, talvez eu devesse usar o futuro do pretérito.

Porque estou me esforçando tanto para que isso aconteça. Mas ainda não cheguei lá. Como disse, ainda dou ouvidos à doença, faço o que ela me manda. Às vezes me opondo, às vezes tentando ignorá-la.

Um dia é o passado e só o passado. A doença não irá me controlar, o presente estará liberto do passado. O futuro que descrevi será o presente, outras coisas irão tirar a doença do controle. Sobre mim. Estou e estarei sobre rígido controle. A doença jamais me devolverá o controle que ela tem ou teve sobre mim, mas aquilo que vier no lugar dela irá me ajudar a poder ter algum controle sobre mim. De forma que eu possa dar ouvidos à minha voz e fazer o que gostaria. Viver minha própria vida.

As formas de controle estão mudando.

TERÇA-FEIRA, 22 DE DEZEMBRO DE 2009

Depois do desjejum, May-Lis, minha psicóloga-substituta, e eu saímos para dar volta no pequeno no quarteirão que estou autorizada a percorrer. Nevava. Descobrimos uma expressão sensacional: ou pão ou sonda.

Tem uma boa explicação para isso.

Ontem fui surpreendida com um peso extraordinário. Peso sob controle, disse a enfermeira. Pelo visto dizem isso a pacientes que não confiam no que está acontecendo. Agora, é tirar as roupas e subir na balança. Você não pode se negar, você sabe. Então ela riu.

Eu não ri. O peso tinha diminuído.

A conversa entre a cuidadora e a psicóloga no canto da sala era obviamente sobre esse resultado, uma conversa que me deixou com uma pulga atrás da orelha. Estou apavorada. O médico e a enfermeira diante de mim temiam pela minha saúde. Na verdade, temem. Temem que eu tenha uma parada cardíaca. Portanto, meios extremos para recuperar a sucata que é o meu corpo estão sendo cogitados. De novo.

Nutrição enteral, isto é, através uma sonda.

Não mais apenas uma palavra terrível que acreditava serem águas passadas. O discurso foi claro: ou engorda ou vai para o hospital. Ala clínica do Hospital Santo Olavo. Um tubo enfiado pelo nariz até alcançar o estômago. Ceia de natal em formato pastoso.

Fora de questão. A maneira de evitar isso parecia tão simples, mas é por isto que vim parar aqui: comer mais. Mais comida. Preciso parar de trapacear evitando comer as fatias de pão. Seguir a dieta. As fatias podem me salvar da sonda. Elas realmente podem evitar ou se transformar numa sonda gástrica.

QUINTA-FEIRA, 23 DE DEZEMBRO DE 2009

Não sei com quem ele falou, ou se ele realmente é o cara quem dá as cartas por aqui. Mas o meu cuidador me escutou – Bjørn deu um sinal verde para adiar a nutrição endogástrica enquanto eu comer o que devo e conseguir engordar um pouco.

Eu disse que a sonda iria me destruir. Que iria engordar sem ter aprendido a comer. O corpo ficaria melhor sem que cabeça o acompanhasse. E quando tirassem o tubo do meu estômago? Não quero que seja assim, tão fácil. Vem fácil, vai fácil. Bjørn assentiu.

"Faz sentido."

Foi uma vitória fugaz das fatias de pão sobre a sonda. Mas era apenas uma eliminatória. Novas partidas acontecem todo o dia, três vezes por dia. Quatro fatias e meia, três vezes por dia. As fatias são como bloquinhos de Lego. Preciso montá-las direitinho. E rápido, mais rápido que a doença. Se vencer todas as eliminatórias, acabarei disputando a final.

SEXTA-FEIRA, 25 DE DEZEMBRO DE 2009

Deixei o hospital na tarde do dia 24 de dezembro para passar o Natal com a família.

Não foi o tumulto que eu esperava, se comparado aos anos anteriores. A véspera de Natal foi o de sempre.

Fiz tanta coisa errada... Menti demais. Mais um ano, mais uma decepção. Passei o dia inteiro querendo controlar as coisas. Atarefada, zanzando pela casa. Compulsões. Me exercitando no banheiro.

A comida foi difícil, bem mais que eu esperava. As costelas assadas me fizeram lembrar o meu próprio dorso esquálido. De novo. Dissequei a pobre ovelha este ano novamente. Amassei as batatas. Nada de novo até aqui. O purê de aipo-rábano até comi, a pobre ovelha torturada também. Nenhuma novidade. Quer dizer, comi um pouco da ceia de Natal. Mas não foi só.

Todos os erros que cometi abafaram a ansiedade.

Mas a sensação de que, após tantos anos, eu já deveria estar em condições de evitar esse comportamento que apenas o reforçava.

Finalmente eu deveria me comportar como uma filha feliz por estar em casa para a ceia de Natal. Uma irmã bacana, uma boa companhia para esperar a chegada do Papai Noel. Uma garota que não precisava chorar por não ser capaz de fazer sua parte na noite mais importante do ano.

Em vez disso eu continuava a ser a filha doente, a irmã neurótica, a menina com transtorno alimentar. Tudo o que não queria ser. Tudo que não quero continuar a ser.

Preciso me esforçar mais. O peso na consciência por ver minha família sofrendo por causa dessa merda, essa situação grotesca, me corta o coração, mas apenas o bastante para eu poder reagir e lutar para que o próximo ano não seja feito apenas de esperanças.

SÁBADO, 26 DE DEZEMBRO DE 2009

Começo o dia calculando as horas que dormi. Pensando se acordei durante a noite. Se foi o caso, quantas vezes. Cada refeição e cada conduta correspondente precisam ser ticadas. Este é o objetivo. Um simples xis significa que fiz tudo certinho. Comi tudo. Fiquei tranquila. Descansei e dei minha volta pelo quarteirão.

Mas não é sempre que eu posso marcar um xis no formulário. Para dizer de uma outra forma: nas refeições, às vezes preciso escrever uma fração para indicar o quanto da dieta recomendada eu de fato comi. 2/3. 4/5. 1/3. 1/5. 7/8. Um T significa que pus temperos a mais. Um traço quer dizer que eu não dei as caras, o que jamais poderia acontecer numa refeição. Infelizmente, existem traços também nas horas de repouso. Os quadrinhos indicando vômito, pelo menos, estão em branco. Há espaços em branco para relatar má-conduta, isto é, compulsões, evitar ingerir alimentos escondendo comida ou bebida. Neste último também cabe uma fração. Se, além disso a comida for muito picante, eu acabo tendo mais o que escrever.

Pode parecer um pouco uma espécie de interrogatório, e certamente soa como um trabalho extenuante, mas o formulário me dá a possibilidade de ter uma perspectiva do futuro e do passado. Posso olhar para trás e observar meu comportamento durante dias ou períodos. Discutir com a equipe porque este ou aquele dia foi difícil. Ou, ainda mais importante, poder marcar uma maior quantidade de itens. Enxergar certos padrões. Existem certas refeições mais difíceis que outras? Quando começou a ficar mais difícil? O sono foi afetado?

O problema é quando eu esqueço de que estou preenchendo esse formulário para mim mesma. Quando penso que ele serve para outras pessoas, fica fácil deixá-lo uma beleza. Mas quanto a isso já não minto mais. Se não fizer a minha parte direito, a equipe não conseguirá fazer a dela.

Só há uma coisa que eu não digo: ticar os itens do formulário também me dá uma sensação de controle. Exercer um controle sobre aqueles pequenos xis é como injetar microdoses de heroína num corpo que anseia por um alívio. Reduz a ansiedade um instante, eu não me sinto à beira do precipício e isso tem lá o seu valor.

Enfim. Agora, que estou correndo o perigo de me internarem à força e me enfiarem uma sonda, ticar os itens do formulário nunca foi tão importante. E com isso estou dizendo marcá-los com um xis apenas, nada de frações ou letras apenas para preencher os espaços em branco. Apenas xis. Letras eu deveria evitar, são desnecessárias, é frações não vão me dar o peso que preciso ganhar até terça-feira.

SEGUNDA-FEIRA, 28 DE DEZEMBRO DE 2009

Cá estou eu de novo. A perigo de receber alta pelo mesmo motivo que me internaram.

Preciso cumprir a minha meta semanal de peso. Do contrário, mais uma semana de reflexão em casa. A coisa mais escrota que já inventaram no tratamento de transtornos alimentares.

Eu iria queria morrer de inanição, não dormindo. Sem jamais descansar. Seria ótimo. Qual é a lógica da semana de reflexão? É mais ou menos como passar uma semana na Islândia para aprender espanhol.

Consegui. No limite. Mas uma nova meta paira sobre mim para a próxima semana.

Se não conseguir cumpri-la, as consequências serão bem mais graves do que uma semana de reflexão.

O resultado de um peso muito baixo na manhã de terça a interrupção do tratamento.

Serei expulsa.

SEXTA-FEIRA, 1 DE JANEIRO DE 2010

Celebrar o Ano Novo numa instituição psiquiátrica não precisa ser a pior coisa do mundo.

O vigia noturno comprometera-se a quebrar a regra 23 e nos liberar, uma paciente amiga e eu, para uma voltinha no pátio, só para brincarmos com nossas estrelinhas de fogos de artifício. Nós estávamos bem animadas. Tínhamos feito todas as refeições, não havia por que se preocupar. Eu cheguei ao lugar combinado poucos minutos antes da meia noite e acendi minha estrelinha ainda no corredor, mas logo descubro que a porta externa ainda estava trancada. O vigia noturno, que vinha subindo a escada neste instante, perguntou o que eu estava aprontando, digitou o código no painel e abriu a porta antes que a fumaça tomasse conta do lugar.

A última coisa que fizemos 2009 foi rir da possível manchete do jornal do dia seguinte: *Pacientes acionam alarme de incêndio em instituição psiquiátrica. O incidente ainda não foi totalmente esclarecido.*

SÁBADO, 2 DE JANEIRO DE 2010

O risco da semana de reflexão ou da expulsão atiçou a doença e me deixou em apuros. Poucos dias em casa já seriam o bastante. Eu não teria como sobreviver. Não desejaria mais sobreviver. Voltar para casa, ou pior, para a doença, era tanto possível como implausível. A ameaça era iminente.

Diante ao pânico de ser mandada para casa a consequente abstinência de controle aumentavam a cada dia. A cada refeição a compulsão aumentava. A perspectiva de voltar para a estaca zero me consumia. Fiz enormes avanços. Nos três dias anteriores ao Ano Novo segui minha dieta à risca. Não foi suficiente.

No dia 30 de dezembro tomei a decisão. Minha ferramenta de controle tinha que voltar às minhas mãos. Eu tinha que saber de antemão e poder controlar os números antes que fosse tarde demais. A solução era por demais óbvia: alcançar um novo patamar na pesagem. Eu tinha que comprar uma nova balança e pronto. Me livrei da antiga tentando durante um cochilo da compulsão por controle, algumas semanas atrás. Agora era hora de voltar à sua antiga dona.

A decisão era simples, assim como a solução era óbvia. Eu estava fazendo isso pelas razões certas! Para continuar seguindo a dieta. Para manter a curva de pesagem. Evitar a expulsão. Evitar perder massa e receber uma sonda endogástrica, o principal objetivo.

Na manhã da véspera de Ano Novo eu tive a grande chance. Uma breve folga, entre o desjejum e o almoço, para dar uma volta ao ar livre. Isso era tudo que eu precisava. O combinado era passear de carro com a Kari. Uma ida ao *shopping* era o plano. O acordo eu cumpri direitinho. Não quebrei nenhuma cláusula. Novamente, eu estava racionalizando, baseada na certeza de que estava no caminho certo e era a única coisa possível de ser feita. Não tive problema algum em contar a Kari o que eu iria fazer. Além disso, estava quase orgulhosa por dizer o quanto eu tinha me esforçado para me recuperar, e agora estava disposta a dar um passo ainda maior.

A Kari concordou com meu raciocínio, mas não com a linha de argumentação. Ela não apoiou a decisão de comprar uma nova balança. Ela já tinha passado por isso antes. Sabia da minha necessidade de controlar tudo à risca, e inúmeras vezes antes testemunhou minha reação diante de algo inesperado envolvendo a comida, a compulsão ou o exercício. Sabia tudo sobre mim e sobre a minha doença. Os argumentos que ela pôs na mesa eram fortes, tinham uma base sólida no passado e me trouxeram à mente os sonhos que eu tinha de futuro. Tudo isso dito com carinho, por uma amiga realmente interessada no melhor para mim.

Apesar disso, eu levei adiante o meu plano. Comprei uma balança. Duzentas e noventa e nove coroas por uma placa achatada e preta que me devolveria aquilo que me fazia tanta falta. Duzentas e noventa e nove coroas para ir de encontro a princípios e regras incontestáveis. Duzentas e noventa e nove coroas para ver uma amiga me dar as costas enquanto eu estava na fila do caixa. Virar o rosto porque não suportava nem olhar o que eu estava, novamente, prestes a fazer para não ser devorada pela minha própria necessidade de controle.

De volta ao hospital, tentei não pensar na reação da Kari. *Espere um pouco.* A longo prazo ela entenderia. Fiz o que era correto, a única coisa certa possível. Claro que ela tinha razão em dizer que a maneira como agi era loucura, mas era só esperar para ver. Eu prometi me livrar do peso assim que tudo estivesse no jeito. Abriria mão do controle novamente assim que a situação estivesse... sob controle. Enfiei o peso no fundo do armário, debaixo das roupas sujas. O truque da mala já tinha sido descoberto.

Agora era só esperar até a manhã seguinte. O primeiro dia do ano seria o dia que eu recuperaria o controle. Finalmente eu alcançaria um peso que deixaria claro o poder da minha determinação. Finalmente.

...

"Você vai me matar, Kari!"

Estava no meio da sala, gritando no telefone.

"Vou ser expulsa! E aí vou morrer, e vai ser culpa sua!"

Fazia poucas horas que a Kari e eu tínhamos nos abraçado e nos despedido na escadaria da enfermaria especial. Esperava que ela me telefonasse no dia seguinte, não agora. E esperava menos ainda que ela me dissesse aquilo.

"Vá até a sala dos funcionários e conte sobre a balança, Ingeborg. Ou então eu mesma vou contar. Eu tenho o número daí."

Pelo celular, chamei a minha amiga das piores coisas possíveis. Implorei, pedi, ameacei – tudo para evitar que ela revelasse o que eu havia feito e o que ainda iria fazer. Quando mais frustrada ficava, mas a xingava.

"Merda! Você não pode fazer isso! Eu vou morrer. Estou dizendo. Vai ser culpa sua. Sua!"

A Kari estava absolutamente calma. Centrada, repetiu o que eu deveria fazer. E voltou a dizer que, do contrário, ela iria tratar de fazê-lo. Eu me neguei. Chorei e me neguei. Gritei, contrariada. Nunca iria abrir mão do controle antes de saber que ele estava realmente de volta nas minhas mãos. *Jamais*.

Desligamos o fone e eu fiquei com o olhar perdido vagando pelo quarto. Me senti como se houvesse sido flagrada roubando. Senti como se estivesse desconectada do meu corpo. Não demorou para Maria Helen surgir pela porta. Ela entrou sem bater, sorriu e me perguntou se tinha um minutinho para conversarmos. Disse que não, mas fui atrás dela. Abaixei a cabeça e a acompanhei até o sofá cinza, no primeiro andar. Cabisbaixa, respondi a todas as perguntas que me fez. As primeiras cartas a Kari já tinha revelado. O resto do monte estava sobre a mesa.

A acompanhante me deu um tchauzinho irônico, com o mesmo semblante de antes, mas desta vez não foi nada engraçado. Desta vez, fiquei ainda mais envergonhada. Não ter sido capaz de dizer o que havia acontecido me fez sentir a pior das pessoas. Me deu vontade de afundar numa vala e nunca mais olhar ninguém nos olhos. Ao mesmo tempo, foi bom estar de volta ao lado da honestidade.

A necessidade de controle teria novamente atrapalhado o processo de recuperação. A Kari sabia disso. Ela me conhece bem. Revertendo as minhas expectativas, ignorando meus apelos e ameaças, ela me dá um choque de realidade antes que eu perca o juízo.

SEGUNDA-FEIRA, 4 DE JANEIRO DE 2010

Preciso engordar meio quilo. Se não conseguir, serei mandada para casa, para a semana de reflexão.

SÁBADO, 9 DE JANEIRO DE 2010

Estou em casa. Os quatrocentos gramas que engordei da sexta para terça-feira não foram suficientes. Às 12h15 do dia 6 de janeiro isso já era um fato, para o qual eu sequer estava preparada. Só que ninguém foi capaz de me advertir como seria exatamente a despedida, uma derradeiro encontro com um lugar que tinha começado a me devolver a autoconfiança, um adeus a uma rotina a que eu já estava habituada e me permitiu avançar um pouco na busca do meu verdadeiro eu. A despedida foi angustiante a tal ponto de ser desnecessária. A enfermeira que me mandou para casa me deixou com a sensação de ser um empecilho na busca pela perfeição. Um estorvo para a enfermaria. Uma aberração que precisava ir embora dali.

Maria Helen não estava trabalhando neste dia. A enfermeira responsável por mim era a mesma que pediu para tirar todos os objetos pessoais do meu quarto. Que me empurrou com o pé quando eu estava chorando sentada no chão. Agora todos os meus contatos regulares estavam longe, e o médico de plantão era um cara recém-formado que lhe dava ouvidos. E ela já havia decidido. Uma diferença de cem gramas era mais que suficiente para eu passar uma semana em casa. Cem gramas! “Regras são regras, você sabe como é!”, disse, deixando muito claro que a minha acompanhante terapêutica não estava presente. Não havia por que argumentar se eu não podia comprovar nada. Com a voz embargada eu perguntei por que ela agia daquela forma, por que não queria escutar, por que interpretava os relatórios a partir de um ponto de vista distorcido e distante dos fatos reais, por que ela me queria longe dali. Que mal eu havia feito a ela?

Ela resmungou e quis saber aonde eu estava tentando chegar.

Eu desisti de tentar sobreviver.

Às 14h30 do dia 6 de janeiro saí pela porta de madeira envelhecida. Quatrocentos gramas mais magra, porém cem gramas mais leve.

DOMINGO, 10 DE JANEIRO DE 2010

Na manhã de terça já estava a caminho de casa. Apesar de tudo. Depois que o medo passou, comecei a reerguer a cabeça.

Uma sensação de liberdade borbulhava na minha cabeça pelo caminho. Imagine tudo que eu poderia fazer agora. Exatamente do meu jeito. Nada de regras, nada de restrições. Uma espécie de férias de uma semana estava diante de mim. Poderia passar o tempo que quisesse com meus amigos. Poderia escrever sem ser interrompida, passar o tempo que quisesse com meus irmãos e com a minha família sem ter que ficar de olho no relógio. Tomar banho de banheira. Tomar sol. Ir ao cabeleireiro. Ao cinema. Treinar. Estava me sentindo quase eufórica com as perspectivas que essa semana de liberdade trazia consigo. Talvez eu devesse tirar não uma, mas *duas* semanas de reflexão.

Passamos no supermercado no caminho, e eu ainda não via problema nenhum pela frente. Estava feliz por reencontrar minha amiga Hege, com quem dividia o apartamento.

Chegamos em Møllenberg. A porta branca na minha frente. A chave na fechadura. Um clique quando a girei para a esquerda. O rangido da porta se abrindo.

Não.

Foi quando eu vi o mundo parar. Foi como se o frio do quarto invadisse o meu coração. Meu corpo congelou. Fiquei com medo. Estava em casa. Sozinha, insegura, vacilante. O caminho, que minutos antes parecia tão promissor, desapareceu assim que entrei e fechei a porta. O quarto começou a encolher. As paredes me cercaram, passaram a me oprimir. O chão sob meus pés. O teto acima da minha cabeça. Fechei os olhos para não ver as tábuas do assoalho e os móveis vindo na minha direção.

...

Não sei por quanto tempo fiquei ali, sentada com a cabeça entre os joelhos, apoiada no corrimão da escada, mas quando voltei a abrir os olhos já estava escuro. A angústia foi substituída pelo vazio.

Ausência total de sentimentos. O nada. Parei de me preocupar, parei de me importar com que quer que fosse. Os meus amigos não tinham mais importância. Uma ida ao cabeleireiro não podia ser mais entediante. Pegar um bronze, também. Não quis fazer contato com a família e não dei a mínima para o treino. Nem para o banho. Nem quis me arrumar, nem trocar de roupa. Não fiquei mais a fim de escrever. Caguei para o que eu fazia ou o que os outros estavam fazendo. Só queria fazer o mínimo possível, de preferência apenas dormir.

TERÇA-FEIRA, 12 DE JANEIRO DE 2010

O corpo está um quilo mais leve, os passos, vários quilos mais pesados. Mas estou de volta. Em Østmarka, ainda inteira. E jamais quero ser mandada embora de novo. Não para uma escuridão entre paredes. Jamais para lá. Agora, apenas para o alto. E avante. Já.

QUINTA-FEIRA, 14 DE JANEIRO DE 2010

"Será que consigo uma folga de algumas horas no sábado à noite? Quero ir ao cinema com uma amiga."

Um pedido bobo. Nada fora de cogitação. "Já consegui o transporte e os ingressos, e nem vou perder a hora das refeições e do repouso."

Uma boa justificativa. "Quero tanto sair um pouco e viver uma vida normal. Só algumas horas."

A resposta foi simples. E breve. "Lamento. Nada de folga este fim de semana. Temo por você e quero ajudá-la."

Uma boa justificativa. "Quero muito que você possa viver normalmente pelo resto da vida, mas primeiro você precisa sobreviver."

TERÇA-FEIRA, 19 DE JANEIRO DE 2010

O peso mínimo foi atingido, com uma boa margem. É o mais importante, o mais certo, então vamos em frente com essa porra.

Queria não querer, mas alguém deveria escrever um obituário sobre quando se chega aos quarenta anos. Dos meus vinte eu lembro muito pouco, até porque passaram rápido. Mas os trinta são a década da segurança. Podia ficar neles. Adormecer neles.

Se um dia alguém quiser escrever esse necrológio, preciso dizer que em algum ponto da curva do ganho de peso, basta agachar-se um pouco, rompe-se a superfície da água. Sob ela tudo é mais tranquilo. E quanto mais se afunda, mais silencioso e escuro fica.

Se houvesse uma pessoa vivendo dentro da sua cabeça, gritando sem parar, você também gostaria de afundar. Ao menos para afogar essa pessoa.

SEXTA-FEIRA, 22 DE JANEIRO DE 2010

A pior dor que conheço é a sensação de estar sempre ansiando por algo. A mutilação que eu tanto infligi a mim deu lugar a outros comportamentos. Em quase sete meses essa dor me acompanha, me priva de fazer coisas, me traz saudade. Hoje eu senti novamente a pontada dessa faca. Forcei o vômito.

Um gastroscópio é uma cânula de exame que é introduzida pela garganta abaixo. Ele transmite imagens em cores da superfície interna do estômago para uma telinha, para que o médico possa investigar eventuais doenças ou sequelas. Por exemplo, cicatrizes que anos de engulhos e vômitos forçados podem causar.

O exame foi pedido pelo meu médico de família havia vários meses. Só fui conseguir vaga já próximo ao Natal. Meu cuidador aqui em Østmarka queria uma investigação mais detalhada para poder avaliar melhor o meu estado de saúde atual. Não ter comido nem bebido na noite anterior foi uma desculpa a mais para eu causar mal a mim mesma, uma vez que a gastroscopia foi adiada.

A decepção por ter pulado algumas refeições ficou repercutindo em mim durante dias depois do adiamento do exame.

Não vou me gabar e dizer que a oportunidade convidava a isso. Ao contrário. Ficar em jejum não é exatamente uma situação que me é estranha.

Acompanhada de uma jovem enfermeira que conhecia bem, antevi todas as possibilidades, do começo ao fim. Nada de comida. Longe de casa. Um pouco de tensão dia após dia. A expectativa era enorme. Eu me sentia eletrizada e estava de estômago vazio, uma sensação antiga, familiar, que me dava prazer, mas que acabou por estragar o meu dia e evocar um passado que julgava ter deixado para trás. Reencontrar este passado foi um verdadeiro inferno.

Recusaram-se a me dar qualquer anestésico, a despeito do que recomendavam a enfermeira e o médico, segundo os quais eu deveria ser anestesiada tanto para interromper o peristaltismo como para diminuir a ansiedade. Forcei vômitos antes. E ansiedade é um sentimento que me acompanha desde sempre.

A equipe médica concordou em discordar e não há nada que o paciente possa fazer a respeito. A única coisa a fazer era prosseguir com o exame. Eu me deitei do lado esquerdo. Antes do exame borrifaram minha garganta com anestésico local. Puseram um anel de plástico entre os meus dentes para não morder o instrumento. Enfiaram o gastroscópio pela boca, pelo tubo digestivo até alcançar o estômago. À força. Brusca e brutalmente. Nem eu faria tão bem.

A reação não tardou a vir. Eu vomitei. Violentamente. Várias vezes.

As lágrimas escorreram, borraram minha maquiagem inteira. Comecei a suar frio e a tremer. Envergonhada e indefesa. As dores eram as de sempre. As pontadas, afiadas como facas, que começam no diafragma e vêm subindo até garganta. Os músculos das laterais das costelas que se contraem em cãibras. O espasmo na nuca. Os olhos revirando para cima e enxergado apenas a escuridão. A troco de nada. Desta vez era apenas dor. A dor não me dava nada, não encobria carência alguma. Não me preenchia nem me esvaziava. Era apenas o que era. Dor.

Do peito brotavam gorgolejos e chiados descontrolados. Com a fina mangueira de plástico enfiada na garganta eu estava trancafiada numa prisão de vômito, exatamente como me sentia quando queria pôr para fora o que acabara de comer. Senti tudo novamente, mas desta vez me sentia uma estranha. Algo me deixou desesperada quando deveria me sentir, na verdade, feliz.

Hoje eu voltei a agarrar a faca pela lâmina. Fiquei decepcionada. A faca enferrujou. Minhas mãos ficaram manchadas de ferrugem após sete meses trocando o mau pelo ruim. Quero voltar a vomitar. Provocar o vômito apenas para esvaziar o meu corpo, para abrir espaço. Pois qualquer lugar é melhor que este: o lugar nenhum.

TERÇA-FEIRA, 26 DE JANEIRO DE 2010

O aumento de peso da última terça até hoje foi de apenas duzentos gramas. Nada a comemorar. Mas não me deixei abalar, porque em média engordei quase um quilo e meio nas últimas duas semanas. Por isso achei que a meta de peso estava mais que garantida.

Durante a reunião de avaliação, próximo do local de pesagem, percebi como estava prestes a ser expulsa novamente. Descobri que não é propriamente a meta o que conta. A obrigação de ganhar peso é literal. Meio quilo por semana significa exatamente isto, não um quilo e meio ao longo de três semanas. Nem tampouco dois quilos ao longo de quatro semanas. Os intervalos entre as terças devem significar um crescimento de pelo menos quinhentos gramas a cada vez. Cada vez, não na média. O que conta é o que engordarei entre esta terça e próxima.

Já deveria ter percebido. Alguém já deveria ter me alertado. A depender apenas do regulamento, é bom já ir fazendo as malas para ir embora.

A doença quer ir para casa. Estou cansada.

TERÇA-FEIRA, 2 DE FEVEREIRO DE 2010

Mais um período entre terças terminou na pesagem desta manhã, às 8h15. Não há muito o que dizer. Melhor dizendo, não há muito que eu queira dizer. Mas posso dizer o seguinte: os números digitais mostraram seiscentos gramas a mais que na terça anterior. Não me expulsaram, em outras palavras.

QUARTA-FEIRA, 3 DE FEVEREIRO DE 2010

Alguém deu um grito no meio das aleias do hospital de Østmarka hoje. Entre árvores com décadas de idade, paredes com fechaduras por código, grades de alambrado e pátios abertos. Um uivo que fez tremer os meus ouvidos, tão alto e tão estridente como se pulmões e cordas vocais fossem reviradas pelo avesso.

Alguém gritou no corredor, e era uma paciente. Uma das doentes, uma das loucas, uma que requeria acompanhamento pessoal, gritou alto, alto para caralho. Essa pessoa era eu.

Gritei de frustração, de medo, de desespero, de cansaço, de pânico. Escolha um grito qualquer, tanto faz. O motivo é o mesmo. Porque já não vejo mais nada pela frente neste instante. Estou sempre de frente para o precipício. A um passo da borda. Falta tão pouco para eu cair, tão pouco. Uma rajada de vento, um mínimo escorregão e já era.

QUINTA-FEIRA, 4 DE FEVEREIRO DE 2010.

Shit. Puseram em cima da minha mesa uma carta que nunca achei que fosse receber. A reclamação enviada pela Annis foi processada pela autoridade sanitária. As informações que faltavam devem ter sido complementadas de alguma maneira. Eis a resposta:

Denúncia sobre o tratamento de interna no Centro Regional Especializado em Transtornos Alimentares de Nord-Trøndelag

Reportamo-nos à reclamação enviada por V.Sa. em 13 de outubro de 2009, sobre o tratamento recebido enquanto paciente do Centro Regional Especializado em Transtornos Alimentares de Nord-Trøndelag, divisão de Stjørdal.

A autoridade sanitária acrescentou as seguintes informações à sua argumentação:

A autoridade sanitária de Nord-Trøndelag recebeu a queixa sobre o tratamento que V.Sa. recebeu enquanto paciente do Centro Regional Especializado em Transtornos Alimentares de Nord-Trøndelag, divisão de Stjørdal (doravante referido como Creta).

V.Sa. esteve internada de 22 de junho de 2009 a 25 de setembro de 2009 na referida unidade. A causa da internação foi um histórico de transtornos alimentares que se estende por um período de catorze anos.

Hoje V.Sa. é diagnosticada como portadora de anorexia nervosa atípica. Nos últimos sete anos, o subpeso tem sido um fator determinante no quadro sintomático, agravado por fatores externos, como a compulsão por exercícios físicos. Em meados da primavera, o peso chegou ao extremo crítico de 38kg. V.Sa. evitou a internação forçada ingerindo água imediatamente antes da pesagem e escreve que assim o fazia porque desejava cumprir os requisitos do exame. V.Sa. queixa-se de não ter sido internada novamente após não cumprir a meta de pesagem do tratamento contínuo que vinha recebendo no Creta.

V.Sa. não pôde ser internada novamente pois manipulou o peso ingerindo água. Quando escreveu esta reclamação, V.Sa. precisava ganhar mais 4,5kg para poder ser admitida. V.Sa. alega que a perda de peso não foi intencional, e sim um efeito colateral adverso de outros sintomas nos quais precisava se concentrar para poder sobreviver, dentre eles relaciona, sobretudo, inibir os vômitos, a compulsão por exercícios e a obsessão por limpeza. O esforço para evitá-los drena a capacidade mental e emocional de V.Sa., que agora padece de esgotamento físico. Mais adiante V.Sa. escreve que não acha razoável não se manter internada uma vez que sua condição de saúde ainda é grave.

O motivo da internação de V.Sa. converteu-se agora no mesmo motivo para que seja dispensada dos cuidados prestados pela unidade.

Avaliação da Autoridade Sanitária

O médico-chefe do Creta alega que V.Sa. está permanentemente acompanhada por profissionais de saúde do Creta em consonância com o parecer legal emitido em 2007, e escreve que V.Sa. pode ser colocada na lista de espera para uma internação posterior, caso necessário. O médico-chefe reconhece que deveria ter feito uma anamnese mais abrangente da personalidade de V.Sa. antes de terem iniciado o programa de tratamento.

A abrangência de um tratamento de saúde deve ser determinada em função das necessidades do paciente. Isto requer uma avaliação médica que identifique todos os aspectos da doença do paciente, e um programa de tratamento que se adapte a ele. V.Sa. enfrentou dificuldades em seguir o programa de tratamento no período em que esteve ausente da clínica, isto porque manipulou o peso para evitar passar por uma "semana de reflexão", que novamente a impediu de estabilizar o peso e obter uma internação.

A autoridade sanitária acredita que o ocorrido é claramente demonstrado, e que a oferta de tratamento não estava funcionando. O mais prudente teria sido reavaliar o estado de saúde de V.Sa. e oferecer um tratamento personalizado após isso.

O Creta reviu este requisito em vez de recusar a internação de V.Sa por rompimento contratual, uma conduta contraproducente que, em verdade, prejudica não apenas o tratamento como alija V.Sa. de um dos seus direitos fundamentais. Tanto mais ainda quando o quadro de V.Sa. está mais agravado neste momento do que sucedeu quando da internação em 2007. A necessidade de cuidados de saúde permanece e em maior grau que no passado.

A autoridade sanitária também ressalta o direito que assiste ao paciente de ser parte ativa no método de tratamento. Em referência à consulta que V.Sa. fez a um psicólogo em 30 de setembro de 2009, deixa claro que V.Sa. não considera razoável a exigência de estabilizar o peso, e na realidade isto implica medidas extremas, como ingerir grande quantidade de líquidos para aumentar o próprio peso em até dois quilogramas. O psicólogo exclui esta hipótese, e acredita que V.Sa. está apta a alcançar a meta de pesagem de qualquer forma. Parece-nos que a opinião de V.Sa. não foi considerada na avaliação médica a partir de então.

Conclusão

A autoridade sanitária de Nord-Trøndelag afirma que V.Sa não recebeu o necessário tratamento de saúde de parte do Centro Regional Especializado em Transtornos Alimentares de Nord-Trøndelag.

A questão está encerrada e não cabe recurso.

Atenciosamente,

Médico do Condado (assinatura)

Conselheiro (assinatura)

QUINTA-FEIRA, 4 DE FEVEREIRO DE 2010

Nem percebi que ela estava por perto. Apenas gritei. Me esgoelei entre quatro paredes com toda a voz que tinha, até a garganta arder e os ouvidos zunirem. Esmurrando qualquer superfície, chutando as paredes, batendo as portas grossas com toda a força.

Deixei-a apavorada.

Foi a própria Agnes quem me disse. “A velha paciente ficou assustada com o barulho e pediu para aumentarem sua dose de medicamentos.”

Não estou apenas prejudicando a mim mesma, agora dei para prejudicar os outros. Não é mais possível.

QUARTA-FEIRA, 10 DE FEVEREIRO DE 2010

Depois da pesagem e do encontro de equipe fizemos um pacto. É agora ou nunca. No caso de provocar os vômitos, por exemplo. É parar ou morrer. Preto no branco.

A seguir está o caminho que me espera. Um passeio num mundo de obsessões.

TOLERÂNCIAZERO

VOCÊ NÃO PODE FICAR SUBINDO E DESCENDO ESCADAS ENQUANTO VESTE OS CASACOS.

Ficar com as duas pernas paradas enquanto põe casacos, botas e calças impermeáveis, *assim como fazem as pessoas normais quando vão sair numa cidade de clima frio.*

VOCÊ NÃO VAI SUBIR ESCADAS SALTANDO DEGRAUS

Suba degrau por degrau, um por um, *assim como pessoas normais fazem quando querem subir de um andar para o outro.*

VOCÊ NÃO VAI SUBIR E DESCER ESCADAS ENQUANTO ESTIVER PASSEANDO LÁ FORA

Fique quieta enquanto estiver conversando ou fumando, *assim como fazem as pessoas normais.*

VOCÊ NÃO IRÁ FAZER APOIOS DE FRENTE ANTES OU DEPOIS DE IR AO BANHEIRO

Entre no banheiro, faça o que tem que fazer e saia, *assim como fazem as pessoas normais.*

VOCÊ NÃO IRÁ FAZER APOIOS DE FRENTE ANTES DE VESTIR CADA PEÇA DE ROUPA PELA MANHÃ E À NOITE

Vista-se sem se interromper e deitar-se no chão, assim como as pessoas normais fazem.

VOCÊ NÃO VAI FECHAR A PORTA E FAZER APOIOS DE FRENTE CADA VEZ QUE PASSA PELA PORTA DO QUARTO

Se não tiver o que fazer no quarto, não precisa entrar e trancar a porta, *assim como fazem as pessoas normais.*

VOCÊ NÃO IRÁ FAZER APOIOS DE FRENTE ANTES DE LIGAR A CHALEIRA ELÉTRICA

VOCÊ NÃO IRÁ FAZER APOIOS DE FRENTE ANTES DE ABRIR OS SAQUINHOS DE CHÁ

VOCÊ NÃO IRÁ FAZER APOIOS DE FRENTE DEPOIS DE DESPEJAR A ÁGUA DA CHALEIRA NA XÍCARA

VOCÊ NÃO IRÁ FAZER APOIOS DE FRENTE ANTES DE TIRAR OS SAQUINHOS DE CHÁ DA XÍCARA

VOCÊ NÃO IRÁ FAZER APOIOS DE FRENTE DEPOIS DE COLOCAR A XÍCARA SOBRE A MESA

VOCÊ NÃO IRÁ FAZER APOIOS DE FRENTE ANTES DE DAR O PRIMEIRO GOLE NO CHÁ

VOCÊ NÃO IRÁ FAZER APOIOS DE FRENTE DEPOIS QUE LEVANTAR A TAMPA DA PRIVADA

VOCÊ NÃO IRÁ FAZER APOIOS DE FRENTE DEPOIS DE CAGAR NA PRIVADA

VOCÊ NÃO IRÁ

NÃO

VOCÊ

NÃO

IRÁ

NÃO

NÃO

QUINTA-FEIRA, 11 DE FEVEREIRO DE 2010

Nada de compulsões. Nada. A única coisa que preciso fazer é justamente não fazer nada, mas fazer nada para mim é um esforço muito grande.

Para mim, nada é tudo. Tudo que não tenho permissão de fazer. Não me permito fazer nada. Mas agora eu preciso fazer nada. Nada é tudo para mim. Preciso fazer nada para um dia poder fazer tudo.

DOMINGO, 14 DE FEVEREIRO DE 2010

Estou sentada num cantinho da escada passando o olho na minha lista de amigos. Estou preocupada com uma pessoa que conheci quando estava em Stjørdal. Essa pessoa saiu do Facebook. De novo. Ela não foi paciente junto comigo, mas deveria ter sido. Não digo só por dizer. O médico dessa pessoa diz a mesma coisa. Então ela ficou na lista de espera. Antes disso lhe deram uma lista de psicólogos para quem poderia telefonar, mas ela se recusava. Talvez não tivesse coragem. Ela se cagava de medo de ser rejeitada. A única razão para ter falado comigo foi porque chovia e meu isqueiro estava estragado, e nós duas ficamos ilhadas sob a cobertura do fumódromo. E aí nos aproximamos. Vai ser como subir uma ladeira bem íngreme, ela disse. Foi no verão do ano passado. Durante o outono e o inverno ela teve que esperar. Entrando e saindo do Facebook, sem nunca apagar o perfil. Agora essa pessoa sumiu, e estou pensando aqui se finalmente foi internada, ou se morreu ou sei lá o quê. Talvez tenha esperado tanto que a ladeira íngreme se transformou numa montanha incontornável.

As pessoas não ficam paradas, sem nada acontecer, enquanto esperam por ajuda. Para quem precisa se internar, preencher formulários e ticar quadradinhos é como ficar atolado em areia movediça. Tenta-se sobreviver, agitando braços e pernas, mas qualquer um sabe o que acontece com quem se remexe a esmo na areia movediça. Só sei que decidimos correr o risco. Quando digo "nós" me refiro a "eles". Como é possível deixarmos as pessoas esperando meses a fio? Imagine o que aconteceria se esperássemos seis meses para engessar a fratura de uma perna, por exemplo. Ela ficaria torta. Para não ficar deformado para o resto da vida, é preciso quebrá-la de novo para que possa ser tratada direito.

DOMINGO, 14 DE FEVEREIRO DE 2010

Tomar um ônibus de Østmarka para o centro é, para a parte doente do meu ser, um completo absurdo. Ficar sentada, imóvel, enquanto poderia estar caminhando. Levaria o mesmo tempo. Pagar para ficar quieta. Depois eu que sou preguiçosa... Não tenho motivação. Sou uma derrotada.

A minha acompanhante fez uma foto minha para usar no blogue, só para me deixar mais animada. A pele está cinza. Os olhos, vermelhos. O torso, encurvado. Cansada de não estar cansada, chorosa, tensa, nauseada, confusa, suada e trêmula.

Mesmo assim eu fui. Embarquei no ônibus, fiquei sentadinha o tempo inteiro, saltei na parada correta, fiz o mesmo no caminho de volta.

Para mim, fazer a coisa certa é como dominar uma arte. *Se é que isto é* uma vitória que possa significar um passo a caminho da recuperação. E mesmo assim sinto que andei para trás. *Me sinto derrotada e com vergonha.* Mas, de novo, é o que quero e preciso para me curar. Atravessar o inferno. Ou, como ontem, tomar um ônibus em vez de caminhar. Espero que ao menos a minha recuperação seja mais rápida assim.

TERÇA-FEIRA, 23 DE FEVEREIRO DE 2010

Estou enjoada. Depois da encruzilhada, o que conta é o IMC de cada um. O quanto você pesa determina a sua posição da fila.

Durante muito tempo eu vaguei por um território chamado anorexia *grave*. O território vizinho chama-se *anorexia*, sem qualificativo. Uma expressão sem sentido, apenas para pôr ordem na fila.

A primeira semana sem exercícios compulsivos resultou num ganho de peso de um quilo e meio, o mesmo resultado medido entre as terças-feiras seguintes. Uma pausa no exercício. Duas semanas. Três quilos. Acumulados, esses três quilos me reservaram um lugar numa fila. O peso medido me dá um IMC que corresponde à próxima etapa. O terreno demarcado como *grave* já ficou para trás.

A estrada continua. Só gostaria de não ser essa pessoa que abomina filas.

DOMINGO, 28 DE FEVEREIRO DE 2010

Meu irmão do meio e a Urd estão à espera de um pequeno milagre. Meu primeiro sobrinho. Não quero ser a tia doente, então quando a Urd tiver alta eu também terei. Uma data sagrada, em que eu terei atingido meu objetivo. Um pensamento mágico ou um mero devaneio?

Pois agora vejo que não estarei sadia até lá. Não conseguirei. Portanto serei alguém a quem meu sobrinho jamais irá se apegar. O fardo que a minha família não deveria carregar.

QUARTA-FEIRA, 3 DE MARÇO DE 2010

Kropp og topp[16] é o título de um livro que certa vez ganhei de uma madrinha. Era vermelho e bonito, uma leitura interessante para uma aluna da escola fundamental que naturalmente se interessava por qualquer coisa relacionada ao corpo. O livro tratava de sexo, amor, escola, amigos, conflitos e soluções. Havia cartas de crianças da minha idade que compartilhavam das mesmas dúvidas que eu tinha. Estas cartas eram respondidas por sabichões, e eu devorei o livro de cabo a rabo.

Mas uma coisa me chamou mais a atenção. Um texto sobre uma garota com transtorno alimentar. Ainda lembro do título: "Certo dia Malin parou de comer". Era a narrativa de uma garota que se achava

16 N.T.: "*O corpo é o topo*".

muito gorda e decidiu fazer algo a respeito. Ela passou a pular refeições e enganar a família. Treinava, vomitava e fazia qualquer coisa possível para perder peso. E conseguiu, com maestria. A moral da história, claro, era feliz, ela curou-se e todos viveram felizes para sempre, como convém a um texto pedagógico agradável cujo objetivo é informar aos jovens sobre essa doença letal e evitar que a desenvolvam.

Certamente esse objetivo foi alcançado. O texto era muito bom, mas não para todas as pessoas. As informações sobre transtornos alimentares não eram necessariamente as melhores. Em vez de estimular o combate e a prevenção, ele podia ter o efeito oposto e desencadear a doença, o que, na verdade, não é tão raro de se acontecer. Uma mente jovem e imatura nem sempre processa a informação da maneira que adultos bem-intencionados desejam. Remetente e destinatário não estão na mesma rede. Para uma jovem, e certamente também para um jovem, predisposto a ter transtornos alimentares, aprender mais sobre eles pode ter o efeito de uma profecia que se autorrealiza. Quando digo predispostos, posso estar me referindo, por exemplo, àqueles jovens um pouco gordinhos, ou às vítimas de assédio. Talvez enfrentando problemas em casa que lhes parecem insolúveis – um desejo de chamar atenção de pais ausentes, por exemplo. Ou uma veneração de personalidades magras e populares, ou do seu círculo mais próximo ou da mídia. E o que dizer de argumentos contraditórios? Aprende-se que as refeições são prazerosa e não se pode desperdiçar comida, enquanto os adultos reclamam da barriguinha e dos culotes salientes.

Um transtorno alimentar pode funcionar como uma solução razoável, é o que garotos e garotas acabam concluindo. Claro que neste ponto não acham que irão adoecer. Não é este o propósito. O objetivo inicial é emagrecer, tendo em mente que isso irá ajudá-los. O desejo de ser magro talvez nem existisse a princípio. Talvez nem cogitassem a ideia, mas agora ela criou raízes. *Nossa, que plano legal. É só emagrecer que as coisas vão se ajeitar. Não vou ficar doente. Não sou como eles. Vou conseguir manter o controle. É só parar quando for a hora. Exatamente.* É isso aí. A gente se fala.

Posso atestar que usei as informações do texto sobre Malin porque valia a pena. A necessidade já estava lá antes, mas agora eu tinha mais cartas na manga. Não usei todas, mas joguei com elas. Experimentei como era passar um dia sem comer. Testei como poderia comer apenas aquilo que depois poderia vomitar. Sabia que era loucura, mas que a loucura não é capaz de fazer uma jovem estudante com cabeça fervilhando de ideias? Brincadeiras perigosas são as mais emocionantes. Brinquei com um fogo que, muitos anos depois, me queimou seriamente. Não apenas queimei os dedos aqui e ali, mas ganhei feridas dolorosas que nunca cicatrizarão totalmente.

"Certo dia Malin parou de comer" não é o culpado, mas tampouco me ajudou a evitar a doença.

DOMINGO, 14 DE MARÇO DE 2010

Corpo, o que você está fazendo? Infecção no ouvido e sangue vivo nas fezes? O médico quer me mandar para a emergência. Não me fode agora, corpo. Já tenho a cabeça fodida o bastante.

QUINTA-FEIRA, 18 DE MARÇO DE 2010

Há quinze anos sou doente. Logo, passei quinze aniversários doente. Quinze aniversários tendo a doença como convidada, mais ou menos íntima. Com diferentes graus de automutilação e de gravidade. Com diferentes sintomas e métodos, mas sempre incluindo vomitar.

A cada 17 de março, há quinze anos, eu provoco o vômito. Em outras palavras, a *maioria* dos aniversários que tive na vida passei vomitando.

Contudo, ontem, quando completei 25 anos, foi o primeiro aniversário sem vômitos em quinze longos anos. Em alguns anos poderei afirmar que *não* vomitei na maioria dos meus aniversários.

SÁBADO, 20 DE MARÇO DE 2010

Se a compulsão fosse um elefante, você

a. tentaria detê-la?

b. saltaria em cima dela e sairia por aí?

c. o levaria para dar uma voltinha?

Pense um pouco nisso enquanto esse elefante passa por cima de mim.

TERÇA-FEIRA, 23 DE MARÇO DE 2010

Passei a chamar o mundo do lado de fora do hospital de realidade. Mas quando estou fora da enfermaria 4 vivo num pacto com a doença. Viver neste pacto não é viver no mundo real, por isso vivo na irrealidade também quando estou lá fora. Dentro dos muros do hospital não tenho a doença. Se viver sem a doença quer dizer viver a vida real, será apenas no hospital que eu posso ter contato com a realidade?

QUARTA-FEIRA, 31 DE MARÇO DE 2010

Para Ingeborg.

Falei com a May-Lis. Você vai ser a responsável por sua ceia. Não se preocupe, pois você dará conta direitinho. =)

Maria Helen.

SEXTA-FEIRA, 2 DE ABRIL DE 2010

Como você se sente de verdade?

Se lhe perguntam, você responde com um sorriso. Pelo menos é o que eu costumo dizer a mim mesma. Parecer otimista é uma boa tática. Sorrir nas fotos e dizer que tudo vai bem, fazer aquele gesto de joinha e vida que segue. Assentir sério, mas feliz, dizer que tem fé e que vai em frente, que tudo está bem e você está animado, receber aquele tapinha nas costas, retribuir, sentir-se aliviado e tudo o mais. Seja otimista e lhe deixarão em paz.

SEGUNDA-FEIRA, 5 DE ABRIL DE 2010

Braços de espaguete. Bunda caída. Barriga inchada. Peitos murchos. Pelancas. A única coisa firme são os ossos. Sou só ossos.

DOMINGO, 11 DE ABRIL DE 2010

Para cada ação que faço ou deixo de fazer, preciso perguntar a mim mesma *quem* é que está no comando. Por que ou por quem eu ajo assim. Quando estou descansando me sinto cansada ou confiante? Preguiçosa ou digna? Quando encontro os amigos sou sociável quando deveria ser suicida? Se lavo a louça é para ser um terror ou uma obrigação?

Quando deixo de me fazer mal, sinto náuseas ou me sinto no controle? Ou quando vejo um filme: é lazer ou vício? Tomar o ônibus é infortúnio ou coragem? Sentar e escrever é ser desmotivada ou generosa? Se não faço apoios de frente sou eu quem perde ou quem ganha? Comer é sinal de gula ou sensatez? Ficar calma é sinônimo de preguiça ou de silêncio? Conversar é um ato de hipocrisia ou autoafirmação? Evitar fazer rodeios é incômodo ou prático? Sentar-se é ócio ou obediência?

DOMINGO, 18 DE ABRIL DE 2010

Eu sou mestre em ficar doente. Sei fazer isso melhor que ninguém. Já me curar…

TERÇA-FEIRA, 20 DE ABRIL DE 2010

O meu peso caiu trezentos gramas e engatilhou a anorexia. *Ah, mas foi só um pouquinho? Foi muito!*

A May-Lis diz que não. Acha natural o peso não ficar estável, é ao longo prazo estamos indo no caminho certo. O desejo de se mutilar é desencadeado pela ansiedade que surge fazendo as coisas certas, sobretudo quando eu não consigo fazer *certas* coisas corretamente. Ou quando eu perco o controle – sobre qualquer coisa. Tempo. Peso. Sobre mim mesma. Sem controle não tenho nada. E não *sou* nada.

QUINTA-FEIRA, 20 DE ABRIL DE 2010

Não somos mais apenas uns poucos que postamos relatos em blogues de dentro do Hospital Noruega. E a coisa está feia lá fora. Uma verdadeira selva de blogues. Para mim são ramos oriundos de uma mesma árvore que deveria promover uma boa causa, ainda que as exceções não confirmem a regra.

Um exemplo típico é manter um blogue aberto e outro oculto, em que o autor é anônimo ou revela a identidade para um círculo restrito de pessoas. O primeiro blogue é a face pública deste último. Ele chama atenção para o lado positivo, o público sente-se fisgado pelos temas, faz comentários, curte e se deixa impressionar pela luta travada pelo blogueiro. Por trás da fachada está o blogue número dois, a verdade nua e crua, onde os leitores serão iniciados numa linha de pensamento que, pessoalmente, considero absolutamente inadequada e contraproducente para quem está precisando de ajuda especializada.

O mais irônico é que são justamente os profissionais de saúde que não leem, se é que ao menos sabem da existência, de tais blogues. Por um lado, algumas sugestões propostas ali têm fundamento e ajudariam as instituições a melhorar, caso os funcionários fossem melhor capacitados e tivessem mais autonomia no ambiente profissional. Por outro, é triste que informações sem filtro sejam expostas a mentes jovens que não só enxergam a faceta mais negativa dos serviços de saúde, mas também aprendem a adotar condutas francamente autodestrutivas. Em terceiro lugar, e mais importante, é lamentável que a essa altura do campeonato os profissionais de saúde estejam literalmente desconectados do que os pacientes realmente pensam, e assim não possam ajudá-los dando o melhor de si. Pacientes e equipe médica não interagem porque habitam planetas diferentes.

Ao mesmo tempo, os blogueiros criam uma rede de apoio mútuo, num jogo mórbido, através de grupos secretos no Facebook, vários fóruns de discussão, tuítes e comentários em *posts*. Profissionais e instituições de saúde são citados nominalmente, o discurso odiento e os ataques pessoais imperam, os sintomas são glorificados e a doença é vista como destino comum a todas as pessoas solitárias, criando a ilusão de que tem um lado positivo. Não importa qual seja, como se o destino fosse naturalmente atraído pelo que é positivo. Logo, os blogueiros anônimos não estão falando dos funcionários e seus locais de trabalho – sem saberem, ou fingindo não saber, estão falando de si mesmos.

Com isso, não são apenas os odiados trabalhadores de saúde que têm algo a perder. Não é apenas o dinheiro do contribuinte que vai escorrendo pelo ralo. Não é apenas o efeito mais pernicioso da doença que se espalha pelos leitores mais vulneráveis intelectualmente. Os danos são muito maiores que o estabelecimento de uma subcultura, que pode até não transgredir formas estabelecidas de privacidade, mas trilha um caminho sem volta que esgarça o próprio tecido social. Não, meu caro blogueiro, paciente ou ser humano, quem sofre as piores perdas é você.

Ao ter uma agenda secreta que só é exibida de preferência a outros doentes, e não às pessoas que de fato sejam capazes de recuperá-lo, você está jogando no lixo a oportunidade de ser livre. Não há, em essência, nada de errado no que se escreve nesses blogues anônimos. Na verdade, boa parte do que é escrito tem valor, há temas bem fundamentados que podem ser muito úteis e ter uma importância vital para quem os lê. É o espaço onde se dá esta discussão que está errado. Mal comparando, sonegar informações de quem mais precisa para oferecê-las a quem não precisa é como presentear com um raio-x uma sociedade secreta de pessoas que gostam de quebrar ossos. Enquanto isso, o traumatologista que deveria operar o seu pé fraturado recebe a imagem de um boneco de plástico.

O impacto dos blogues anônimos no âmbito da sociedade é o desperdício de milhões em tratamentos ineficazes ou equivocados, uma vez que os médicos, cuidadores, acompanhantes terapêuticos, psicólogos, enfermeiros e demais profissionais não conhecem o real e verdadeiro sintoma da doença. No nível individual, estamos falando de inúmeras vidas de jovens que são perdidas na luta contra o sistema de saúde, em vez de serem salvas se pudessem cooperar com ele.

SEXTA-FEIRA, 23 DE ABRIL DE 2010

Tudo mudou. *Ele* chegou. Meu primeiro sobrinho.

Nunca achei que pudesse segurar um bebê no colo. Tinha medo de machucá-lo.

QUARTA-FEIRA, 28 DE ABRIL DE 2010

Muitas vezes comparei o transtorno alimentar à dependência de uma droga. Fiz isso para as pessoas compreenderem melhor a dependência, o desespero, a determinação, o sofrimento e os círculos viciosos.

Muitos de nós, portadores de transtornos alimentares, adictos ou alcoolistas, vivenciamos o mesmo antes de adoecer, e procuramos uma maneira de lidar com a vida. O desenrolar desta história é, em boa parte, decidido ao acaso. Oferta de tratamento, disponibilidade de meios, eficácia.

Somos tão parecidos, mas nos tratam de maneira tão diferente.

Que merda! É tão injusto. Não para mim ou para nós, portadores de transtornos alimentares, mas para os que, por acaso, são dependentes de drogas. Nesse jogo, em relação a eles, nós recebemos apenas um cartão amarelo. Nossa embriaguez é legal, o barato deles os torna criminosos. Nós recebemos cuidados, eles, cadeia.

Se ácido clorídrico fosse LSD, um bulímico seria preso e multado. Se a inanição fosse heroína, uma anoréxica seria recolhida das ruas. Se o açúcar fosse cocaína, qualquer comedor compulsivo poderia ser preso. Duas pessoas podem padecer do mesmo mal, mas se uma delas acaso tiver o sintoma "errado" corre o risco de ser presa. Devíamos achar que a causa de todas essas doenças já é castigo suficiente.

DOMINGO, 2 DE MAIO DE 2010

Quando os funcionários começarão a denunciar a si ou aos outros quando cometem erros? Ou não fazem nem o que deveriam?

Na sala de convivência onde ficamos existe uma saída de emergência. Se estivéssemos no refeitório e houvesse um princípio de incêndio no corredor, estaríamos à mercê desta saída. As janelas do refeitório são lacradas, seria impossível escapar por lá. A porta da saída de emergência é antiga, pesada, fica trancada todas as noites e tudo bem, já que não há ninguém na cozinha à noite, mas tem que ficar aberta durante o dia. Deveria ser obrigatório. Logo, a primeira coisa que o zelador deveria fazer seria abri-la assim que chegasse ao trabalho. Na maioria das vezes, entretanto, ninguém faz isso, nem quando alertamos que a porta está trancada. Ficam dizendo "depois", "mais tarde", "agora não", terminam seu turno, dão no pé e jogam a batata quente na mão do próximo funcionário. E na nossa, é claro.

E não é só isso. Uma enfermeira permite que os pacientes entrem na despensa de medicamentos e escolham os próprios remédios. Certa vez vi a Siv dentro no quartinho apanhando seus remédios da prateleira, logo ela que é dependente de medicamentos. A enfermeira deu-lhe as costas. Quando percebe que estamos vendo, abre um sorriso e diz que não consegue dar conta de tudo.

Eu jamais diria isso a outros funcionários. Não ousaria. Ela adoraria me mandar para casa, disso tenho certeza. Diria que eu menti. E todos acreditariam nela. Anoréxicos mentem. Mas essa questão da porta, que mencionei, não tem a ver apenas com a enfermeira. Não que tenha adiantado muito. Quando chamei a atenção de um funcionário, ele apenas respondeu: "Se eu denunciar, meu colega corre o risco de ser demitido". É mesmo? Nós corremos o risco de morrer queimados aqui dentro.

SEGUNDA-FEIRA, 10 DE MAIO DE 2010

Engulo em seco. A tensão na barriga me faz andar com dificuldade. O músculo do esfíncter, avariado, que deveria fechar a passagem entre o estômago e o tubo digestivo, falha e deixa passar um pouco da bile para estragar o meu paladar. Irracionalidade e confusão passaram a ser as estrelas da noite. Eu perdi o controle sobre o controle.

Sobre o meu sono, como é o caso. Para poder dormir, passo boa parte da noite cumprindo rotinas obsessivas. Fico acordada para poder dormir.

Com medo de perder peso, ando comendo além da conta. Minha lógica é a seguinte: se não aumentar de peso amanhã, preciso comer uma refeição a mais no dia. Não quero comer mais. Por isso acabei comendo mais.

SEGUNDA-FEIRA, 10 DE MAIO DE 2010

11h24: Almoço dentro de seis minutos. Cigarro. A sessão de arte terapia foi terrível. Precisei correr até a biblioteca para imprimir imagens para uma colagem que precisamos fazer. Detesto imagens. Fiquei chorando enquanto recortava as figuras. Morrendo de vergonha das lágrimas. Hora do almoço agora. TENHO QUE FAZER O QUE É CERTO.

12h: Ok. Um ovo inteiro. Um pacote quase inteiro de queijo de cabra cremoso. Geleia de morangos. Peixe. Parecia normal. Apenas quatro pedacinhos de tomate. Legal. Bebida comum. Legal. Vegetais.

13h55: Uma boa sessão de terapia com o Bjørn, espero. Chorei muito no começo. Chorei bastante no dia de hoje. Muito cansada. Exausta de tanto cansaço. Depois a May-Lis veio até o quarto ficar comigo. Pôs a mão na minha testa. Não consegui parar de pensar que a mão dela estava suja. Chorei novamente. "Você está fazendo um esforço incrível." "Estou percebendo." "Os resultados não vão demorar a aparecer."

Então empurro a vida com a barriga até o jantar, pelo menos.

15h: Fim do jantar. Exausta. A Eldbjørg me deu um abraço. A May-Lis me segurou pela mão. O Odd Ivar acenou com a cabeça para mim. Penso: passei o dia fazendo tudo o que devia e nada do que não devia. Choro e vejo o mundo em cinza mesmo assim. Será?

Queria parar de comer. Ninguém está olhando. Mas comi tudo porque *eu vejo* o transtorno alimentar me observando.

Faz silêncio. Tudo é ruído. Não sei de nada.

17h30: Fiz um lanche perfeito. Ah, me sinto tão vazia. Quanto mais me entupo de comida, mais vazia me sinto.

Merda, como está quente aqui.

17h55: O John veio me visitar, mas ele está tão triste. O Daniel me perguntou se não quero ir à enfermaria 3 buscar umas caixas de leite. Algo acontecendo! Isso é bom.

19h25: Cinco minutos para o jantar. Cigarro. Está tudo muito quieto. Escrevo sem parar e encho o cesto de lixo. Não termino nada.

Luto para não ceder à compulsão.

20h: Comi tudo o que devia no jantar. Desanimada e triste. Um paciente tirou a minha fatia de pão da torradeira e a deixou sobre o balcão. Eu a amassei e joguei no lixo. Incrível não ter dado um escândalo. Fiquei nauseada. Quis vomitar, mas peguei uma outra fatia.

21h15: No *shopping*. Quero ir para "casa" me deitar. A Sussi está comigo. Queria ser como ela um dia. Bonita por fora e por dentro. Que garota! Tudo de bom, divertida, inteligente. Eu sou quieta e estranha. Não como pessoa, mas neste instante me sinto assim. Sem compulsão e sem doença. É quando não sou nada.

0h: Cama. Tento pensar que o corpo está limpo por dentro embora alguém tenha tocado a minha pele. O vigia noturno me deu um tapinha carinhoso na bochecha. Precisou me dar um lencinho umedecido depois, para eu me desinfetar. Ele pediu desculpas. Eu vi que ele não fez de propósito. Disse-lhe que nem devia pedir desculpas, pois não era para ser assim.

4h: Meia hora depois e já estava de pé. Precisei ir ao banheiro. Fiquei sentada tentando ocupar a mente. Comecei a pensar. Senti a compulsão chegando. Estava com sede. Poderia beber água, mas neste caso teria que encher a garrafa e colocá-la na geladeira. E aí teria que inspecionar se as outras bebidas lá dentro estavam cheias. E, já que estava por ali, teria que preparar tudo para a próxima refeição, mas havia menos copos que o necessário. E se por acaso faltasse água? Neste caso melhor deixar tudo pronto para a refeição seguinte. Mas então poderia surgir o mesmo problema, então eu deixei tudo pronto também para a ceia. Prontinho. A *escrivaninha* agora estava cheia de copos e xícaras de chá limpos e esterilizados para amanhã.

Consigo cochilar um tantinho. Será que fiz algo errado?

DOMINGO, 16 DE MAIO DE 2010

Quis morrer. Falando sério. Me despedi e tudo, mas não parti. Por puro acaso, na verdade. Fui interrompida no meio do caminho. Sem dramas. Nenhum enigma ou revelação, apenas parei para pensar um pouco. Cheguei à conclusão que a doença morrerá antes de mim.

A pessoa que me deteve não sabe, mas hoje, quando trocou apenas algumas palavras comigo no corredor, me pôs um paraquedas nas costas. Eu estava disposta a aterrissar no chão sem ele.

QUARTA-FEIRA, 26 DE MAIO DE 2010

Toda terça-feira me deito na maca da nossa fisioterapeuta psicomotora. Toda terça-feira ela precisa esterilizar as mãos para eu permitir que me toque. O álcool que ela passa nas mãos é o mesmo que reduz a minha obsessão por limpeza. Um estorvo para mim. Um estorvo para ela. Por nada. Para cada copo d'água, uma tempestade. Inexistente.

Uma ansiedade que rouba de nós duas segundos preciosos que podíamos aproveitar melhor todas as sessões. Uma ansiedade que me bloqueia e me faz perder tanto tempo. Um tempo que eu gostaria de usar em outras coisas. Para ganhar tempo, portanto, preciso vencer a ansiedade, em todas as áreas. Para não ter mais medo de nada. Por isso, agora estou identificando o que considero perigoso. Por toda parte. Ontem foi o caso da fisioterapeuta.

Decidir não esterilizar nada com álcool foi uma iniciativa que resultou em sessenta minutos de choro copioso. Era como se as mãos dela tivessem sido mergulhadas em esterco de vaca e cocô de passarinho, depois mergulhadas em alcatrão e querosene em chamas – a sensação de repugnância era enorme. Foram horas e horas de choro depois da sessão, mas assim que a ansiedade passou percebi que o céu não tinha caído sobre a minha cabeça. Tampouco senti compulsão de comer depois. Minhas costas não apodreceram. Não me tornei um ser humano abominável. Não deixei de comer. Não me cortei de cima a baixo. Não machuquei ninguém. Não aconteceu nada do que eu tanto temia e tinha certeza que iria acontecer.

Eu apenas chorei. Esta foi a única consequência.

QUINTA-FEIRA, 27 DE MAIO DE 2010

No quadro de avisos no corredor nós somos informadas do que precisamos saber. No que diz respeito às questões práticas, é bom frisar. Quem está trabalhando, quais remédios estão à disposição. Quem poderá passear na quinta-feira – e por qual roteiro –, como falar com o pastor, como será a agenda da semana, que horas partem os ônibus. Esse tipo de informações úteis, mas um quadro cheio de coisas práticas é muito chato.

Por isso mesmo, de vez em quando gosto de deixar por lá uma citação ou um desenho.

Hoje de manhã acordei para dar de cara com uma informação útil para mim. O que me chamou a atenção foram as sábias palavras sábias de Liev Tolstói, bem no alto, à direita: "A mais pura e genuína tristeza é tão impossível quanto a mais pura e genuína alegria".

Ri muito quando vi que havia uma réplica à citação logo abaixo, escrita com traços fortes em tinta vermelha:

"Tenho certeza de que ele nunca sofreu de depressão psicótica".

SEGUNDA-FEIRA, 31 DE MAIO DE 2010

Desisto. Agora já deu. Não posso ficar mais tempo aqui.

São os gritos. Um som tão estridente que fez os funcionários cogitarem usar protetores auriculares. Parecem mais os efeitos sonoros de um filme de terror. Este som é o preço para me ver livre da doença?

Se for, talvez o tratamento não valha à pena.

Mais cedo deparei com o seguinte comentário no blogue:

"Pare com essa porra de gritar o tempo todo com os seus colegas pacientes!!!!!!!!!!!!

Você não se dá conta de que há muitos velhinhos por aqui, que estão com medo, apavorados com os SEUS URRRRRRROOOOOOSSSSS.

GRRRRRRRRRRRIIIIIIIIIIITO

Você é a pessoa mais carente de atenção deste mundo."

A pessoa que escreveu o comentário não disse nada mais do que eu digo a mim mesma. Eu respeito e aceito.

E vou falar com o Bjørn para me deixarem sair daqui.

QUARTA-FEIRA, 3 DE JUNHO DE 2010

Três vezes por semana, os funcionários da enfermaria especial se debruçam diante de uma planilha para avaliar a conduta dos pacientes. Por onde andam, por onde andaram, e o que será deles.

Na conversa de hoje à noite com as minhas queridas acompanhantes terapêuticas, a titular e a substituta, a May-Lis me perguntou o que deveriam dizer de mim nesta reunião, na manhã do dia seguinte.

Fui pega de surpresa, nunca tinham me perguntado nada parecido antes. Esta informação baseia-se somente no trabalho desenvolvido e nas conversas que temos, e cabe aos funcionários decidir o que é importante ser comunicado aos superiores. Mas eu respondi algo – *disse para dizerem que há esperança.*

Nos olhares que trocamos, ficou claro uma bonita cumplicidade. Elas assentiram. A May-Lis sorriu.

"Finalmente você enxergou a si mesma."

SEGUNDA-FEIRA, 7 DE JUNHO DE 2010

A inquietação e a ansiedade estão prestes a me rasgar o peito. Perdi a mim mesma e não consegui me reencontrar. Não consegui mais. Sabia que iria gritar. Sabia que não poderia gritar, e o que era necessário para evitar isso. Então pendurei um bilhete para o vigia noturno na porta do meu quarto.

Não precisa entrar. Não tem ninguém aqui.

Então caiu a noite.

Algumas horas depois atendi o telefone. Uma mensagem da mamãe, de bem longe. "Sinto tanto receio por você. Rezo por você. Estou esperando um milagre." Só hoje eu fui capaz de admirá-la por isso. Naquele tempo eu só queria que ela me esquecesse.

Acordei deitada no chão. Pela primeira vez desde que fui internada – pela primeira vez em todas as internações – não dei as caras no café da manhã.

Que fim levou a esperança?

QUINTA-FEIRA, 10 DE JUNHO DE 2010

Manhã de quarta-feira. Estava pronta para ser expulsa. Ser enviada para casa por mim mesma. Compareci à reunião matinal sem ter tocado o desjejum. Recebi uma mensagem explícita e atenciosa de que continuaríamos o tratamento. Que minha expulsão, voluntária ou não, não iria ocorrer. Agachada com o queixo metido entre os joelhos não sabia que atitude tomar. O que seria certo fazer? Eu estava tão convencida que era o fim. Que chegara a hora de caminhar com as próprias pernas. Estava quase sentindo a palma da mão cheia de comprimidos, começado a antecipar o sofrimento, o sono, o fim. Agora tudo havia parado.

Eu perguntei, ou murmurei, se ainda sabia o que era o certo. A May-Lis olhou para mim. "Você tem uma arte terapia agendada, menina. O certo é isto." Ela não deu nenhum espaço, nem para eu me angustiar nem para recusar. Apenas uma simples mensagem e uma confirmação do que era certo fazer.

Dez minutos depois lá estava eu no ateliê. A música de fundo era um clássico de Mozart. O clima na roda de participantes era de tranquilidade. A terapeuta me deixou desenhar à mão livre. A última coisa que desejava fazer, mas foi o melhor para mim na ocasião. Peguei um pincel atômico, uma folha branca, fechei os olhos e senti que algo se abria.

SEGUNDA-FEIRA, 21 DE JUNHO DE 2010

Não quero escrever. Não tenho a menor vontade. Não suporto mais lidar comigo. Mesmo assim, meus dedos se agitam. Constroem letras que formam palavras. Formam as palavras *dia de vida*. Não é meu dia de aniversário, embora seja meu aniversário.

Hoje, 21 de junho de 2010, às 7h25, faz precisamente um ano da tentativa de suicídio em que eu forcei o vômito pela última vez.

A doença fez de tudo para impedir este dia de raiar. De tudo. Eu dancei com a morte. Fiz muita coisa errada. Tudo errado. Exceto apenas uma coisa: não dei o passo derradeiro.

Em vez de vomitar, escrevi. Rascunhei um texto em vez de induzir mais um vômito. Descrevi em vez de pôr minhas entranhas para fora.

Por isso hoje posso escrever que um ano se passou desde esta última tentativa.

Paguei um preço alto e pagarei ainda mais. A recompensa me espera. De verdade, que venha logo esta recompensa, para que esta história não precise ser reescrita. Da forma como está hoje, não suporto mais. Mal consigo me manter viva até o dia em que, finalmente, poderei começar a viver.

TERÇA-FEIRA, 22 DE JUNHO DE 2010

Achava que estávamos do mesmo lado. Que estar junto de outras pacientes significava o mínimo de espírito de equipe. Como você pode dizer uma coisa assim, julgar alguém baseando-se nos seus critérios e na opinião de pessoas que conhecia antes. Você falou como se estivesse no automático. Começou dizendo que eu vomitava a minha comida.

Essa presunção eu já tinha como certa. Muita gente baseia-se em si própria para julgar que conhece os outros. Bem, você não me conhece, e não é certo que conheça outras pessoas sequer. Se as pessoas mais próximas não acreditam em mim, resta-me muito pouco. A impressão que fica é que posso vomitar o quanto quiser, já que todos acreditam que faço assim. Até mesmo você.

QUINTA-FEIRA, 23 DE JUNHO DE 2010

Engordei quinze quilos. Posso começar a usar o sutiã novamente. Deveria estar feliz.

SEXTA-FEIRA, 24 DE JUNHO DE 2010

Incluíram sorvete na minha dieta hoje. Planejaram um treino. Que saco! Escrevi um poema sobre o que fiz, para me animar e parecer entusiasmada. Espero que consiga me entusiasmar de verdade. Não quero assustar os outros e sugerir que desafiem a si mesmos ou, pior ainda, evitem procurar um tratamento.

DOMINGO, 27 DE JUNHO DE 2010

Passo a maior parte do dia escrevendo poemas. É a única coisa que posso fazer para passar o tempo sem entrar em pânico, acho. Mas pelo jeito não está dando muito certo, como se vê depois que escrevi isto:

preciso me esconder
e você, meu bem
precisa me esquecer.

não precisa procurar
pois nesta vida não encontrei
o meu lugar.

... então topei com o que escreveu a "Aurora" nos comentários:

Ingeborg, seu poema me deixou assustada. Como vão as coisas com você? Quando leio o seu blogue, vejo uma tendência muito clara: você tem escrito de forma mais incoerente, incompreensível, em rimas ou apenas usando palavras que começam com a mesma letra. Queria que você estivesse bem :(

Não pude responder outra coisa a não ser que ficaria bem. Havia começado a blogar para mostrar aos outros que as coisas podem entrar nos eixos, para qualquer um, de um jeito ou de outro. Merda, só estou viva ainda porque já disse que vou continuar vivendo e sinto que não posso recuar agora. Tenho medo de arrastar outras pessoas comigo.

Por que eu disse isso?

QUARTA-FEIRA, 7 DE JULHO DE 2010

Perguntei a Maria Helen como ela acha que estão as coisas, já que se passou muito tempo desde que nos conhecemos, ainda no inverno. Ela disse que meu discurso está mais sofisticado. Que, embora eu continue me isolando, isto em si é uma grande diferença. "Muito pior era quando você debochava de tudo e ria o tempo inteiro, criando uma couraça impossível de penetrar", disse a Maria Helen. "Era um livro aberto, mas escrito em código."

QUINTA-FEIRA, 8 DE JULHO DE 2010

Pela primeira vez em quase treze meses vomitei no meio da noite. Depois de dias com influenza e horas de automutilação, o corpo não suportou mais. A velha sensação foi pior do que eu tinha imaginado. O gosto. Os engulhos O jato. O sangue. A poça. A vergonha. Encolhida no chão eu não sabia como agradecer por aquilo ter terminado. Embora não tenha sido induzido, foi a visão assustadora de um passado ao qual jamais eu gostaria de retornar. Não queria mais. Era o ponto final. O fundo do poço. Pus a cabeça entre os joelhos e os segurei com as mãos entrelaçadas. Em breve. Em breve.

DOMINGO, 11 DE JULHO DE 2010

Me perguntaram nos comentários do blogue o que acho dos tais *sites* pró-ana que estão se multiplicando na internet. Se eu fazia parte de algum ou preferia manter distância. Respondi que conhecia tanto *sites* pró-ana quanto pró-mia. E conhecia a mim mesma e à minha doença. E por isso mesmo me mantenho totalmente à distância. Não me atrevo a chegar perto, pois a doença absorve todos os recursos disponíveis, como uma esponja. E creio que *sites* pró-ana e pró-mia são fontes de informação que provavelmente dificultariam a luta pela recuperação, seja divulgando informações maliciosas, despertando a inveja ou o instinto competitivo ou, pior ainda, criando uma espécie de conformismo com a doença, glorificando-a, santificando-a, fazendo crer que é possível convier com ela. Quando topo com essas páginas, tomo nota e acompanho o que acontece – mas de uma distância muito segura.

SEXTA-FEIRA, 16 DE JULHO DE 2010

Uma funcionária vem se comportando como uma escrota, de novo. Não a compreendo. Ela acha que a frieza com que trata os pacientes ajuda em alguma coisa, quando o que mais precisamos é de calor humano. É estranho, pois o que tenho de mais íntimo é a minha doença e os meus sintomas, os quais eu deveria ao menos ter o direito de compartilhar. Não porque façam parte da minha pessoa, mas por me impedirem de ser quem eu sou.

Um exemplo: não tenho problemas em dizer que não consegui tocar numa colher hoje por algum absurdo que a tenha tornado "perigosa" para mim. A colher poderia me envenenar ou me enlouquecer, e caí em prantos como um bebê quando percebei que a compulsão tinha tomado conta de mim. Mas daí a dizer que eu sou uma pessoa que gosta de se isolar, vai uma distância enorme. Sou uma pessoa honesta, participativa, positiva e entusiasmada, essas são características da minha personalidade, partes de mim, do meu eu mais íntimo.

Acho que o passado pertence ao passado, mas não tenho tanta certeza. É importante deixar claro que não fui contaminada com uma doença quando criança, não tive forças para lutar, não cedi à pressão do corpo, ou outras simplificações e mitos tão associados a transtornos alimentares. O desafio é simplesmente ser pessoal sem precisar ser íntima.

DOMINGO, 18 DE JULHO DE 2010

Gritei. De novo. Quando vou parar de dar escândalos?

SEGUNDA-FEIRA, 20 DE JULHO DE 2010

A Julianne veio aqui. Disse que é professora de norueguês e nunca conheceu alguém que escrevesse como eu, que eu poderia ser escritora. Respondi que talvez, mas precisava primeiro sobreviver. Preciso ir à sessão de fisioterapia imediatamente. Quero morrer.

TERÇA-FEIRA, 21 DE JULHO DE 2010

O vigia noturno bateu na porta. Respondi que não, queria que ele fosse embora. Eu sei que ele tem boa vontade, que quer me ajudar. Mas sei que a única coisa que consigo fazer é ficar sentada sozinha no meu quarto agredindo a mim mesma, então digo que não, que agora não tenho condições. Preciso dizer a ele que não me compreenda mal. Não é ele quem eu não suporto. Sou eu.

QUARTA-FEIRA, 22 DE JULHO DE 2010

Um ano.

Um mês.

Um dia.

Uma garota.

Uma determinação.

Uma morte decorrente de um único ato.

Uma vitória.

Um suspiro.

A noite de suicídio que poderia fim a quinze anos de vômitos contínuos ou a mim mesma ocorreu em 21 de junho de 2009. Um ano, um mês e um dia depois, hoje, 22 de julho de 2010, estou viva. E continuo sem vomitar. Esta noite fico meu perguntando por quê.

QUINTA-FEIRA, 23 DE JULHO DE 2010

Ratos rotos roem a razão do meu real. Eles querem se enfiar sob a minha pele. Eu estou pronta para eles.

SEXTA-FEIRA, 24 DE JULHO DE 2010

Estou de licença. A Kari veio até Østmarka me buscar. Angustiada, tomada por sentimentos catastróficos, gritei tanto ao telefone que ele até parou de vibrar. Transpirando e nauseada, tentando escapar dali o quanto antes, corri para abraçar a Kari assim que ela chegou. Ela era a tranquilidade em pessoa e conseguiu me fazer sentir mais segura. É incrível a paciência que vem tendo comigo durante tantos anos.

E a Siv também. Eu contei que me sinto angustiada só de imaginar que posso ser um mau exemplo para crianças. Ela respondeu dizendo que iria trazer seu filho de quatro anos para me visitar. E também a Hilde. Ela ficou tão feliz por eu ter comido os camarões cozidos que ela mesmo descascou. Ela sabe.

A Stine me trouxe de volta ao hospital, e pediu que eu tratasse melhor a mim mesma, sem demonstrar vergonha ou dúvida, ela apenas demonstrou carinho e preocupação. Elas sabem que eu faço mal a mim. Eu acabo esquecendo e a dor contamina.

SEXTA-FEIRA, 24 DE JULHO DE 2010

Um estábulo em chamas. Labaredas consomem o feno e o trigo. O estábulo está vazio. Nenhum animal nas baias, exceto em uma mais na parte detrás. Ali está, esquecida, uma jovem égua.

Olhos brancos escondidos atrás da crina, a potrinha não percebe o perigo. Ela hesita, relincha, escoiceia, abandonada no meio de um inferno em chamas. Presa, amarrada. Primeiro, gritando freneticamente para que a encontrem e libertem. Depois, quando o calor das brasas aumentar o limiar da dor, a potra perceberá que estará prestes a perder a consciência.

Uma potra presa num estábulo em chamas. Um ataque de pânico é exatamente isso.

SÁBADO, 25 DE JULHO DE 2010

No topo da lista de coisas que não entendo estão os profissionais de saúde que menosprezam os pacientes. Que veem o paciente se afogando sob a água, mas nada fazem para trazê-lo à superfície, apenas resmungam: "Como ele é burro a ponto de querer se molhar". Gente que não se dispõe sequer a apontar o caminho. O paciente foi quem se lançou ao mar, ele que volte para a praia. É como se fosse assim.

Já pensaram no inferno que deve ser a praia para o risco de morrer afogado se tornar uma alternativa real?

QUARTA-FEIRA, 28 DE JULHO DE 2010

Uma amiga me ligou dizendo que queria morrer. Eu pedi que ela resistisse. Escrevi um poema para ela. Pedi que ficasse firme. Fiz o possível para lhe conseguir ajuda. Disse que vamos conseguir, nós duas. Que muita coisa boa nos aguarda pela frente.

Me sinto muito hipócrita.

QUINTA-FEIRA, 29 DE JULHO DE 2010

Cinquenta anos depois que Sandemose escreveu suas célebres "Leis de Jante",[17] nasceu alguém com o mal e o desprezo dentro de si.

1. Sem a doença você é *nada*.
2. Você nunca será tão poderosa quanto os outros.
3. Você nunca será tão inteligente quanto os outros.
4. Você nunca será tão boa quanto os outros.
5. Sem a doença você não sabe nada.
6. Sem a doença você é nada.
7. Sem a doença você não tem serventia nenhuma.
8. Você não deve rir da doença.
9. Ninguém além da doença importa-se com você .
10. Ninguém além da doença pode lhe ensinar algo.

---

17 N.T.: A autora se refere a Aksel Sandemose (1899-1965), autor dano-norueguês por trás das "Leis de Jante", – no original, *Janteloven* –, um lugar fictício em que a pressão da comunidade oprime qualquer projeção individual. O termo é de uso corrente como metáfora extremada do igualitarismo escandinavo.

QUINTA-FEIRA, 5 DE AGOSTO DE 2010

Eu sou o *troll* ou a ponte?[18]

QUARTA-FEIRA, 11 DE AGOSTO DE 2010

Desocupei a minha parte do apartamento que dividia. O meu quarto está vazio. A porta do armário ainda está rabiscada com pincel atômico 21/6/2009 – NUNCA MAIS. A noite do suicídio à qual sobrevivi. Mas será que já comecei a viver?

QUINTA-FEIRA, 12 DE AGOSTO DE 2010

A cama, a escrivaninha, a cadeira e o armário do meu quarto estão cobertos, porque os pintores vão retocar os peitoris do hospital. Não consigo suportar a ideia de que possam se aproximar das minhas coisas.

TERÇA-FEIRA, 17 DE AGOSTO DE 2010

Alcancei mais um número redondo. É estranho. Parece que não são mais os quilos que contam, mas o volume. Falta mais um *round*. O próximo número redondo. E aí é só me manter nele. "Só."

QUARTA-FEIRA, 18 DE AGOSTO DE 2010

A minha acompanhante principal, Maria Helen, foi embora hoje. Seu contrato temporário expirou. Jogamos badminton e conversamos no banco do jardim, ela disse que eu significava muito para ela e eu disse que ela significava muito para mim. Nos abraçamos e ela foi para a sala de convivência, comer o bolo de despedida. Eu também gostaria de ir embora. Acho que meu tempo de paciente deveria chegar ao fim.

QUARTA-FEIRA, 18 DE AGOSTO DE 2010

Puta merda. Sério, puta que pariu. A Silje me contou que acabou de ter alta – de novo – da emergência. Eu compreendo que ela não possa ficar lá, uma ala de emergência não é para ser permanente, mas é lá que ela sempre vai parar. Sempre. Toda vida. Ela força a barra até o

---

18 N.T.: Alusão ao conto de fadas *Os três cabritos rudes*, de Per Christen Asbjørnsen (1812-1885), em que um malvado *troll* que habita uma ponte é iludido por três cabritos que precisam atravessá-la para comer o capim do outro lado do rio.

ponto que não conseguem mais a pôr em pé sobre as próprias pernas. E aí encontra um porto seguro para passar um ou dois dias. Uma boia salva-vidas, pelo menos. Talvez consiga conversar com alguém (desta vez foi um mísero bate-papo com um vigia noturno num corredor). Dorme um pouco, come um pouco. Vai chegar o dia que ela vai ser transformar num cadáver ambulante que vagueia até o hospital, bate o ponto e volta para casa, onde fica por mais alguns dias até chegar ao ponto crítico e o círculo continuar.

Ela não é a única. Mas o médico – ou psiquiatra, não sei bem qual é a especialidade dele —, que lhe deu alta desta vez foi rígido demais. Olhando para a quantidade de internações, disse que ela – assim como várias outras – estava fazendo carreira como paciente. Que isso só podia ser o objetivo da vida delas. Disse que ela não estava doente, e sim querendo chamar a atenção. Foi ela quem me contou, com suas próprias palavras, mas com semblante carregado de dúvida. O médico teria razão? Ela deveria se manter longe do hospital? Esse lugar não lhe cabia?

Fico indignada. Carreira como paciente? Será que ele conversou com ela, pelo menos? Tudo que a Silje quer é ficar melhor. Parar de acordar com os nervos formigando e a uma nuvem cinza enturvando a mente. Se alguém deveria pensar melhor sobre a própria carreira, este alguém não é ela. Este médico teria feito melhor se não tivesse apenas examinando o prontuário dela para conferir o número de internações. Talvez fizesse melhor ter procurado saber o porquê delas, investigando por que essa psiquiatria que só faz remendar doenças produz fantasmas como ela.

Como é que ele faz quando o pneu do carro dele fura? Improvisa um remendo meia-boca e segue adiante, esperando o pneu se rasgar ao meio?

SEXTA-FEIRA, 20 DE AGOSTO DE 2010

Tenho uma acompanhante terapêutica principal. Uma secundária. Uma cuidadora. Uma equipe. Não há dúvidas, um time de pessoas muito capazes ao meu redor.

Mas o verdadeiro chefe, o cara que manda, ele faz assim:

Ele determina o que eu vou comer.

Quanto eu posso me mexer.

Hoje ele decidiu que eu não posso ir jogar boliche.

Senti a minha vida rolando pela canaleta e não sei como sair de lá.

SÁBADO, 21 DE AGOSTO DE 2010

Me perguntaram por que eu simplesmente não estou curada. *É só ficar*.

"Você fala o tempo inteiro nesse assunto. Por que então não se cura?"

Queria falar isso para alguém que acabou de se operar de uma fratura no tornozelo.

"Você não já está com o pé engessado? Por que fica em pé direito e sai correndo por aí?"

DOMINGO, 22 DE AGOSTO DE 2010

Catorze meses desde que eu parei de vomitar. Minha única âncora quando não sei mais para que lado ir. Sei, pelo menos, de uma coisa: até aqui, consegui.

A muito custo. Me ocupa o tempo inteiro, não faço outra coisa a não ser pensar em comida. Estou percebendo que me empanturro de comida. Vou provocar o vômito. Mente doentia, eu te odeio. Que vergonha pensar assim. Além do quê: metade da comida fica no corpo quando se vomita, não importa o esforço que se faça. Não faz sequer sentido. Quem sabe eu devesse me contentar com apenas metade da comida?

Não. Não é uma questão de degustar, saborear ou algo assim. A comida não é a questão.

Eu apenas precisava vomitar.

TERÇA-FEIRA, 24 DE AGOSTO DE 2010

Esta noite pus um ponto final. Não queria mais. Arrumei meu quarto e meus papeis, dei um jeito no meu telefone, deletei mensagens antigas, dei um trato no blogue. Aprontei tudo.

Pouco antes das 16h vesti o meu vestido preferido. Arrumei o cabelo e peguei os melhores cosméticos que tenho aqui comigo no hospital. Me maquiei. Parece que tem areia na minhas pálpebras, me atrapalhei com o rímel. Às 17h já estava pronta. Esperando o vigia noturno, que me conhece, e sempre me deixa sair para fumar, mesmo antes das 19h, e depois que deram o toque de recolher. Certa vez ele me deixou sair às 2h, até veio fumar comigo. "Nem queria", ele disse. Apenas achou que eu estava tão inquieta que eu precisava sair daquele prédio de cimento, e não ficou com a consciência pesada de vir me acompanhar.

Estava quase escuro quando pus o vestido. Um tom rosa no pano de fundo cinza do crepúsculo. Asfalto molhado. Frio. Antes queria tirar uma foto. As últimas imagens que seriam feitas por mim. Ela era assim, ela, que se perdeu. Calma.

Não seria a primeira. Os funcionários saberiam onde procurar. Mas eu fiquei parada ali. No meio do asfalto, os joelhos tremendo, os olhos inchados semiabertos, manchas e edemas pelo corpo. Permaneci ali durante um bom tempo. A voz que chamava por mim não me assustou, já tinha sentido o cheiro da fumaça do cigarro.

"Não vai entrar, Ingeborg?"

Sem levantar a cabeça, fui ao encontro dele, cambaleando, sem conseguir me firmar direito.

"Não está frio demais para uma roupa tão leve?" Não respondi, mas concordei. Por que não? Sei que vou morrer, pensei cá comigo. Que diferença faz um pouco de frio agora? Mais calma, passei pela porta pesada e caminhei atrás da enfermeira. Um novo dia de trabalho.

TERÇA-FEIRA, 31 DE AGOSTO DE 2010

Algo está acontecendo. Me disseram para arrumar minhas coisas e me mudar para o andar de cima. Vizinho à sala dos funcionários. A desculpa seria uma mudança na infraestrutura do hospital. Os alojamentos de longo prazo ficarão no andar de cima e as enfermarias vão para baixo. Faz tempo que sinto que vagas nas enfermarias vêm aumentando. Elas dão mais lucro do que nós, que melhoramos em câmara lenta.

Tenho uma caixa cheia de diários. Devia parar de escrever, está ficando pesado demais. Literalmente.

Cheguei. E odeio, odeio, odeio com todas as forças este quarto. ODEIO. O desejo de me machucar me faz gritar, e é tão constrangedor que até sinto vergonha por saber que a sala dos funcionários está logo ali, do outro lado da parede. Todos me veem quando entro e saio do quarto. Todos olham para mim, acompanham o que faço, me julgam.

QUARTA-FEIRA, 1 DE SETEMBRO DE 2010

Tive um ataque de pânico tão forte que fiquei pensando se não estava psicótica.

Agora pendurei uma folha A3 do lado de fora da porta do quarto. Não tem ninguém nem nada aqui. Sou eu. Eu sou a *Ninguém*.

Me deixem quieta.

SEXTA-FEIRA, 3 DE SETEMBRO DE 2010

Ok, isso é um feito e tanto: comecei a ler livros novamente. Não só aqueles que preciso, por obrigação, mas outros simplesmente porque quero. Depressão, ansiedade ou compulsão não combinam com literatura, digo, com o simples ato de ler. Agitação corporal, falta de concentração ou apenas falta de tempo. O TOC exige muito de você. Eu posso, se não tomar as devidas precauções, passar 45 minutos comendo a porcaria de um tomate. Isso não é a anorexia. Bom, talvez também seja. Ou será que as duas coisas são uma só?

De qualquer forma, tenho mais tempo sem obedecer às rotinas, e a concentração, se ainda não é boa, melhorou bastante. Já não fico mais passando a mão pelas lombadas dos livros nas prateleiras diante da sala dos funcionários, abarrotadas de velhos manuais de psiquiatria e outros, deixados por pacientes antigos, para escolher um livro, folheá-lo e ter vontade de lê-lo. Quero ler o livro do Axel Jensen, *Gud leser ikke romaner.*[19] Assim como eu, quando estou no auge da doença.

SÁBADO, 4 DE SETEMBRO DE 2010

Sinto pena da vida que tenho vivido. Não de mim, a pessoa mais introvertida do mundo, mas de tanto tempo que desperdicei pensando apenas em corpo e comida. Deus do céu, que coisa mais sem sentido. Mas por quê? Nós, humanos, não estamos à procura de um sentido para tudo, ou não? E agora, quando tento ocupar a minha vida com outras coisas que não façam mal a mim mesma, sinto um vazio tão absurdo que não me sinto em condições de preenchê-lo.

DOMINGO, 5 DE SETEMBRO DE 2010

Mais uma noite de merda. Considero a possibilidade de mexer no diário, mas acho que não consigo. Nem sei o que está escrito ali, a grafia é de uma completa demente com TDAH. "Não sou nada", leio em algum lugar. O vigia noturno passou por aqui. "Por que ele é tão legal?", está na outra página. Cinco pontos de exclamação, sete de interrogação, uma linha grossa sublinhando "legal". Em seguida, várias páginas com frases repetidas. Até a última folha, onde estão oito palavras em maiúsculas: O *TROLL* DERRETE NO SOL. O CONTROLE DERRETE NA SOMBRA.

19 N.T.: *"Deus não lê romances".*

QUARTA-FEIRA, 8 DE SETEMBRO DE 2010

"Não é bom demais ter melhorado assim?"

O peso está contribuindo. De alguma maneira as pessoas me dizem com convicção que eu não tenho mais a aparência de uma prisioneira. *Me sinto tão melhor*. Não deveria estranhar. A maioria das pessoas sabem como é se saciar após um tempo privando-se de comida. Pense então na alegria de experimentar esta sensação depois de anos passando fome.

Mas isso não vale para todos. Se a fome for uma maneira de conter a ansiedade, ela voltará a se manifestar também com o estômago cheio.

Imagine caminhar por uma trilha em aclive, tropeçar e cair bem no meio de um formigueiro. Quando sente as primeiras ferroadas ardendo na pele é que você se dá conta de que não consegue se levantar. Você foi a única responsável por ir parar ali. As formigas estão furiosas. Rapidamente rastejam por todo o seu corpo e o aguilhoam inteiro, entranhando-se sob as suas roupas e deixando sua pele arroxeada. Você quer gritar mas ao abrir a boca ela logo se enche de formigas, assim como seus olhos. Você já não consegue ver direito e encontrar uma saída. E então, quando tem certeza de que não aguenta mais, vislumbra um pequeno lago um pouco mais abaixo. Suas margens estão congeladas, está escuro, ele fica na direção contrária do caminho por onde você ia, mas você pode descer rolando até lá, é a única alternativa que lhe resta. As formigas se desgarram assim que você cai na água. Você se acalma. Sente-se aliviada. Mas se quiser chegar no seu destino, precisa trilhar o mesmo caminho de antes. Entre você e ele está um exército de formigas implacáveis.

Mergulhar muito tempo na água congelante do lago não é bom. Suas extremidades ficam dormentes, você sente o corpo congelar e sabe que não tardará a morrer afogada. Mas se a alternativa for cair no meio de um formigueiro, qual seria a sua escolha?

SÁBADO, 11 DE SETEMBRO DE 2010

O relógio marca 7h45. Eu me deito e esqueço. Tenho medo de me levantar e encarar o mundo, mas também não suporto mais ficar deitada aqui. Precisava tanto dormir um pouco mais, mas não posso ficar na cama.

Alguém grita no corredor. Portas batem. Xingamentos.

Preciso dar conta deste dia, é o Dia do Nome do Iver.[20] Preciso comparecer.

QUARTA-FEIRA, 15 DE SETEMBRO DE 2010

Deixaram sobre a minha escrivaninha hoje um cartão de parabéns pelo meu nome. Dia da Ingeborg. Nem fazia ideia de que esse dia existia. Com rosas e anjos desenhados e a caligrafia trêmula do vigia noturno, um aposentado que de vez em quando dá uns plantões.

Com o tempo aprende-se muito sobre o inferno que é o sistema de saúde, mas também pelos abnegados trabalhadores que fazem parte dele, não tenha dúvida.

DOMINGO, 19 DE SETEMBRO DE 2010

Estou esparramada no sofá cinzento da sala dos funcionários. Os ruídos de um domingo num hospital são tão cinzentos quanto o tom do sofá onde estou. Um sussurro das vozes dos funcionários escapa por baixo da porta fechada. Uma porta de banheiro que se fecha de repente ao deixar passar alguém. O baque surdo do elevador que para no andar de cima, seguido pelo chocalhado do carrinho sendo empurrado para fora dele, como se batucassem em galões velhos de tinta. Alguém abre uma torneira, que depois fecha. O rangido de alguém que caminhou pela grama molhada com botas de borracha e caminha pelo linóleo deixando pegadas com fiapos esverdeados. E então, o silêncio.

Levanto o rosto, volto a olhar para o teclado.

O burburinho na sala dos funcionários aumenta de intensidade. Alguém está ao telefone. O médico põe mais ênfase na voz para que o interlocutor do outro lado da linha não tenha dúvidas sobre o que está sendo dito. Adianta pôr mais ênfase nos meus dados para que o leitor leia atentamente as palavras que escrevo? O vazio da tela do computador no meu colo me e diz o quão estúpida é essa pergunta. À guisa de resposta, mexo um pouco os pés. Ponho o *notebook* sobre a mesa de centro cor de cereja e o deixo ali enquanto fisgo no bolso um pacote de goma de mascar vermelho e verde. Desembalo o pacote como de hábito, inerte, ponho a goma na boca e a pressiono entre os dentes.

---

20 N.T.: Na Noruega é tradição comemorar, além do aniversário de nascimento, o "Dia do Nome". A cada data corresponde um nome masculino ou feminino que é celebrado com festa.

Meu mastigar produz um estalido que soa como se as rijas vértebras do pescoço estivessem se partindo.

Uma sensação de perda parece se intrometer no gosto da goma de mascar, e eu vou engolindo a irritação que o ruído que a minha mandíbula produz. Ontem à noite desci às profundezas.

A automutilação é uma amiga que traz consigo a solidão e a ansiedade, aproxima-se e diz "como é bom ter você por perto". Diz que não precisa sentir outras emoções; é justo por causa delas que você está assim. Que todas essas sensações e experiências são apenas impressões exageradas, e você passaria muito melhor sem elas. Que o caminho mais curto entre o amor e o ódio é um percurso em espiral, que ilude as pessoas e dá a impressão de que a nostalgia tem algum propósito. Que a única coisa que existe neste mundo que trilhamos com os próprios pés, tateamos com as próprias mãos e divisamos a olhos nus é o sofrimento e o horror. Que a todo mal não corresponde o mesmo bem, e você não pode escolher abrir os braços e dar as costas ao outro. É sentir ou não sentir. Para escapar à ansiedade é preciso abafá-la, como se fosse um caldeirão, mas a tampa que usamos para cobrir esta força primal pode não dar conta do recado e deixar escapar apenas os bons sentimentos, enquanto os maus vão se acumulando no fundo. A tampa não é seletiva. O vazio para quem está fora é previsível e seguro. O vapor em ebulição que escapa lentamente pelas bordas pode ser quente, mas aqui fora é frio e seco. Abafar a ansiedade é uma outra maneira de abafar as sensações. A escolha não é entre o bem e o mal, mas entre o poder e o vácuo.

Minha respiração acelera. O costume atrai meu olhar para o relógio na tela, que grita para mim que já é quase hora do jantar.

Eu me levanto, cambaleando, do sofá cinzento. Troco a segurança daquele retângulo eletrônico no meu colo pelo contato com seres humanos perigosamente letais. O pé dormente não parece querer mais sustentar meu peso. Espero que não desabe.

SEXTA-FEIRA, 1 DE OUTUBRO DE 2010

Muitas doenças no hospital hoje. Quero dizer, não entre os pacientes, mas entre os funcionários. Vários psicólogos, enfermeiros e outros contraíram influenza ou algo assim, e estão em casa. Vigia e faxineiros foram substituídos por trabalhadores temporários, mais ou menos conhecidos, outras vagas não foram preenchidas, gerando incerteza e confusão. Os pacientes precisam "trabalhar" mesmo quando os funcionários não estão. Não somos como ônibus que podem ficar parados na garagem enquanto o motorista está de cama.

Muitos precisamos justamente de alguém que nos dirija, precisamos sentir que alguém tem o controle, que estamos presos em uma âncora que nos mantém no lugar, ou guiados por um farol que traz de volta ao porto aqueles navios que ainda não foram completamente corroídos pela ferrugem.

Sem um parceiro para conversar e em quem confiar, é muito fácil recorrer a outros métodos para sentir segurança. Inclusive a alguns muito ruins.

DOMINGO, 3 DE OUTUBRO DE 2010

O relógio marca 4h30. Estou lendo blogues pró-ana e pró-mia e chorando. Adolescentes de doze, treze, quatorze anos de idade brincando com sentimentos, fazendo pouco das frustrações e assediando-se uns aos outros. Entrei nesses blogues porque recebi um *e-mail* que anda circulando por aí com uma foto minha, considerada "modelo" por esses portais de merda. Se eu quiser que tirem a foto do ar, tenho que pôr a mão na massa.

Barrigas secas, queixos cadavéricos, métodos para vomitar e várias dicas de como burlar qualquer tratamento. Costas encurvadas que retesam a pele e deixam aparentes a coluna e as costelas, lançando sombras pelo vão entre os ossos. Dedos beliscando gordura abdominal e legendas como "MONTE DE BANHA!", "ÓDIO!", "FORA JÁ!". Dor e sintomas misturados a dedicação e raiva.

SEGUNDA-FEIRA, 4 DE OUTUBRO DE 2010

No ônibus. Consegui pegá-lo. Precisei correr.

Foi foda demais o treino na Sats. Antes bati um papo com a May-Lis. Duas horas alternando entre gritos e sussurros, berros, choro e palavras que ficam presas no fundo da alma e nunca saem, como aquele restinho de pasta de dente no tubo. A May-Lis não queria que eu fosse treinar. "Fique na enfermaria descansando." A conversa foi bem curta, mas eu tinha que ir. Uma hora de ginástica para valer, a primeira depois de anos.

Senti que não fiz nada. Fiquei com vergonha, me achando preguiçosa e lenta. Nunca mais quero passar por isso. Foi no salão grande. A última vez que vi meu reflexo naquele espelho pesava quinze quilos a menos. Deslocada. A melhor expressão. Me senti deslocada. Envergonhada, nauseada e me sentindo péssima. Mas a professora veio até mim depois da aula. Disse que tinha ido bem. Perguntei se era apenas da boca para fora, para me dar uma força Ela disse que eu já sou forte o bastante. Perguntei o que achava da minha aparência. "Saudável." Bom ouvir isso. Mesmo.

Porque mesmo "saudável", que às vezes pode querer dizer "enorme", é mil vezes melhor que "curada". Curar-se significa não estar doente, mas é possível ser saudável e doente ao mesmo tempo. Logo, "saudável" não é uma ameaça.

Preciso descer do ônibus, já estou chegando ao hospital.

QUINTA-FEIRA, 7 DE OUTUBRO DE 2010

Ocupo o quarto 211. Somente o foco do pequeno abajur sobre a cama e o brilho frio da tela do computador iluminam o ambiente. Os dedos martelam o teclado, correndo sobre as letras e o *trackpad*. Hesitantes. Com mais frequência deletam a última letra que foi digitada. Ponho na boca uma pastilha. O salgado do alcaçuz me evoca uma sensação muito mais de nojo do que de sabor. Estou para deletar a última frase, me pareceu tão estúpida. Vou deletar a palavra *estúpida*.

Ela é a razão pela qual a tecla "delete" está mais gasta que as demais do meu teclado. O roçar dos dedos com o tempo foi a desgastando. *Estúpido. Estúpida. Estupidez.*

Mudo de posição. Estico as pernas. Volto a pôr os pés no chão. Tiro os sapatos. Sento com as pernas cruzadas. Sentar diante desta escrivaninha é tão incômodo. A cadeira é de madeira e alta demais para que eu me sinta confortável. Baixa demais para a minha altura. Podia ir para a sala de estar. Me sentar no sofá cinza, ou na poltrona reclinável azul com estampa floral. Mas em todos estes lugares corro o risco de encontrar outras pessoas, e hoje à noite simplesmente não estou a fim. Estou muito suscetível. Estava me referindo à palavra *estúpido*, mas agora acho apenas estúpido demais ter empregado a palavra estúpido tantas vezes.

Queria ter dito algo alegre. Positivo. Que provocasse humor e risos, esperança, talvez informação, ou simplesmente um pouco de reflexão, ou um agradecimento, qualquer coisa que não existisse. Ponto. Em vez da palavra que você já sabe. Mas a crítica em mim assumiu o controle. Tudo já existe. Ponto. Assim é como me sinto. Ponto.

Meus questionamentos em meio a tantas palavras, fotos, desenhos, descrições me dá cada vez mais respostas. Vários acontecimentos, memórias e pesadelos da infância mais remota, que ninguém julga possível guardar na lembrança, surgem dançando diante dos meus olhos, é só fechar as pálpebras. Imagens, pensamentos obsessivos quase alucinatórios e impressões que gritam para que eu abra os olhos, mas continuam ali. O dedo médio treme sobre a sua tecla favorita. A crítica diz em alto e bom som que é isso mesmo. Ponto.

Não dou conta de me explicar. Repetidas vezes, conversa após conversa, desenho após desenho. Em prosa ou naquilo que chamo de poesia. Apenas não consigo entender. E cada vez que compartilho minhas críticas com alguém que discorda ou desdenha de mim, ou por educação ou por pensar diferente, minha solidão só aumenta. Nós nunca alcançamos um ponto em comum.

Não adianta argumentar, não importa a minha linha de raciocínio nem a forma como me expresso, seja usando corpo, língua, caneta, ações, lágrimas, frases, imagens, rabiscos, gritos ou sintomas, nenhuma dessas maneiras que uso para me expressar cumpre seu objetivo. Eu digo A mas quero dizer B. Ou queria ter dito C. O outro ouve D, ou diz que ouviu A. Ou não consegue enxergar B ou faltam letras nesse alfabeto.

Precisei sair da frente do computador um minutinho. Eram os vigias noturnos batendo à porta, rostos conhecidos e sorrisos amigos. A iluminação do corredor deixou o quarto com um aspecto frio e estranho devido ao piso de linóleo. O contraste do verde-cinza do chão com os semblantes das pessoas me perguntando se estava tudo bem comigo foi maior ainda. Saí do quarto. Não tinha palavras. Não podia pronunciá-las, eram só lágrimas.

O teclado fala um idioma tão diferente da língua, tão mais exato. Eu pareço tão mais forte do que sou. Posso escolher a imagem que quero, as letras que quero e deixar que os dedos se encarreguem de deletar tudo aquilo que não está adequado. Não esta noite. Não agora. Porque vejo que a solidão aumenta, mas eu tento explicar. Quanto mais procuro, quanto mais cavo, mais profunda é a vala que se abre entre mim e eu mesma. E também entre mim e os outros. Uma outra Ingeborg, a *Ingen*, a *Ninguém*, se vê diante de um oceano de palavras, imagens e linhas que não é capaz de dominar. Hoje é dia de me pesar.

TERÇA-FEIRA, 12 DE OUTUBRO DE 2010

Hoje é dia de me pesar.

É também o dia em que alcancei o IMC de 20.

Peso normal.

Em todos estes anos os números eram tudo que importava. Identidade, medo, padrões e objetivos. Quase morri quando o peso estava lá embaixo, e achei que ganharia uma vida nova com ele aqui em cima.

Peso normal.

Mas nada é diferente. Eu não sou diferente.

Não soltei fogos. Não entrei em pânico. Não foi mágico.

Apenas mais uma xis na curva.

Era só isso.

EPÍLOGO

O peso era tudo. E nada.